INHALT

MEINER FRAU UND MEINEN KINDERN!

VORWORT ZUR 5. AUFLAGE

Erst beim dritten Anlauf erhält mein Büchlein seine endgültige Gestalt. Zunächst war es eine Streitschrift kritischer Theologie gegen die sogenannte Bekenntnisbewegung in Deutschland. Dann stellte sich heraus, daß weite Kreise noch stärker als an der Polemik an der hier gebotenen Einführung in die urchristliche Geschichte und die neutestamentliche Problematik interessiert waren. Ich selber fand, es sei unfruchtbar, den Streit fortzusetzen und zu verschärfen. Den Gutwilligen auf der andern Seite des Grabens hatte ich das mir Mögliche, den Unnachgiebigen das ihnen Nötige gesagt. Wenn harte Diskussion für die heutige Gemeinde überall lebenswichtig bleibt, möchte ich doch nicht an einem endlosen Gezänk beteiligt sein. Die 3. Auflage beseitigte darum allerlei grimmige Ausfälle, die ich keineswegs als sachlich unberechtigt und überholt betrachte. Der historischen und theologischen Einsicht sollte nur mehr Raum geschaffen werden. Leider mußte das damals in solcher Eile geschehen, daß ich ein unbedingt erforderliches zweites Kapitel über die paulinische Dialektik von Freiheit und Dienst nicht mehr einarbeiten konnte.

Nun bin ich über das froh, was mich 1968 unzufrieden sein ließ. Gleichsam über Nacht ist mindestens in unsern Universitäten und Kirchen eine neue Generation angetreten, welche unsere Erfahrungen nicht mehr kennt, unser Erbe und die Methoden wie Ergebnisse unserer Arbeit weithin verwirft, sich wenigstens innerlich dem Aufruhr gegenüber einer herrschenden Umwelt anheimgab. Diese Generation ist alsbald vom erschreckten Bürgertum in fast allen seinen Lagern, von den Kirchen, welche nach den Ängsten des Nationalsozialismus und des Krieges selten mehr als Restauration im Sinne hatten, und selbst von der Arbeiterschaft, die den sozialen Fortschritt erstmalig verspürte und ihn beschleunigen wollte, isoliert worden. Sie akzeptiert zudem die Errungenschaften der technischen Leistungsgesellschaft für sich persönlich, rüttelt jedoch gleichzeitig an deren Unterbau, und zwar meistens sehr unzeitgemäß auch ihrerseits der abendländischen Tradition von der Selbstverwirklichung des Einzelnen mehr verhaftet als der Sache menschlicher Freiheit in aller Welt. Daß echte Freiheit nur zu haben und zu schaffen ist, wenn man dafür härteste Opfer bringt, scheint wenigen klar zu sein. Was immer jedoch an einer rebellierenden und vielleicht sogar schon wieder resignierenden Jugend kritisiert werden mag, jedenfalls spürt sie instinktiv jene Erdbeben, welche andere zu allgemeinem Unheil verschlafen oder nicht deuten wollen. Jeder von uns ist gefragt, ob und wie wir die sich bereits anmeldende Zukunft überleben werden.

Die innerkirchlichen Auseinandersetzungen sind von dieser neuen Krise weithin überrollt. In den Augen der Jungen gehören auch die vorher verketzerten Theologen zur spätkapitalistischen Nachhut und verlieren deshalb viel vom dämonischen Glanz. Das eingefügte Kapitel, nicht von ungefähr erstmals als mein Beitrag zu einem Juli 1969 eröffneten Studentenstreik in Tübingen vorgetragen, gibt Gelegenheit, aus anderm Blickwinkel das eine Thema meines Büchleins nochmals zu reflektieren, in Scherz und Ernst sich auch den Rebellen zu stellen und ihnen in streitbarer Solidarität die Theologie etwas verständlicher, verführerischer und schwieriger zu machen. Hat man einmal auf heißem Rost zu tanzen gelernt, braucht man den frischen Absolventen politosoziologischer oder psychoanalytischer Abendkurse nicht voreilig den Saal zu überlassen.

Zuweilen hat es mich gereizt, ganze Arbeit zu tun, wenn der ursprüngliche Entwurf schon tiefgreifend geändert werden mußte. Doch hätte es mich die vorläufig noch nicht absehbare Muße von Jahren gekostet, eine neutestamentliche Theologie für den sogenannten Laien zu schreiben. Ich halte auch programmatische Vollständigkeit immer weniger für erstrebenswert. Häufig die Ausflucht der Theoretiker, welche sich von der Praxis distanzieren, dient sie wohl stets einem ideologischen Überbau. Läßt sich das vielleicht selbst bei Fragmenten nicht vermeiden, so möchte ich ihn möglichst durch für unaufgebbar gehaltene Schwerpunkte ersetzen. Nach 1. Kor 13, 9 ff. haben wir irdisch und eben als Theologen getrost und tapfer im Stückwerk zu verharren, wie es der Wirklichkeit unseres Lebens entspricht. Die Faszination eines Ganzen versperrt leicht der Leidenschaft für das Notwendige und Nächstliegende den Weg, das in dieser Schrift als die Freiheit des Christenmenschen herausgestellt wird. Sie gibt es allein im Widerstreit gegen Mächte und Gewalten und deshalb mit Stacheln gespickt. Ich mißtraue gründlich allen, welche das

Evangelium und das aus ihm stammende Dasein des Jüngers Jesu in Watte hüllen. Zu viele Prediger erweisen sich darin als leidige Tröster, daß sie die Wahrheit ihres Herrn mit ihrer Erbaulichkeit einschränken und verdunkeln. Der Ruf der Freiheit ist zunächst in Gottes eigenem Hause provokativ und ärgerlich. Durch die Kirchengeschichte wird das bestätigt. Sie war in jeder Generation und bleibt in jedem Christenleben ein Kampf um die rechte Freiheit, in welchem es mehr Niederlagen als Siege gibt. Immer neu verschieben sich die Fronten zwischen den Alten und Jungen, den Konfessionen und Gruppen. Für den aufmerksamen Beobachter hinterlassen sie die Stellungen, in denen es zu Bekehrung und Verstockung kam und der alte Adam mit dem neuen rang. Christliche Freiheit wird nicht geraubt, sondern geschenkt. Man lernt sie weniger, als daß man sie erleidet, und man hat sie nie als festen Besitz. Sie kommt uns entgegen und geht uns vorauf. In wechselnden Situationen verändert sie sogar ihre Gestalt und Losung. Immer wandelt sie uns, weil wir in ihrem Dienst uns selber nicht gleich bleiben dürfen. Niemand wandelt sich jedoch gern. Immer gibt es Traditionen, welche man vor sich aufbauen kann, um sich vor dem gegenwärtigen Zugriff der Freiheit zu schützen. Immer gibt es Utopien, in deren luftigen Bereich sich diejenigen flüchten, welche sie nicht in konkretem Gehorsam bewähren wollen. Doch hat Glaube sich stets von der Freiheit Christi heute rufen zu lassen. Wer sie nicht dort begreift und ergreift, verspielt sie ganz. Die weltweite Krise der Christenheit hat nach meiner Überzeugung ihren tiefsten Grund hier.

Absicht dieses Büchleins ist es, das Neue Testament gleichsam als Dokument des ersten Aufbruchs in die evangelische Freiheit zu verstehen, welche Jüngerschaft Jesu zugleich schenkt wie in Sendung stellt. Die dabei geschehenen Rückfälle und Verzerrungen dürfen ebensowenig verschwiegen werden wie die in wechselnden Situationen variierenden Angriffsspitzen. Das Evangelium ist wie Gottes Treue alle Morgen neu und ertönt seit Pfingsten in vielen Zungen. Umgekehrt hat kirchliche Bequemlichkeit oft genug selbst den heiligen Geist auf eine einzige Platte beschränkt und die Funktion des menschlichen Geistes auf die eines Lautsprechers zusammenschrumpfen lassen. Immer gab es die Versuchung zu christlicher Selbstvergessenheit, Dummheit, Verleugnung und zum Aberglauben. Unsere Geschichte gleicht nicht einem ununterbrochenen Triumphzug, und der unseres Herrn vollzieht sich über Gräbern.

Eine akademische Abhandlung wollte ich nicht schreiben, obgleich die anvisierten Perspektiven sich von meiner Forschung her auftaten und die von mir gesetzten Akzente auch wissenschaftlich vertreten werden. Der Fachkundige merkt, wo ich andern in Zustimmung und Widerspruch verpflichtet bin oder meinen Weg unabhängig suche. Wenn jedoch Gelehrte sich häufig der allgemeinen Vergänglichkeit entnommen wähnen, versuche ich, dem Heute zu geben, was ihm nach meiner Ansicht gebührt. Unvermeidlich kommen dabei eigene, manchmal bittere Erfahrungen und nicht weniger die Grenzen des persönlichen Blickfeldes heraus. Das Engagement wird nicht schamhaft verborgen, zumal meine Generation passiv und aktiv hier ungewöhnlich stark sich exponieren mußte. Wie das Leben selber unter Schmerzen gewonnen, erscheinen die gesammelten Erkenntnisse mir für die Erhellung urchristlicher Verhältnisse als aufschlußreich. Sie erlauben zusammen mit der neutestamentlichen Analyse, so etwas wie eine theologische Summe zu ziehen. Ehe wir andern das Feld räumen, soll deshalb nochmals das Signal gesetzt werden, unter dem wir angetreten sind. Cromwell flüsterte sterbend: „Ich weiß, daß ich mich einst in der Gnade befand." Trotz dem Prediger Salomonis: Nicht alles war eitel!

Tübingen, 15. 2. 1972 *Ernst Käsemann*

DAS THEMA

Worin besteht das Wesen der Kirche? Man darf sich nicht einbilden, daß solche Frage heute die Welt oder die sogenannte breite Öffentlichkeit beschäftigt, obgleich erstaunlicherweise der Rundfunk uns noch merkwürdig viel an Sendezeit gewährt. Man betrügt sich sogar, wenn man beispielsweise am Reformationsfest lautstark suggeriert, unsere Zeit frage zwar nicht mehr so sehr nach dem gnädigen Gott, wohl aber nach Gottes Wirklichkeit. Ganz davon abgesehen, daß die letzte Frage außerhalb weltanschaulicher und vielleicht überkommener philosophischer Problematik einzig in Gestalt der ersten sinnvoll ist, haben wir uns auf der ganzen Linie vor Wunschdenken und Selbstüberschätzung zu hüten. Religiosität wird mit dem ihr verbundenen Betrieb vermutlich nicht aussterben, solange es Menschen gibt, und Christen werden das in der einen oder andern Weise berücksichtigen, ohne daraus viel Kapital für sich selber zu schlagen. Aus Erfahrung sollten sie wissen, daß dieser Sachverhalt recht rätselhaft und immer doppeldeutig bleibt. Nüchternes Urteil über unsere Lage zwingt jedoch, uns einzugestehen, daß das christliche Abendland und die Volkskirche in unsern deutschen Verhältnissen vergangene Lebensformen sind. Man mag sich darüber streiten, ob und wieweit man sie erwecken könne, wie intensiv man sie beschwören und sich um sie bemühen solle oder ob man ihnen, wozu ich persönlich keineswegs geneigt bin, von sich aus mutwillig den endgültigen Abschied geben dürfe. Zu sehen ist jedoch, daß darauf kein Verlaß mehr ist, der Auszug daraus uns nicht lange noch erspart bleiben wird, die vordringlichste Aufgabe jeder kirchlichen Leitung sein müßte, Auffanglager und Notbaracken für diesen Fall vorzubereiten. Zu überlegen wäre, was unter allen Umständen gewahrt werden, worauf man sich deshalb bereits jetzt mit ganzer Konzentration einstellen muß. Ich würde meinen, geboten und zweckmäßig sei, einzig zu fragen, wie Menschen zusammengehalten oder neu erreicht werden können. Um ihretwillen sei die Reduktion, der Abbau, die Verlagerung des Schwergewichtes in allen bestehenden und andauernd wachsenden kirchlichen Institutionen unumgänglich.

Wie immer dem sei, die nötige Analyse unserer Situation wird von der Grunderkenntnis auszugehen haben, daß der unproblematische, durchaus nicht rebellische, praktische Atheismus unsern Alltag bestimmt. Aus vielerlei rationalen und irrationalen Gründen wird das Christentum hierzulande noch außerordentlich begünstigt. Eine entscheidende geistige Potenz stellt es nur selten dar. Man bedient sich seiner, weil es nützlich ist, nicht mehr und nicht weniger. Das tun die Einzelnen, die anders den Arbeitstag und die bedeutsamen Ereignisse ihres Daseins nicht würdig einzukleiden wissen. Das tun um dieser unzähligen Einzelnen und der sie repräsentierenden Organisationen willen auch der Staat, die Parteien und beider Untergliederungen. Ist das richtig, beschränkt sich die Funktion der Christenheit in unserm Volksleben, was immer sie selber wollen und von sich denken mag, auf die Erhaltung, Stärkung und möglichst den Zuwachs bestehender innerer Ordnung im sozialen und vielleicht sogar politischen Bereich. Man braucht das nicht zu verachten und hat das womöglich sehr aktiv zu unterstützen. Wir fahren alle besser, wo echte Ordnung herrscht und erstrebt wird, und die Kirche darf sich nicht zu gut sein, dabei mitzuhelfen. Der Dienst am Vorläufigen ist unter Umständen der Beweis dafür, daß das Ewige sie bestimmt. Revolution um ihrer selbst willen und um jeden Preis bleibt immer antichristlich, wie hart dieser Satz jugendlichen Rebellen erscheinen mag. Die konservative Haltung hat ihr Recht und eine heute von vielen unter uns mißachtete Notwendigkeit, der die Kirche Raum und Anerkennung gerade dann zu geben hat, wenn das unpopulär ist. Niemand soll sich darüber täuschen, daß wir Autorität als Grundlage möglicher Ordnung nicht untergraben, sondern wollen und stützen, ohne das Mißfallen und die Enttäuschung der anders Denkenden zu scheuen.

Doch grenzen diese Vorbemerkungen nur den Raum ab, in welchem unsere Fragen, Sorgen, Nöte und nicht zuletzt unser „Protestantismus", nämlich auch unsere Opposition gegen das Bestehende und die Illusionen, erwachen. Konservativ zu sein, kann eine Möglichkeit und ein Erfordernis unseres Dienstes werden. Darin steht jedoch nicht das Wesen der Kirche. Ordnung im sozialen und, falls freigegeben, im politischen Bereich zu wahren und zu erstreben, sich vom Staat, den Parteien und ihren Gliederungen als Aushilfe und Notbehelf einspannen zu lassen, tut unserer Würde keinen Abbruch. Das gilt jedoch nur solange, wie wir auf diese Weise nicht das böse, leider oft und lange genug wahre Wort vom religiösen Opiat für das Volk bestätigen. Hier hört der Spaß, hier hört der Dienst, hier hört unser Sinn für Autorität radikal auf, und es ist eine Schande für die Christenheit in unserm Volk, daß Spaß und Dienst und Sinn für Autorität hier nicht aufgehört haben und unentwegt munter, überzeugt, unprotestantisch sich weiter in die Sonntage wie in die Profanität ergießen. Die Wirkung mag im einzelnen dürftig sein. Im ganzen ist sie noch immer außerordentlich groß, weshalb die öffentlichen Organe sie honorieren. Für die Christenheit selber ist sie tödlich. Jedes Wort, jede Tat und Demonstration desavouieren unsern Herrn und uns, wenn sie nicht unter dem Blickwinkel geprüft wurden, ob sie Opiat für das Volk sind oder so verstanden und mißbraucht werden können. Hier sollte man nicht mehr das alte Mütterchen, die Unmündigen und den einfachen Mann bemühen, die etwas für ihr beladenes Dasein von uns erwarten, getröstet werden und unsere Rede verstehen müßten. Wir können keinem von diesen allen ersparen, für sich selber zu sterben und aufs eigene Sterben sich zu rüsten. Nur Ärzten ist erlaubt, den Leidenden und Sterbenden Opiate zu geben, und denen haben die Pastoren nicht ins Handwerk zu pfuschen. Anders könnten sie die, denen sie zu helfen vorgeben, umbringen, und zahllos sind tatsächlich die Opfer in bester Absicht dargereichter religiöser Opiate. Sollte man sich nicht darüber einmal Gedanken machen und schwerste Gewissensbisse empfinden, wo man heute die moderne Theologie anklagt, Studenten zu verführen, das einfache Volk zu verwirren, den Glauben zu rauben? Als bestände der Glaube darin, zu hören, was man von vornherein im Gottesdienst erwartet und was, wenn nicht die Welt, wenigstens sich selbst einigermaßen erträglich finden läßt. Man schreit Mord und merkt nicht, daß der schleichende Tod überall am Werke ist. Man preist die Wiedergeburt und vergißt, daß sie das täglich neue, in den tiefsten Grund unseres Daseins reichende Sterben und die lebendige Verzweiflung an unserer eigenen Frömmigkeit voraussetzt. Wer den Alten Adam nicht in der Kirche gewahrt, haßt und trifft, sollte wahrhaftig sich über dessen Fortleben außerhalb nicht entsetzen. Wo bloße Erbaulichkeit und Langeweile Platz greifen, kann unmöglich das Evangelium ertönt sein, auch wenn man die ganze Bibel verlesen hat.

Weil uns diese Einsichten bewegen, fragen wir, ob die Kirche selber weiß, was es um ihr Wesen ist. Kann sie es mit einem einzigen Satz oder Wort derart scharf umreißen, daß alle andern Antworten und Fragen in den Schatten und die Lichtung dieser Aussage treten? Das heißt zugleich, daß diese Aussage nicht in das Belieben des Einzelnen oder einer Konfession gestellt werden darf, sondern das allen Gemeinsame und nicht weniger ihr letztes Kriterium zu sein hat. Infolgedessen liegen hier auch die Grenzen der Einheit, wie umgekehrt von hier aus vorhandene Separationen relativiert, Unterschiede und Gegensätze im Glauben und Handeln toleriert, Kompromisse geschlossen werden können. Wer sich in der Geschichte der Kirchen und Denominationen etwas auskennt, wird wenig Hoffnung haben, daß man auf den Gebieten der Dogmatik, der Liturgie, der Verfassung oder gar des Kirchenrechtes mehr als Annäherung erreichen wird. Selbst der Rückgriff auf die Urchristenheit und das Neue Testament bleibt problematisch, weil sofort die Interpretationen auseinandergehen, obgleich ohne den Versuch eines solchen Rückgriffes das Gewicht der Sondertraditionen übermächtig werden würde. Schließlich bedarf auch die Ethik, sofern sie sich nicht einfach auf das Heute mit seinen unabweisbaren Erfordernissen, Zweckmäßigkeiten, kurz auf seine aktuelle Vernünftigkeit bezieht, einer Ausrichtung. In ihr müßte die Nachfolge Jesu oder das, was sonst als zentraler Oberbegriff erscheint, allgemeiner Einsichtigkeit und Verpflichtung unterworfen werden. Es liegt auf der Hand, daß die Christenheit darauf zumeist keine befriedigende Lösung anzubieten hat. Das Beste und Hoffnungsvollste in ihrem gegenwärtigen Zustand liegt darin, daß sie das Problem und ihre eigene Verlegenheit ihm gegenüber erkennt; das Übliche und weiterhin Herrschende ist die Proklamation persönlicher oder konfessioneller Sonderansichten. Über sie lassen sich menschliche Brücken schlagen. Mit ihnen können organisatorische Kooperation und Konföderation erstrebt, teilweise sogar verwirklicht werden. Dennoch bilden sie unser eigentliches Dilemma im Zeitalter des sogenannten Ökumenismus, wobei die Wahrheit des Evangeliums nicht weniger als unser aller Glaubwürdigkeit in dieser unserer Welt auf dem Spiele stehen.

Vom rechten Wesen der Kirche läßt sich in unserer Situation ernsthaft nur handeln, wenn durch die Antwort auf solche Frage dreierlei einfach und klar festgelegt wird: die Praxis der Nachfolge Jesu im Einzelleben, die zentrale dogmatische Wahrheit des Evangeliums, die Möglichkeit und Notwendigkeit ökumenischer Einigung. Dabei ergibt sich ohne weiteres, daß solche Einigung nicht bloß von den Institutionen, sondern der Christenheit, also nicht von oben nach unten, sondern von den sogenannten Laien her auf alle Denominationen und Organisationen sich zu realisieren hätte. Formuliert man es so, wird nicht nur deutlich, daß dieses Unterfangen geradezu aussichtslos erscheinen muß. Wer sich darauf überhaupt einläßt, weiß auch, daß er das Gericht über alle Kirchen und unsere gesamte persönliche Frömmigkeit anzukünden und deshalb mit der Macht des heiligen Geistes und der sich ereignenden Wirklichkeit von Wundern zu rechnen hat.

Immerhin, es gibt eine Verheißung für die Einfältigen, welche dem Wehe über die Schriftgelehrten und Pharisäer korrespondiert, von den Managern zu schweigen, welche zwar unentwegt vom Heiligen Geiste reden, aus ihm jedoch die Macht des Mysteriösen statt den Künder und Vollstrecker des Einfachsten machen. Das Einfachste, das alle soeben gestellten Forderungen erfüllt, ist die Freiheit der Kinder Gottes. Davon soll im folgenden neutestamentlich gehandelt werden.

1. WAR JESUS LIBERAL?

Die folgende Geschichte wurde mir in Amsterdam nach der großen Sturmflut erzählt, welche Holland 1953 heimsuchte. Ihr Schauplatz war eine jener Gemeinden, welche sich dort den Geboten Gottes, also auch der Heiligung des Sabbats, aufs strengste unterwerfen. Sie wird von Wind und Wellen derart bedroht, daß man genau am Sabbat den Deich verstärken muß, wenn man überleben will. Die Polizei verständigt den Ortspfarrer, der nun in einen religiösen Konflikt gerät. Darf er die ihm anvertraute Gemeinde zur notwendigen Arbeit rufen, wenn das den Sabbat entweihen läßt? Darf er sie umgekehrt dem Untergange preisgeben, um den Sabbat zu ehren? Der Last persönlicher Verantwortung erliegend, beruft er den Kirchenvorstand zur Beratung und Entscheidung ein. Die Debatte verläuft wie vorherzusehen: Wir leben, um Gottes Willen zu erfüllen. Der Allmacht sind Wunder auch über Winde und Wellen allezeit möglich. Unsere Pflicht ist der Gehorsam, sei es zum Leben, sei es zum Sterben. Der Pfarrer versucht, vielleicht gegen die eigene Überzeugung, ein Letztes: Hat nicht selbst Jesus gelegentlich das Gebot des Sabbats durchbrochen und den Menschen zum Herrn des Sabbats statt den Sabbat zum Herrn des Menschen erklärt? Darauf erhebt sich ein ehrwürdiger Greis: Herr Pfarrer, es hat mich stets bedrängt, was ich bisher nicht offen auszusprechen wagte. Nun muß ich es sagen. Ich habe schon immer das Gefühl gehabt, daß unser Herr Jesus ein bißchen liberal gewesen ist.

Ich weiß nicht, ob die Geschichte gut erfunden oder ob sie tatsächlich so geschehen ist. Historiker wissen das sehr viel seltener, als andere Leute und häufig sie selber meinen. Jedenfalls stellt diese Geschichte unübertrefflich jene Frage, die jeder Christ und jede Kirche unausweichbar zu beantworten haben, obgleich sie banal formuliert wird und vielleicht sogar banal ist: War Jesus liberal? Hier gibt es nur ein Ja oder Nein. Sie nicht zu stellen, sie mit einem Kunstgriff zu überspielen, sie doppeldeutig zu beantworten, läßt den wirklichen Jesus verleugnen. Entziehen sich Christen und Kirchen ihr, auf welche Weise immer, persönlich, können sie ihr sachlich auf keinen Fall entrinnen. Denn die Evangelien lassen nicht den mindesten Zweifel, daß Jesus, an der Meinung seiner frommen Umwelt gemessen, tatsächlich liberal war und auch, wahrscheinlich sogar eben deshalb zum Kreuz zu gehen hatte. Die kritischste Historie steht hier auf zuverlässigem Grunde. Wenn irgendwo, finden Wissenschaft und Evangelium an dieser Stelle zusammen. Es handelt sich also um etwas, was wie wenig sonst in den Kreis der heute vielfach beschworenen Heilstatsachen gehört. Es wäre nicht ratsam, diese wirklich eindeutig konstatierbare „Tatsache“ zu entschärfen, wenn man nicht von vornherein alle übrigen verdächtig machen will. Hat die Historie Jesu überhaupt theologische Relevanz, kann man sich an diesem „Faktum“ nicht vorbeischleichen, ohne alles andere zu gefährden und zum mindesten seiner konkreten Beziehung auf das Leben Jesu zu berauben und damit unverständlich zu machen.

War Jesus liberal? Von der Antwort auf diese Frage hängen, wenn es sich so verhält, gerade unter den heute von konservativer und kritischer Theologie wie der Gemeindefrömmigkeit anerkannten Maßstäben Wahrheit und Heil der Jüngerschaft, rechter und falscher Glaube ab. Das ist freilich ungemein brenzlich, und vielleicht begreift man nirgendwo besser die Gültigkeit des leider oder verständlicherweise apokryph überlieferten Jesuswortes: „Wer mir nahe ist, ist dem Feuer nahe. Wer aber fern von mir ist, ist dem Reiche fern." Denn es läßt sich nicht übersehen und verschweigen, daß der „liberale" Jesus nicht bloß seinen strenggläubigen Volksgenossen, sondern bereits seinen ersten Jüngern ärgerlich gewesen ist und daß die gesamte Kirchengeschichte bis auf unsere Tage solches Ärgernis an der eigenartigen Freiheit Jesu widerspiegelt. Seine Wunder und Auferstehung mögen bezweifelt worden sein. Seine Liberalität war stets ein Stachel für das fromme Fleisch und zumeist nur den Sektierern ein Grund des Glaubens und der Freude.

Fällt ein Schatten auf die Frömmigkeit Jesu, wenn wir ihn liberal nennen? Die Frage ist absurd, wird aber nicht nur erhoben, sondern auch bejaht werden. Der Abscheu vor dem Liberalismus und die sich damit verbindende Furcht der Orthodoxie ist Jahrhunderte alt, nicht immer unbegründet gewesen, jedenfalls seit langem sorgsam gepflegt und neuerdings ein Panier weltweiter kirchlicher Reaktion. Die unlöslich mit ihr verknüpfte tiefere Frage, ob der Gottessohn liberal genannt werden dürfe, mag zunächst etwas aufgeschoben werden, weil sie theologisch ernsthafter beantwortet werden muß. Man fühlt sich in seltsamer Lage, wenn fromm und liberal gegeneinander ausgespielt werden und man dabei sich überhaupt äußern muß. Doch ist heute wohl unmißverständlich festzustellen, daß Jesu Frömmigkeit nicht im mindesten bezweifelt werden kann, wenn einem nicht um des Schweigens willen der Strick um den Hals geworfen werden soll, man treibe eine lästerliche Theologie. Allerdings gestehe ich, selber es geradezu als lästerlich zu empfinden, wenn ich Jesu Frömmigkeit zu bestätigen habe. Immerhin bleibt mir kaum anderes übrig. Der Historiker erklärt also uneingeschränkt, daß nach seiner besten Einsicht nicht daran zu rütteln ist, Jesus habe die Pflichten des frommen Juden äußerst ernstgenommen, selbst wo eindeutige Forderungen der Schrift nicht vorlagen, und beispielsweise deshalb kaum über Israels Grenzen hinaus gepredigt und gehandelt. Es ist nicht nötig, von seinem Tempelbesuch, seinem Beten, seiner Vertrautheit mit dem Alten Testament, seinen religiösen und sittlichen Weisungen zu sprechen. Könnte das alles angefochten werden, kann kein Kritiker stichhaltig bestreiten, daß Jesus sich der Bußtaufe des Johannes unterzogen hat. Das besagt, daß er auf Gottes kommende Herrschaft wartete und der Stimme des Täufers Glauben schenkte, diese Gottesherrschaft stehe vor der Tür und müsse nun in letzter Stunde angenommen oder verworfen werden. Dem entsprach seine eigene Predigt. Weder die „Stillen im Lande" hätten sich ihm sonst anschließen können noch die Zeloten, welche Gottes heiliges Land im aktiven Widerstand von römischer Tyrannei zu befreien suchten und dafür unter den Trümmern Jerusalems und den vom neuerstandenen Staate Israel wieder ausgegrabenen Ruinen der Bergfestung Masada starben. Noch zweierlei, weil es auf Vollständigkeit nicht ankommt. Das Vaterunser liegt uns bei Matthäus und Lukas in abweichender Gestalt vor, was darauf schließen läßt, daß die verschiedenen Texte liturgisch überarbeitete Formulare des gottesdienstlichen Gebrauchs sind. Gibt jedoch etwas der Gotteskindschaft Jesu knapper und überwältigender Ausdruck als sie, deren zugrunde liegende Urgestalt nicht einmal erhalten ist? Schließlich ist undiskutierbar, daß Jesus Besessene im Namen seines Vaters geheilt und sich für den mit ihm erfolgenden Anbruch der Gottesherrschaft auf diese seine Machttaten berufen hat, sich also als Träger des wunderwirkenden Geistes verstand.

Nicht das wird demnach zum Problem, ob der Liberale fromm gewesen sei, sondern, sofern hier überhaupt etwas zu debattieren war, umgekehrt, ob und warum der Fromme liberal war. Wir tun jetzt gut, die Dinge gleich aufs schärfste zuzuspitzen, weil Jesus weder in den Evangelien noch in der Christenheit bloß als Repräsentant menschlicher, spezifisch jüdischer Frömmigkeit gilt. Vielmehr hebt er sich gerade in dem, was wir seine Liberalität genannt haben, von den frommen Juden seiner Zeit und selbst vom Täufer Johannes charakteristisch, auch dem Historiker wahrnehmbar ab. Die frühe Christenheit hat diesen Unterschied zum Typischen mit den messianischen Würdetiteln und ihrer Christologie ein für alle Male herausgestellt. So ist also die Liberalität des Messias, Christus, Gottessohnes der Kern des hier aufgeworfenen Problems.

Sie ist, falls solche ärgerliche Aussage berechtigt ist, ein Stück – oder gar das Zentrum? – jenes christologischen Skandals zunächst für die Juden und hernach immer neu in der Kirchengeschichte. Was für ihn gilt, muß jedoch auch seine Nachfolger kennzeichnen, ist also ein Stück – oder gar das Zentrum? – der Heilswirklichkeit. Die Liberalität Jesu wird dann zum prägenden Merkmal einer rechten Kirchenlehre, des wahren Glaubens, des Gottesdienstes am Sonntag wie im alltäglichen Leben, infolgedessen der christlichen Ethik und nicht zuletzt Gegenstand, Grund und Ziel ökumenischer Einigung. Sie wird umgekehrt teilweise oder zentral die Grenze zum Aberglauben, zu zweifelhafter Dogmatik und Praxis, zu der unberechtigten Kirchengemeinschaft in einer Konfession und zwischen den Konfessionen und Denominationen, schließlich zu einer organisatorisch denkbaren, institutionell sich realisierenden, gleichwohl aber zutiefst unchristlichen Ökumene, also, neutestamentlich gesprochen, der weltweiten Kirche des Antichristen. Man sieht, was auf dem Spiele steht. So gefährlich sind einzelne theologische Aussagen. So wenig verwunderlich ist der Streit, der über ihnen Platz greift. Was harmlos, banal, vielleicht auch etwas absurd beginnt, enthüllt sich plötzlich als Sprengstoff, der bis ins Politische hinein weltweit zu wirken vermag.

Um nicht in den Verdacht zu geraten, maßlos zu übertreiben und Gespenster zu beschwören, fragen wir noch deutlicher: Darf eine Kirche oder Denomination sich weiterhin christlich nennen, in welcher die Frommen nicht mehr liberal sein und die Liberalen nicht mehr als fromm anerkannt werden können? Ist der ein Christ, der beides voneinander trennt, was sich bei seinem Herrn verband? Gehört es nicht zur neutestamentlich begründeten und geforderten Projektion des Bekenntnisses von Chalcedon, diese Fragen aufzuwerfen? Es mag säkularistisch oder sogar lästerlich klingen, wenn das „wahrer Gott und wahrer Mensch" auf die Formel „fromm und liberal zugleich" reduziert zu werden scheint. Ist es aber nicht in Wahrheit lästerlich, weil die Eigenart, Hoheit und Menschlichkeit Jesu leugnend, wenn diese letztgenannte Formel nicht einmal bedacht, erörtert, in ihrem theologischen Rechte und ihrer christologischen Relevanz anerkannt wird? Das geschieht dort, wo man das „wahrer Gott und wahrer Mensch" als unergründliches Geheimnis proklamiert, bei dem das Verstehen aufhört und das Fürwahrhalten zu beginnen hat. Es soll das Chalcedonense keineswegs auf das „fromm und liberal zugleich" reduziert werden. Es wird nur behauptet, daß diese Formel für die rechte Interpretation des Chalcedonense unentbehrlich ist, weil sie ein entscheidendes Merkmal Jesu benennt und das Chalcedonense mit all seinen dogmatischen Aussagen über die Gottmenschheit für einen Jünger Jesu absolut belanglos wäre, wenn es für dieses entscheidende Merkmal keinen Raum läßt.

Diejenigen, welche Anstoß an Jesu Liberalität nahmen, meinten wenigstens zu wissen, was Gott unangemessen sei und seinem Offenbarer nicht gebühre, darum auch in der Kirche nicht zu verwirklichen und mit einem Christenleben nicht zu verbinden sei. Sie hatten wenn nichts anderes, dann eine respektable und konsequente

Theologie. Doch kann unser Glaube nicht auf einer Theologie, also auch nicht auf der ihren, ruhen, so wichtig die Theologie für die Entfaltung und das rechte Verständnis des Glaubens ist. Unser Glaube ruht auf dem, was A. Schlatter in seinem letzten Büchlein frageweise formulierte: „Kennen wir Jesus?", auf nichts sonst, was immer Dogmatiker und Konfessionen für nötig halten. Ist es aber so, dann meldet sich mit dem Problem, worin die Eigenart Jesu besteht und ob zu ihr etwa auch die Liberalität seines Erdenlebens gehört, nicht nur die Frage nach dem rechten Wesen der Kirche, sondern tiefer noch und zuletzt die Gottesfrage. Dann muß nämlich von hier aus entschieden werden, wer Gott und wer Abgott ist, was Gott tat und nicht tat, wie er sich mit unsern Wünschen und Vorstellungen von ihm oder gegen sie offenbarte. „Die Sache mit Gott", von der heute geheimnisvoll oder provokativ in einigen Gegenden die Rede ist, würde dann ein reißerischer und irreführender Titel sein, wenn sie nicht auch – oder zentral – von der Sache der Freiheit Jesu und deshalb notwendig im gleichen Atemzuge von der Sache der Freiheit eines Christenmenschen und der versammelten christlichen Gemeinde spräche. Vorsichtshalber sei jedoch angemerkt, daß damit nicht unbedingt gemeint oder eingeschlossen ist, was man landläufig die Freiheit der Kirchen nennt.

Wir haben bisher die Liberalität des irdischen Jesus behauptet und auf die christologischen und theologischen Konsequenzen dieser Behauptung aufmerksam gemacht. Nun wird es Zeit, solche Aussage mit der gebotenen Anschaulichkeit zu füllen und auch das Ärgernis aufzuweisen, das Juden und Jünger daran nahmen. Über den irdischen Jesus ist in den letzten 15 Jahren so viel geschrieben worden, daß ich darüber nichts sonderlich Neues nachzutragen weiß und mich mit Charakteristischem begnüge, statt Vollständigkeit zu erstreben. Das historisch Unbestreitbare muß dabei gelegentlich deutlich markiert werden, braucht jedoch im Rahmen dieser Darstellung nicht ausschließlich herauszutreten. Denn gerade wenn bereits die erste Gemeinde sich über die Liberalität ihres Meisters wunderte und entsetzte und sie nicht ohne weiteres für sich selbst zu übernehmen vermochte, spiegelt sich auch in ihren legendarischen Erzählungen darüber seine Eigenart, manchmal sogar deutlicher als in dem zweifellos Authentischen. Es gibt Gemälde, die das Wesentliche schärfer erfassen als selbst Photographien, und dürftige protokollarische Notizen erhalten zumeist Lebendigkeit erst dann, wenn sie ausgelegt werden. Schließlich mag man sich erinnern, daß die Forschung heute über die formgeschichtliche Einsicht hinauszukommen strebt, wonach die Evangelien aus einer Sammlung unzähliger einzelner Sprüche und Anekdoten erwachsen sind. Erst die Zusammenstellung ermöglicht es uns, die theologischen Prämissen und Absichten der Evangelisten zu erkennen, welche die Eigentendenz des von ihnen zerstreut Vorgefundenen überdeckt haben mögen. Doch sollte diese unsere heutige Einsicht uns umgekehrt nicht den theologischen Wert der formgeschichtlichen Entdeckung aus den Augen verlieren lassen, daß am Anfang der Berichte das Einzelgut steht. Die sentenziöse und anekdotische Weise, die in jüdischer Überlieferung bevorzugt wird, zeigt an, daß zunächst das Ganze des Heilsgeschehens fragmentarisch dargestellt wurde. Das steht im Gegensatz zu dem heute verbreiteten Aberglauben, nur die lückenlose Annahme sämtlicher Heilstatsachen und biblischer Aussagen garantiere echte Christlichkeit. Es kam zunächst allein auf eine entscheidende Perspektive, ein unverlierbar eingeprägtes, das ganze Leben beherrschendes Wort an, in dem wie in einer Scherbe Jesus sich spiegelt. Die Evangelienschreibung beginnt erst, als das Einzelne mißbraucht wird und darum des dogmatischen Rahmens bedarf. Das gibt uns wiederum das Recht, den geschichtlichen Prozeß gelegentlich rückgängig zu machen, zur Praxis des Anfangs zurückzukehren, um starrgewordene und nicht mehr ohne weiteres verständliche Dogmatik aufzulockern. So sagt auch gute Predigt nicht alles auf einmal, sondern eines unüberhörbar, unter Umständen sogar auf Kosten des Ganzen. Wir haben eben immer neu, immer tiefer und besser zu lernen und lernen nie aus, wenn wir es mit Jesus zu tun bekommen. Nur Theoretiker können tun, als ließe sich alles Notwendige so verschlucken, daß allenfalls noch das in manchen orientalischen Ländern zu den Tischsitten gehörige Rülpsen zu folgen hat, mit dem man seine Dankbarkeit für genossene Wohltat kundgibt.

Mancherlei in Jesu Liberalität geht nicht über das hinaus, was auch dem frommen Juden freisteht oder unter bestimmten schwierigen Umständen gestattet werden kann. Das Lehramt hat in solchen Fällen zwischen „erlaubt" und „verboten" zu unterscheiden, wobei eine Schule milder, die andere strenger urteilt. In gewisser Hinsicht handelt Jesus wie ein jüdischer Lehrer, der gut und böse, erlaubt und verboten im religiösen und sittlichen Bereich für das tägliche Leben herausstellt. Zum mindesten seine Gemeinde läßt ihn unaufhörlich entsprechende Fragen beantworten, auch im Judentum mögliche und wirklich erteilte Grundregeln und Summarien aussprechen. Man denke an das Liebesgebot gegenüber Gott und den Menschen oder den Satz, man solle dem Nächsten tun, was man für sich selber erwarte. So galt weiter schon im Judentum, daß der Sabbat gebrochen werden dürfe, wo jemand vom Tode zu retten war, und das Reinigkeitsgesetz nicht ohne genau benannte Ausnahmen verpflichtend sei. Der Umgang mit Samaritern und Heiden war zwar um der stets drohenden Befleckung, erst recht um möglicher Ansteckung durch Irrlehre willen unerwünscht und weithin verpönt, nicht aber grundsätzlich unstatthaft. Manchmal erscheint Jesus sogar strenger als seine Gegner oder der strengsten jüdischen Richtung nahe, etwa wenn er die Ehescheidung und das Schwören bedingungslos als Sünde erklärt, jegliche Form der Vergeltung ablehnt und nicht einmal ein Opfer an heiliger Stätte zuläßt, ehe man sich mit dem Feinde versöhnt hat. Man täte seinem Bilde Abbruch, wenn man nicht auch den Schrei der über seine Härte Erschrockenen hörte: „Wer kann dann selig werden?“ Dem steht freilich eine andere Seite entgegen, die ihn wieder vom Gewohnten abhebt: So viel wir zu erkennen vermögen, hat er sich auf jüdische Kasuistik nicht eingelassen. Sein Ja ist ebenso eindeutig wie sein Nein, und es wird nicht zwischen beidem ausgependelt, bis ein Kompromiß gefunden ist. Es ist höchst charakteristisch, daß schon die ersten Jünger sich auf die Kasuistik besannen und mit ihrer Hilfe Jesusworte korrigierten, sowohl wenn sie ihnen zu streng wie wenn sie ihnen zu großzügig erschienen. Das eine läßt sich bei den

Verboten der Scheidung und des Schwörens, das andere etwa in ausmalenden Unterstreichungen der Bergpredigt zeigen und begründet manche Unterschiede der gleichen Texte bei Matthäus und Lukas.

Sofern das alles nicht aus dem Rahmen dessen herausfällt, was begreiflich und nicht ungewöhnlich ist, brauchen wir es nicht auszuspinnen. Wo liegen die entscheidenden Differenzen zum Jüdischen und zur alsbald einsetzenden kirchlichen Skrupulosität? An erster Stelle fällt ein anderes Verhältnis zum Alten Testament und zur rabbinischen Auslegungstradition auf, welche als rechtmäßige Interpretation der Schrift im Judentum die verpflichtende Autorität der Offenbarung selbst besaß. Dieses andere Verhältnis läßt sich nur aus einem besonderen Sendungsbewußtsein Jesu ableiten, genauer aus der Gewißheit, die Kraft des göttlichen Geistes zu besitzen, welche prophetisches Handeln möglich macht und den Anbruch der letzten Zeit etwa in der Überwindung der Dämonen dokumentiert. Die Evangelien referieren zwar das Sendungsbewußtsein, sprechen jedoch außerordentlich selten von Jesu Inspiration, obgleich der Historiker, der sich hier auf sicherem Grunde weiß, darüber recht erstaunt sein sollte. Immerhin läßt sich das erklären: Wie den Späteren, die alles Gewicht auf die Gottessohnschaft legten, die Feststellung der Inspiration als zu dürftig erschien – den Besitz des Geistes behaupteten auch Propheten oder die Qumran-Gemeinde! –, so machte die christliche Gemeinde sehr früh mit den Geistträgern in ihrer Mitte schlechte Erfahrungen, wie wir noch sehen werden. Sie scheute sich offensichtlich auch deswegen, Jesus zu betont als deren Urbild herauszustellen.

Unerhört ist jedoch selbst in Qumran, wo man auf den verliehenen Geist pochte und aus seiner Eingebung heraus die Schrift höchst eigenartig auslegte, jenes Wort, mit dem die Antithesen der Bergpredigt beginnen: Was den Alten gesagt wurde, meint das Gesetz des Mose. Indem Jesus dieses Gesetz überbietet und korrigiert, vergleicht er sich nicht bloß mit Mose, was einem frommen Juden bereits unerträglich sein mußte. Er stellt sich vielmehr über ihn und die Schrift. Ich halte an der Meinung fest, daß das in den Ohren der Zeitgenossen Lästerung oder messianischen Anspruch bedeuten mußte, den Sprecher jedenfalls aus dem Verbande der übrigen Frommen löste.

Die königliche Freiheit, die sich hier im Umgang mit der Schrift bekundet, waltet erst recht im Verhältnis zur rabbinischen Auslegungstradition, die zum großen Teil wie in ihrer Kasuistik einfach beiseite geschoben wird. Mögen die Schriftgelehrten um solcher Gelübde willen, die dem Himmel gegenüber getan sind, Vater und Mutter das ihnen Zustehende entziehen lassen. Mögen sie allgemein die religiöse Pflicht der sittlichen vorziehen, weil der Gehorsam gegen Gott allem Irdischen vorangeht. Jesus verwirft solche Theorie und Praxis als absurd. Es gibt nicht den Gott, der aufhört, Schöpfer zu sein, und den man infolgedessen gegen das Geschöpf ausspielen kann. Es gibt nicht den gottwohlgefälligen Kult, der aus dem alltäglichen Dienst befreit. Es gibt nicht jene heilige Schrift, welche dem Menschen zu sündigen erlaubt oder den Nächsten nicht rigoros in Schutz und unsere Verantwortung stellt. Eben deshalb sind die Gebote des Sabbats und der Reinigung töricht verstanden, welche nur in Todesgefahr durchbrochen werden dürfen und die Liebe vernachlässigen lassen. Jesus erhebt sich also nicht in schwärmerischer Willkür zum Herrn der Schrift und zum Richter der frommen Ordnungen. Er wird es, weil er Gottes Wort nicht am Buchstaben mißt, sondern an Gottes Willen, der nicht zweifelhaft und manipulierbar ist.

Der Schöpfer will sein Geschöpf und verlangt deshalb unsere bedingungslose Liebe zum Nächsten und unsere uneingeschränkte Bereitschaft zum Dienst und zur Vergebung, weil anders jedes Geschöpf zugrunde gehen muß. Die Liebe ist des Gesetzes Erfüllung. Frömmigkeit, die sich ihr in den Weg stellt, stellt sich Gott selbst in den Weg, und es ist keiner Theologie und Dogmatik erlaubt, daran im mindesten zu rütteln. In Israel ziehen jedoch die Frommen und Theologen die Klarheit des göttlichen Willens in Frage, wenn sie sich selber zu Richtern über „erlaubt" und „verboten" machen, zu diesem Geschäft die Schrift benutzen und interpretieren und dabei sich an den Buchstaben binden. Man mag schaudernde Ehrfurcht vor einer Haltung empfinden, welche mit unvergleichlichem sittlichen Ernst erklärt, daß Gottes Gebot nicht zu begründen sei. Es genüge, zu hören und zu akzeptieren, daß der Heilige in Israel gesprochen und geboten habe. Jesus reißt sogar den Zaun solcher Ehrfurcht nieder. Gottes Wille ist mindestens insofern kein Geheimnis, als es den Bruder betrifft und um die Liebe geht. Der Schöpfer, den man gegen das Geschöpf ausspielen kann, ist ein falscher Gott, und falsche Götter machen auch fromme Menschen unmenschlich, wie die Kirchengeschichte auf hundert und tausend Seiten belegt. Daran muß heute mit der äußersten

Härte erinnert werden. Es gibt Christen, welche andere im Namen einer Auferstehungstheologie verketzern, gleichzeitig jedoch, natürlich verklausuliert, den Einsatz der Atombombe meinen rechtfertigen zu dürfen. Das erscheint plausibel: Auf ein bißchen Völkermord und von Menschen fabrizierten Weltuntergang mag es denen nicht mehr ankommen, welche einzig auf die neue Welt schauen. Doch lästert solche Christenheit mit ihrer ganzen Auferstehungshoffnung jenen Gott, der in Jesus den Menschen suchte und ihm nicht erst im Jenseits, sondern bereits heute und hier geholfen wissen wollte. Wenn irgendwo, wäre in diesem Zusammenhang von uns zu hören, zu bedenken und zu predigen: „Niemand kann zwei Herren dienen!" Man kann nicht Gott dienen, wenn man sich nicht mehr um den Mitmenschen sorgt.

In gewisser Weise kommt damit die Stimme einer religiösen Aufklärung ins Spiel. Wer Gott aus dem undurchdringlichen Geheimnis wenigstens dann herausholt, wenn es um das Verhältnis von Religion und Sittlichkeit, von Kult und Alltag, von Schrift und Nächstenliebe geht, ist ein Aufklärer, auch wenn das den Frommen nicht paßt. Er führt doch hier noch Glauben und Vernunft zusammen, die sich alsbald wieder trennen mögen. Gehört es nicht auch zur Einzigartigkeit Jesu, wenn wir ihm solche Würde zuerkennen? Soll er ewig der bleiben, den man trotz Kreuz mit dem Heiligenschein und der himmlischen Glorie umkleidet und so zu einer Ikone werden läßt? Was heißt es noch, das „wahrer Mensch" zu bekennen, wenn man praktisch davon nichts mehr erkennen läßt und ihm nur eine menschliche Hülle zubilligt?

Freilich ist das in den Kirchen üblich geworden, die stets dem Doketismus gehuldigt haben. Mir stärkt es die Freude des Glaubens, wenn ich aus dem Neuen Testament heraus gewahre, daß selbst die Aufklärung nicht völlig ohne Grund ihn verehrte und beanspruchte und die Vernünftigkeit mit dem heiligen Geiste verband. Was heiliger Geist bewirkt, der ohne und gegen jede Vernunft proklamiert und demonstriert wird, ist Intoleranz, Haß gegen den Bruder und Natürlichkeit, Illusion über den Himmel und die Erde, ein grauenhaftes Zerrbild des Menschlichen und Christlichen.

Jesus war liberal, was immer er sonst gewesen sein mag. Daran soll nichts um Haaresbreite gestrichen werden, ob Kirchen und Fromme dagegen als lästerlich protestieren. Er war liberal, weil er im Namen Gottes und in der Kraft des heiligen Geistes Mose, die Schrift, die Dogmatik von der Liebe her interpretierte und maß und damit dem Frommen erlaubte, menschlich und sogar vernünftig zu bleiben. Wer das „wahrer Gott" gegen diese Liberalität geltend macht, mag sehen, daß er nicht den wirklichen Jesus dem Idol seiner Einbildungen opfert und damit den Grund alles christlichen Glaubens zerstört. Denn ohne diesen wirklichen Jesus erkennen wir keinen Glauben als christlich an, mag er sich gleich auf die Trinität und die Auferstehung der Toten berufen. Daß die Evangelien ihn auch in der Weise jüdischer Weisheitslehrer schildern konnten, der mit vernünftigen Argumenten operiert, ist für uns noch immer theologisch bedeutungsvoll. Ihm kam es auf Verständigung an, nicht auf die blinde Unterwerfung unter das Gesetz. Er redete darum klar, wo wir heute so vielfach Banalitäten und Orakel hören, für die man den heiligen Geist verantwortlich zu machen wagt. Das durch ihn erzeugte Ärgernis bestand nicht darin, wie man uns manchmal vorschwätzt, daß er vor unsern Verstand undurchdringliche Geheimnisse stellte. Vielmehr bezeugte er uns einen Gott, der unsern Vorstellungen und Wünschen nicht entspricht, unsern Willen bricht und insofern auch jene Vernunft, welche durch unsern gottlosen, götzensuchenden Willen beeinflußt wird. Der Freie erzeugt Ärgernis, weil er nur zu verständlich ist, während die Sphäre des Unverständlichen und Mysteriösen anzieht, weil sie Doppeldeutigkeit, Willkür, Spekulation, aber kein echtes Ärgernis und sicher nicht freie und freudige Gewißheit ermöglicht.

Das Entscheidende ist damit gesagt. Wir haben die begonnene Linie nur noch auszuziehen. Aufs tiefste hat die Frommen damals Jesu Umgang mit Sündern, Zöllnern und Huren erzürnt. Um das recht zu verstehen, muß man sich vor Augen halten, daß der rabbinische Grundsatz galt: Das Volk, welches das Gesetz nicht kennt, ist verflucht. Vergessen sollte man auch nicht, daß der Pharisäismus eine Laienbewegung war, welche die den Priestern vorgeschriebene Reinheitsgesetzgebung möglichst weitgehend in den eigenen Alltag zu übernehmen trachtete. Das priesterliche Volk war das hier leitende Ideal, also der durch Heiligkeit bestimmte, dauernde Stand vor Gott. Jesus durchbricht mit seinem Umgang demnach nicht bloß ein soziales und politisches Tabu, nicht einmal nur die herrschende moralische Ordnung. Er verletzt erneut, was man für Gottes Willen hält, und scheint damit den Gott der Väter selbst anzugreifen. Tat er es, an der Überzeugung des frommen Juden im allgemeinen gemessen, nicht tatsächlich? Tat er es nicht sogar der Verkündigung des Täufers gegenüber, so daß darin der tiefste Grund für den offensichtlich bereits vor dem eigenen Auftreten erfolgten Bruch mit diesem liegt? Auch Jesus hat die Heiligkeit des zum Gericht kommenden Gottes gewahrt. Das bezeugt der erschreckende Fluch über die Stätten seines anfänglichen Wirkens und das unbarmherzige Wehe über den Schriftgelehrten und Pharisäern, mag sein Handeln sich hier auch nur im Reflex urchristlicher Prophetie spiegeln. Der unversöhnliche Gegensatz gerade zu den frommen Laien und Theologen seines Volkes ist zweifellos authentisch. Denn er ist die Kehrseite seines Umganges mit den Sündern. So wird auch das Kreuz nicht ohne die Mitwirkung der jüdischen Frommen begreiflich, mögen die Römer es gleich als die für sie charakteristische Todesstrafe errichtet haben und Zeloten an seiner Seite sichtbar machen, daß er als messianischer Aufrührer gegen Rom hingerichtet wurde. Das Erbe des Täufers ist durch Jesus also nicht verleugnet worden, und es ist nicht auszuschließen, daß er böse Worte ebenfalls über die Mächtigen seiner Zeit und seinen Landesfürsten geäußert hat. So unpolitisch gegenüber Kirche und Obrigkeit ist er sicher nicht gewesen, daß man in ihm berechtigterweise den Prototyp des Untertanen hätte entdecken dürfen. Immerhin sind auch die Revolutionäre auf ihn aufmerksam geworden und haben mindestens eine Zeitlang ihre Hoffnung auf ihn setzen können. Daß die deutsche Christenheit daran vorbeigegangen ist und ihn nach dem eigenen Bilde verbürgerlicht hat, rächt sich grausam bis auf unsere Tage. Genauso ist sein Wehe über die

Kirche und die Theologen seiner Zeit nie recht von denen ernstgenommen worden, die dazu allen Anlaß hatten. Seine Gemeinschaft mit den Sündern wurde süßlich mißdeutet und darum der furchtbare Ernst des Richters übertüncht, der verzehrendes Feuer anzuzünden und das Schwert zu bringen kam und auch darin etwas von der ihm eignenden Freiheit offenbarte, sogar von Aufruhr, wenn man so will.

Die Geschichte der durch ihn verursachten Revolutionen ist noch nicht geschrieben, ihre Möglichkeit kaum entdeckt, so lohnend und begründet dieses Thema wäre. Darin zeigt sich, wie stets seine Wirklichkeit und seine Wirkungen gerade von der Christenheit übermalt werden. Sie gestaltet ihren Gott eben auch unablässig nach ihrem Bilde und wird nur wild, wenn andere ebenso verfahren oder die von ihnen erkannte Menschlichkeit realistisch dartun. Kennen wir Jesus? Das ist keine rhetorische Frage, die jeweils sofort eine befriedigende Antwort findet. Das ist die geheime Unruhe, welche die Kirchengeschichte in Atem hält, und ein unabgeschlossener, die Generationen überdauernder Prozeß. Allerdings sucht die Orthodoxie ihn dauernd zu unterbrechen, weil es ihr an dem von ihr beanspruchten langen Atem, an Humor gegenüber unserer eigenen Vorläufigkeit in aller Wahrheitssuche und an der theologischen Grundeinsicht fehlt, daß niemand mit seinem Herrn je fertig wird. Sie stellt sich gegen die Geschichte und Geschichtlichkeit und spürt nicht, daß man sich damit gegen den Schöpfer der Geschichte stellt. Sie behauptet Offenbarung, ohne daß diese alle Tage neu wird, sei es auch in häretischen Verzerrungen, welche immerhin Neuland oder alte Wahrheit auf ihre, unvermeidlich eben menschliche Weise wiederentdecken. Sie lebt von einer Normaltheologie, selbst wenn sie sorgfältig die Mirakel häuft. An denen ist der Herr Jedermann auch in der aufgeklärten Moderne noch immer stärker interessiert als an seinem Alltag. Die Kirche kommt damit religiösen Bedürfnissen nach, die anderswo in Astrologie, Amulettglauben und Yogitum befriedigt werden. Sie singt: „O Durchbrecher aller Bande", und nichts ist ihr so fremd wie der Durchbrecher aller, eben auch der frommen, auch der orthodoxen Bande. Ihm nahezusein bedeutet, um es zu wiederholen, dem Feuer nahesein, dem, der einst gerichtet hat und heute noch richtet.

Immerhin, für ihn ist es kennzeichnend, daß er das Gewicht der Täuferpredigt umkehrt. Mag er begonnen haben: „Tut Buße, das Himmelreich ist nahegekommen!" Mag er keinem das Gericht ersparen, weil er jedem seinen Herrn zeigt. Dieser Herr ist bei ihm nicht der Richter, der im Ausnahmefall barmherzig sein will und die Frommen noch frömmer wünscht, die nach Heiligung Strebenden für den letzten Zornestag versiegelt und von der bösen Welt als Sekte trennt. Für ihn ist der Herr derjenige, der die Sonne aufgehen läßt über Böse und Gute und es regnen läßt über Gerechte und Ungerechte. Das meint den Schöpfer, der am Werke bleibt und seinen Geschöpfen verkündigen läßt: „Sorget nicht!", der bitten lehrt: „Unser Vater im Himmel" und darin Heil schafft allen Menschen, daß er ihre Sache in seine Hände nimmt und auch die Frommen allein aus Gnaden selig macht. Weil es sich so verhält, gibt es das religiöse Ärgernis an ihm und heißt es, wie ich denke, in urchristlicher Prophetie als in seinem Namen: „Viele werden kommen vom Morgen und vom Abend und mit Abraham und Isaak und Jakob im Himmelreich sitzen. Aber die Kinder des Reiches werden ausgestoßen in die Finsternis hinaus; da wird sein Heulen und Zähneklappern." So erfüllt sich die Geschichte des Alten Testaments, daß einen der Schauder überläuft. Von hier aus wird klar, daß Jesus das Gericht in Gnade, in der Anerkennung des Herrn, der aus dem Nichts schafft und deshalb unsere eigene Frömmigkeit verschmäht, begründet. Weil das Heil da ist, schlägt es in Unheil um, wo man es nicht mit leeren Händen, in sorgloser Dankbarkeit und Fröhlichkeit des Kindes annimmt und neidisch als Bruder des verlorenen Sohnes, als Arbeiter der ersten Stunde auf die spätberufenen andern Kinder eines reichen Vaters blickt.

Von hier aus versteht es sich, daß Jesus die Mühseligen und Beladenen zu sich ruft, den Sündern, Zöllnern, Huren seinen Umgang nicht verweigert, obgleich auch die Gerechten, die Pharisäer, Schriftgelehrten, Zeloten seine Stimme vernahmen und zum Teil sogar zu ihm kamen. Jesus lebt, was er glaubt und predigt, weil er den Vater kennt und das erste Gebot zunächst als Verheißung, dann im Gehorsam erfüllt. Er duldet als ein Richter ohnegleichen keine andern Götter neben seinem Vater im Himmel, nicht einmal die Götter der Theologen und Religiösen, nicht einmal die des falsch verstandenenen Alten Testamentes und der orthodoxen Tradition. Es gibt nur einen, der den Namen Gott verdient. Das ist der Schöpfer, der die Hochmütigen stürzt und den Demütigen Gnade schenkt und auf seine verlorenenen Kinder wartet. Es ist jener Gott, „dazu man sich versehen soll alles Guten und Zuflucht haben in allen Nöten“ und an den allein man sein Herz hängen kann und muß. Dieser Gott läßt Jeremia 17, 5 prophezeien: „Verflucht ist der Mann, der sich auf Menschen verläßt und hält Fleisch für seinen Arm“. Das gilt zunächst dem Volke Gottes und seiner Frömmigkeit, und erst hinterher mögen auch die Ungläubigen es erproben und erfahren. Denn das ist das Beste, aber auch das Schwerste im Leben, keinen andern Gott außer diesem einen zu haben, den wir nicht nach unserm Bilde formen können. Anders werden wir stets mit dem rechnen, welcher allein den Frommen zugetan ist und darum das Gesetz aufrichtet, sich für unsere Weltanschauung interessiert und uns an unsern dogmatischen Überzeugungen mißt. Anders werden wir stets den erfinden, welcher unmenschlich ist und bleibt – heute sagt man gern: transzendent! –, obgleich die Bibel so sehr von seiner Menschwerdung spricht, daß sie sogar Anthropomorphismen nicht scheut.

Anders verkehrt sich auch unser Bild vom Menschen. Wir machen dann aus dem Glaubenden den Leistenden. Wie wenig wird selbst in der Christenheit beachtet, daß Jesus seine Jünger eben nicht zunächst anbeten, sondern bitten lehrt – die Doxologie des Vaterunsers im Matthäustext ist ein Nachtrag der Gemeinde, wie die Lukasparallele zeigt! –. Die Grundhaltung des Menschen ist für ihn die Bedürftigkeit, über die auch die Anbetung nicht erhebt. Erst die Kirche sieht sich mit der himmlischen Schar im Gottesdienst vereinigt. Jesus läßt den Menschen auf der Erde und fordert ihn nicht auf, sich selbst zu transzendieren. Umgekehrt ist genauso zu beachten, worauf A. Schlatter unermüdlich hinwies, daß Jesus das Gericht nicht an das gebunden hat, was uns fehlt. Die empfangene Gabe ist der Grund wie des Heils, so des Gerichtes. Sollte das nicht auch für unsern Umgang miteinander bedeutsam werden? Wie viel leichter wäre christliche Solidarität, respektierten wir beim andern zunächst das, was er empfangen, was er aus der Bibel für sich gelernt hat und in seinem Leben befolgt. Wir sind mit unserm eigenen Wissen, Wirken und selbst Glauben eben nicht sein Maß. Was Gott ihm gab, richtet ihn und macht ihn selig. In Summa: Unter dem ersten Gebot werden Gott und Welt und Menschen anders, als sie in unsern Vorstellungen sind. Es ist aber unsere Überzeugung, daß Jesus nicht bloß dieses Gebot erfüllt hat, sondern es auch erst recht sehen, hören und tun läßt. Das erste Gebot ohne oder sogar gegen Jesus wird zum tötenden Gesetz, während es, durch Jesus interpretiert, zum Grunde christlicher Freiheit, zur Summe aller Theologie und rechten Frömmigkeit wird, sogar Augen und Vernunft für die Wahrheit öffnet.

Wie Jesus und das erste Gebot zusammengehören, so ist der Fromme und Gottes Sohn zugleich liberal. Wir müssen allerdings zugeben, daß diese Liberalität sehr eigenartig ist, und verdeutlichen uns das, indem wir das Stichwort „Mitmenschlichkeit“ aufgreifen, welches mancherorts plötzlich größtes theologisches Gewicht bekam. Hat Jesus uns letztlich Mitmenschlichkeit gelehrt, so daß sie als die eigentliche Gabe und Aufgabe betrachtet werden muß? Stärker noch als die Emphase dieser Losung ist das

Echo der Entrüstung, das darauf antwortet. So wird es gut sein, damit zu beginnen und zu fragen, weshalb man vielfach geradezu allergisch reagiert, wenn Mitmenschlichkeit als Zentrum des Evangeliums genannt wird. Man sollte, um nicht weit in die Ferne und die Vergangenheit zu greifen, sich protestantische Geschichte vergegenwärtigen: Hat man nicht die Wiedertäufer und vom Evangelium her aufsässig gewordenen Bauern wie Hunde totgeschlagen? Hat man nicht um der Konfession willen begonnen, 30 Jahre lang Krieg zu führen? Hat man nicht die Separatisten mit Hilfe der Polizei aus einer Landschaft in die andere gehetzt und über das Meer getrieben? Mußte Lessing sich nicht gegen den Hauptpastor Goeze in Hamburg wehren? Sind die religiösen Sozialisten nicht noch in unserm Jahrhundert gesellschaftlich geächtet worden? Gibt es nicht einen lächerlichen Schulstreit in Ländern, in denen die Erwachsenen friedlich miteinander leben und die Erziehung in den Gymnasien paritätisch ist? Wie verträgt sich das alles mit der Nachfolge Jesu und dem Evangelium vom Gekreuzigten? Es gibt auch die andere Seite, bei der diese Frage genauso gestellt werden muß: Haben sich Kirchenleute und Theologen nie vor Fürsten und Magistraten gebeugt, ist nicht besonders im Luthertum das Leitbild des Untertanen entwickelt worden, der vor der Obrigkeit kroch und sich des Proletariats bestenfalls patriarchalisch annahm? Ist nicht meine eigene Generation noch gut deutsch-national oder national-liberal aufgewachsen, so daß wir 20 Jahre nötig hatten, um die Eierschalen der Vergangenheit Stück für Stück abzustoßen? Wem kann man außerhalb eines kleinen Kreises begreiflich machen, daß uns nichts mehr mit den Idealen und Selbstverständlichkeiten unserer Jugend verbindet? Haben nicht unsere Väter den gerechten deutschen Sieg vom Allmächtigen erbeten wie andere Europäer von ihrem Nationalgötzen? Sind nicht einige der Altersgenossen selbst aus der ehemaligen radikalen Bekenntniskirche noch immer nicht dahintergekommen, daß der Vietnamkrieg eine Tragödie des weißen Mannes schlechthin ist und sogar das künstliche Image der sogenannten freien Welt endgültig zerstört hat? Habe ich nicht in Fontainebleau mit eigenen Ohren vom europäischen Oberkommandierenden der Nato gehört, daß die christliche Kirche die Verteidigungsbereitschaft und den Widerstandswillen der Nation gegen den Osten zu stärken hätte, als lebten wir noch im Jahre 1813 und als bliebe im Ernstfall etwas in Deutschland außer verbrannter Erde zu verteidigen?

Zum Schluß die bitterste Erinnerung unseres Lebens: Haben wir nicht fast durchweg, von dem Grauen vor der Bestialität gelähmt und in panische Furcht getrieben, zu schreien vergessen, jedoch Jesus und das Evangelium im Stich gelassen, als wir uns um Kopf und Kragen zu schreien hatten? Mögen andere behaupten, sie hätten nichts gewußt, gesehen, gehört. Wir müßten mit solcher Entschuldigung, die übrigens kaum jemand in unserm Volke glaubhaft vorbringen kann, lügen. Wir waren Augen- und Ohrenzeugen, als Millionen von Juden plötzlich aus unserer Mitte verschwanden, die Synagogen brannten, die Aschenurnen der angeblich nicht Lebenswerten bei uns eintrafen. Wir sind wenigstens teilweise unterrichtet gewesen, wenn wir auch nicht das fürchterliche Ausmaß der in den

Konzentrationslagern verübten Greuel kannten, und mancher von uns ist flüsternd gebeten worden, bloß nichts davon zu verbreiten. Alle aber waren dabei, als Tyrannen und Verbrecher leichtfertig ohne jeden ernsthaften Grund den Krieg entfesselten. Jedermann mußte endlich aufwachen, als 200 000 Menschen sinnlos in Stalingrad geopfert wurden. Es ist abscheulich, wenn das heute verdeckt und relativiert wird. Natürlich ist die Weltgeschichte nie erbaulich gewesen, haben andere Völker ebenfalls eine blutige Vergangenheit, hat sich der homo sapiens nicht so weit vom Tier entfernt, wie Propaganda und Einbildung uns vormachen. Wer aber nicht zu seiner eigenen Geschichte steht, wie spukhaft sie sein mag, wird auch persönlich nichts aus ihr und über sich selber lernen, selbst als Christ weiterhin im allgemeinen Strom mitschwimmen, zu politischem Realismus unfähig und – diese Pointe darf unter keinen Umständen übersehen werden! – in seinem Glauben illusionär sein.

Gewiß, es hat zu allen Zeiten Ausnahmen, Vorbilder christlicher Toleranz und Zivilcourage, Märtyrer gegeben, die um Jesu willen gerade das vermeintlich Lebensunwerte verteidigten und die Ausgestoßenen aufnahmen. Deckt das aber unsere eigene, unvergeßbare und nun doch in unserm Volk überall totgeschwiegene und verdeckte Schande? Haben wir nicht an den Segnungen des Bürgertums partizipiert, bis es uns moralisch noch im Rückgrat verdarb und Christen in der Wahrung des Status quo des weißen Mannes dem Ku-Klux-Klan zusehen oder angehören, welcher Negerkirchen in Brand steckt, ungescheut bei hellem Tage mordet, Frauen prügelt und weite Territorien unter Terror hält?

Man kann diese Aufzählung endlos fortsetzen. Es gehört zu unserer protestantischen Geschichte wie die Inquisition zur katholischen. Wie kann man unter diesen Umständen den traurigen Mut aufbringen zu protestieren, wenn aus der Bibel der Ruf zur Mitmenschlichkeit herausgehört und weitergegeben wird? Er mag dem Glauben nicht genug tun, ist aber ohne jeden Zweifel ein Stück des Evangeliums und der Gabe und Nachfolge Jesu. Reicht das nicht aus, so kann man darüber sachlich debattieren und versichert sein, daß die Theologie aus Extremen im eigenen Hause immer wieder zurückfindet. Zu ihrer Kollegialität gehört der Streit der Geister, und nichts ist in ihr so beständig wie die Unbeständigkeit der Interpretation. Mit der Losung der Mitmenschlichkeit als Summe der Dogmatik und des Glaubens bin ich durchaus nicht einverstanden. Doch werde ich anerkennen, daß sie heute weltweit und angesichts unserer persönlichen jüngsten Vergangenheit eine gute und evangelische Losung ist, der niemand sich zu schämen braucht, die wir alle nötig haben und als Wahrheit des Evangeliums bis aufs Blut verteidigen sollten. Ich will lieber bei denen stehen, die wenigstens dies bei Jesus und aus der Bibel gelernt haben, als bei den Fanatikern, welche alle Dogmen akzeptieren und über die von Christen tolerierte und geförderte Unmenschlichkeit schweigen, in der Würde ihrer Rechtgläubigkeit nicht zuerst die Stimme dessen hören, der fragt: Was habt ihr mir in meinem Bruder getan und nicht getan? Die Summe der Dogmatik ist uns allen viel zu schwer, und Jesus hat niemanden je inquiriert, ob er an die Jungfrauengeburt, die Auferstehung der Toten und die Höllenfahrt glaube. Die Mitmenschlichkeit aber hat er tatsächlich gelebt, gegeben und gefordert. Wenn ich sonst nichts von ihm wüßte, wüßte ich immerhin von ihm. Wenn ich nichts sonst lebte und glaubte, so lebte und glaubte ich doch immer noch mit ihm, und ein einziger Strahl seines Lichtes in unserm Dasein erscheint mir wichtiger als die ganze Sonne einer Orthodoxie. Denn nicht wieviel wir geglaubt haben, sondern daß wir ihm glaubten und folgten, wie wenig wir von ihm verstanden, entscheidet nach meiner Theologie, die ich in 40 Jahren mühsam gelernt habe, über Zeit und Ewigkeit. Wer es anders meint, soll mich ruhig zu den Häretikern zählen. Ich appelliere dann an eine höhere Instanz.

Ist das mit dem festen Willen, nicht mehr daran rütteln zu lassen oder selber zu korrigieren, festgestellt, muß nun doch argumentiert werden, daß die Losung von der Mitmenschlichkeit zwar den Blick auf Jesus freigibt, ihm zutiefst aber kaum gerecht wird. Seine Losung war die Herrschaft Gottes. Die Mitmenschlichkeit ist der Lebensraum, nicht aber Grund und Ziel seines Evangeliums. Die Parole der Mitmenschlichkeit mag lästig und ärgerlich sein. Zum Kreuze hätte sie Jesus in seiner Zeit nicht getrieben. Das taten jedoch die Offenbarung des den Menschen immer fremden Gottes, um munter Marcion zu folgen, und die von ihm gegebene Interpretation des ersten Gebotes gegen das übliche Verständnis des Alten Testamentes, gegen die Geltung der rabbinischen Tradition und pharisäischen oder zelotischen Frömmigkeit. Der zum Kreuze ging, ob wissentlich und willentlich oder nicht – anders als so konnte sein Wort und Leben kaum enden! –, ist mehr als Vorbild der Mitmenschlichkeit, wie er mehr als Mose und der

Tempel ist. Er ist der Grund und Gegenstand unseres Glaubens. Denn er ist und wird unablässig neu unser Herr.

Was ist damit gemeint? Die Christenheit pflegt darauf im allgemeinen von Kreuz und Auferstehung Jesu her zu antworten. Das mag notwendig sein, sofern es sich am Kreuze aufs deutlichste und unverwechselbar, von der Auferstehung her jedoch weltweit offenbart. Umgekehrt haben wir es in diesem Abschnitt mit dem irdischen Jesus zu tun, und es ist von außerordentlichem theologischen Gewicht, daß wir die Frage auch von ihm her beantworten. Anders geraten nämlich Kreuz und Auferstehung in die Isolation, die sogenannten Fakten leicht beigemessen wird. Mit aller Schärfe muß aber herausgestellt werden, daß der christliche Glaube sich nicht auf isolierbare Fakten richtet. Weithin ist das heute quer durch die Konfessionen und Denominationen hindurch nicht mehr klar, und das führt in eine allgemeine Konfusion. Denn nun muß man die Glaubensfakten einerseits von bloß historischen Tatsachen unterscheiden, weil sie in besonderer Weise gottgewirkt und wunderbar sein sollen. Andererseits muß man sie jedoch ebenso eifrig gegen den Verdacht schützen, bloß Legenden und Märchen zu sein, also an ihrem historischen Charakter festhalten. Daraus entsteht ein heilloses Durcheinander von Historismus und Metaphysik, das man, weil es nirgendwo sonst sich verifizieren läßt, als Heilsgeschichte von der übrigen Weltgeschichte trennt. Der Glaube wird dabei notwendig zu einem frommen Fürwahrhalten, also zu einem Werk, und es nutzt uns nichts, wenn wir jetzt von einem Werk des heiligen Geistes sprechen. Damit macht man die Verwirrung nur noch größer. Denn nun wird der heilige Geist zu jener Kraft, welche uns solcher Tatsachen vergewissert, die wir fürwahrzuhalten haben. Er unterscheidet sich dann nicht mehr letztlich von den Geistern der Besessenheit oder Dummheit, welche uns ebenfalls das anders nicht Erfahrbare und Vorhandene fürwahrhalten lassen.

Wer aus solchen Voraussetzungen heraus zum Glauben ruft, beraubt den Menschen faktisch seiner Augen und seiner Vernunft, wie es schon die hellenistische Inspirationslehre tat, die eben nicht biblisch ist und der Paulus schon in seinem Kampf mit den Glossolalen in 1. Kor 14 widerstehen mußte. Der Mensch wird unmenschlich, mag er sich gleich inspiriert nennen, wenn er auf den Gebrauch von Augen und Vernunft meint verzichten zu können. Er wird es selbst dann, wenn er zum Ersatz die Offenbarung himmlischer Mysterien anbietet. Das aufgeklärte Heidentum der Antike hat mit Recht allem Mysterienwesen höchst mißtrauisch gegenübergestanden und dabei dämonische Greuel im Spiel gesehen. Was die sich für inspiriert haltenden Korinther treiben, bestätigt durchaus diesen Verdacht. Der Mensch, der in die Himmel entrückt wird, verliert die Kontrolle über sich selbst und ist gefährlicher, als Rationalisten es je sein können. Denn im Namen jenes Gottes, der das Fürwahrhalten von uns fordert, ist Jesu Kreuz errichtet worden und wurde jede Schande der Kirchengeschichte möglich.

Dieser Gefahr läßt sich nur begegnen, wenn wir entschlossen darauf verzichten, die Heilsgeschichte zu einem Geflecht von historisch-übernatürlichen Tatsachen zu machen, die wir mit unserm Willen oder gegen ihn zu schlucken haben. Wir müssen dem von Grund auf widerstehen, indem wir nämlich feststellen, daß christlicher Glaube sich überhaupt nicht auf isolierbare Tatsachen richtet, seien es selbst Kreuz und Auferstehung, von der Jungfrauengeburt, Himmelfahrt, dem jüngsten Gericht, dem Tabucharakter des Kanons oder der Sakramente zu schweigen. Solches alles glauben die Heiden mehr oder weniger, hier oder dort auch, und auf diese Weise wird das Christentum zu einer Spielart der menschlichen Religionen. Im Gegensatz zu einer derartigen Anschauung, wie verbreitet und dominierend sie in allen Kirchen sein mag, haben wir klipp und klar zu erklären: Wir glauben an Jesus. Daraus ergibt sich alles andere, was wir glauben und nicht glauben, und deshalb können wir auch sagen: Wir glauben allein an Jesus.

Das heißt nicht, daß wir nicht ebenfalls von Schöpfung und Gottesvolk, Kreuz, Auferstehung, Himmelfahrt und Gericht, Kirche, Kanon und Sakramenten zu sprechen hätten. Es heißt jedoch, daß wir von dem allen einzig so zu sprechen vermögen, wie wir es im Blick auf Jesus und von ihm her tun können. Er darf in der Fülle sogenannter Heilstatsachen nicht untergehen, auch nicht das Gerüst für sie bilden. Sie müssen Hinweise auf ihn bleiben oder von ihm her sich uns erschließen. Er ist nicht ihr Produkt, nicht die Chiffre, mit der sie zusammengehalten werden, auch nicht der Ausgangs- oder Mittelpunkt für sie. Dann würde er aufhören, unser Herr zu sein und zu einem Orte des Wunderhaften werden. Sie sagen nicht etwas, das sich von seinem Verhältnis zu uns und unserer

Welt abstrahieren, also objektivieren, entpersönlichen ließe. Sie reden von dem, was er uns tut und wird, nicht von dem, was er für sich genommen ist, tat und wird. Weil es sich so verhält, können wir auf den irdischen Jesus nicht verzichten. Er gibt unserm Glauben das unverwechselbare Gegenüber. Nochmals mit dem Chalcedonense gesprochen: Wer nicht seine Menschheit bekennt, kann seine Gottheit nicht recht bekennen. Er mag es mit Ereignissen zu tun bekommen. Jesus ist jedoch so wenig einfach ein Ereignis, wie er ein bloßes Faktum ist. Er war Mensch und wurde schon damals Herr der Seinigen, wie sehr dem Glauben der ersten Jünger noch die letzte Klarheit und Weite fehlen mochte, welche sie erst vom Kreuz, von Ostern und Pfingsten erhielten.

Was es um den vorösterlichen Jesus war und darum auch um den gekreuzigten und erhöhten Herrn bleibt, haben wir schon im Zusammenhang mit dem ersten Gebot erörtert. Marcion hatte ganz recht, als er von Jesus den unbekannten Gott offenbart werden ließ. Sein Unrecht bestand darin, daß er diesen unbekannten Gott von der Welt und den Menschen trennte, also von der Schöpfung. Jesus wird Herr, indem er das erste Gebot lebt, lehrt und erfüllen läßt. Er offenbart jenen Gott, der sich nicht in die Vorstellungen und metaphysischen Gefüge der Heiden einfügt und sogar anders ist, als der Täufer meinte. Von diesem Gott her werden aber auch Welt und Menschen anders, als wir sie sonst erblicken und manipulieren, werden vor allem wir selber anders, als wir in unserm Idealismus oder Realismus es sehen. Luther hat vom Menschen außerhalb der Gnade als dem homo in se incurvatus, dem unentrinnbar in sich selbst verschlossenen und verstrickten Menschen gesprochen. Er hat es vom Evangelium her getan und gemeint, daß es das Werk des heiligen Geistes sei, wenn man sich selber so sähe. Das schließt jedoch nicht aus, daß jene Welt, welche nach Paulus auf die Freiheit der Gotteskinder sehnsüchtig harrt, davon eine Ahnung hat. Denn der heilige Geist überführt eben nicht von Illusionen, sondern von Realitäten, die wir nicht wahrhaben wollen. Er tut es auch, wenn er uns unsere wirkliche Sünde aufdeckt, nämlich daß wir unsere Selbstverschlossenheit bejahen, obgleich wir unter ihren Wirkungen leiden und klagen. Die Literatur aller Zeiten ist ein Kommentar zu diesem Thema. Die moderne behandelt es teils ergreifend, teils ekelerregend, wie es bereits die Psalmen und Hiob fragend, anklagend und fluchend getan haben. Dem in sich selbst verstrickten Menschen entspricht notwendig die in sich verschlossene und verstrickte Welt. Wie sollte sie auf ihre Weise dem nicht Ausdruck geben? Sie tut es, auch wenn sie ganz säkular oder atheistisch schreibt, manchmal besser, als Prediger es vermögen, weil sie die Kunst der Konkretion beherrscht und die Sinnlosigkeit der Gottesferne nicht erbaulich verdeckt. Darin sollte der Prediger des Evangeliums freilich nicht von ihr lernen, daß er sie noch in der Schilderung der Problematik und Schuld des Lebens zu überbieten trachtet. Um unsere Fehler und Nichtigkeiten und die darin verborgene Sünde wissen wir ohnehin mehr, als uns lieb ist. Jesus nimmt das als Reaktion auf sein Handeln entgegen, beschwört es aber nicht. Die Strukturanalysen stehen dem Prediger nicht an, obgleich der Theologe darauf nicht verzichten kann. Die

Gnade tritt mit Jesus auf den Plan, und die Erkenntnis der Sünde oder die Gerichtsdrohung ist Konsequenz, nicht Eröffnung seines Handelns. Sie zeigt mit dem unbekannten Gott die unbekannte Welt und den unbekannten Menschen auf. Sie interpretiert auch das erste Gebot und läßt es darum zugleich überraschend unbekannt und erfüllbar werden. Denn nun wird es Gabe für die Bedürftigen, statt Forderung an die Selbstgewissen oder Verzweifelten zu sein. Damit stehen wir am Schluß des ersten Teils wieder beim Anfang.

Wir haben Jesus liberal genannt, weil er die Frömmigkeit und Theologie seiner Zeitgenossen durchbrach, an die Stelle des mosaischen Gesetzes die Verheißung und Liebe Gottes treten ließ, an die Stelle der jüdischen Tradition seine eigene Geistbegabung, an die Stelle der Kasuistik die Klarheit über Gottes Willen, an die Stelle der frommen Werke die Gnade. Er scheute sich nicht einmal, die Vernunft zu gebrauchen und an sie zu appellieren. Insofern war er liberal und hat niemand das Recht, Frömmigkeit und Liberalität voneinander zu trennen. Daß er die Mitmenschlichkeit ermöglichte und forderte, beweist das noch deutlicher. Daß er das alles jedoch nicht im Namen eines humanen Ideals tat, sondern mit dem Anbruch der Gottesherrschaft auf Erden verband und im Zeichen dieser angebrochenen Gottesherrschaft empfangen und weitergegeben wissen wollte, daß sein Leben und Sterben, seine Botschaft und Tat das erste Gebot verwirklichte, läßt es geraten erscheinen, zum Schluß das Wort „liberal" theologisch zu vertiefen und zu präzisieren. Liberal war er anders als alle andern. Denn Liberalität ist stets eine besondere Art der Reaktion auf Ideale und Normen, die wir in unserer Geschichte vorfinden. Jesus war tatsächlich so weit liberal, wie er jüdischer Gesetzesverschärfung entgegentrat und einer humaneren Auslegung der Tradition das Wort zu reden schien. Doch ist das nur ein Aspekt seiner Wirksamkeit, und zwar nicht der entscheidende. Er stand nicht bloß in der Reaktion zu jüdischer Vergangenheit und Gegenwart, sondern durchbrach beide in einzigartiger Unmittelbarkeit. Unsere Frage zu Beginn dieses Teiles diente dem Einstieg in die hier zu erfassende Wahrheit, drückt sie jedoch nicht letztlich adäquat aus. Liberale hat es stets gegeben und wird es hoffentlich stets geben. Er war einzigartig darin, daß er in der Freiheit der Gotteskindschaft stand, lebte und starb, handelte und sprach. Die Freiheit der versöhnten, aus der Verlorenheit zurückgerufenen Gotteskinder ist seine Offenbarung, seine Herrlichkeit, Gabe und Forderung. Seit ihm und durch ihn ist diese Freiheit der Gotteskinder die wahre Signatur des Evangeliums und das ausschlaggebende Kriterium für alles, was sich christlich nennt, insofern natürlich auch für das Unchristliche, das sich kirchlich, konfessionell, religiös und theologisch tarnt.

2. DAS EVANGELIUM DER FREIHEIT

Es bildet eine von den vielen bestürzenden Absonderlichkeiten menschlichen Lebens, daß man etwas theoretisch weiß, ohne es praktisch zu bewähren oder seine Konsequenzen zu durchschauen. Umgekehrt kann man manches verwirklichen, das man kaum zu nennen vermag, jedenfalls in seiner zentralen Bedeutung nicht geistig erfaßt und formuliert. Leben und Bewußtsein klaffen auseinander. So kommt es immer wieder dazu, daß die Theologen den sogenannten Laien in der Erkenntnis, die sogenannten Laien jedoch häufig den Theologen in der Praxis voraus sind. Nicht selten entsteht auf diese Weise jene Schizophrenie, welche das Neue Testament Heuchelei nennt. Immer sind wir alle auf dem Wege, auf dem es die zu verwirklichende Wahrheit zu klären, die geklärte Wahrheit aber zu verwirklichen gilt. Ohne Irrtum und Leiden, Erfahrung und angestrengtes Studieren geht das nicht ab. Man fällt auf diesem Wege auch immer wieder zurück, so daß alte Wahrheit stets neu zu entdecken ist. Die Geschichte der christlichen Freiheit ist in diesem Sinne ein Leidensweg, auf den die Kirchen weniger mit Stolz als in Scham zurückzublicken haben. Jesus in seiner Wirklichkeit und Freiheit ist seiner Christenheit immer voraus und fast stets so gegenüber, daß sie vom Sein in Christus unendlich viel vorsichtiger sprechen sollte. Sie darf es auf keinen Fall anders, als indem sie sich unter die Vergebung für die Sünder stellt und auch für sich die Rechtfertigung der Gottlosen beansprucht. Wer Augen hat, lernt das bereits aus der im Neuen Testament festgehaltenen Geschichte der Urchristenheit.

Wir haben schon bemerkt, daß die Judenchristenheit sich zwar die Liberalität ihres Herrn gefallen ließ, sie aber nicht ohne Zögern, ohne Ärgernis, ohne Korrektur weitergab. Die Geschichte seiner Freiheit hat sie in dauernde Unruhe, Sensationen und Skandale verwickelt, was zu sehen uns ein gewisser Trost sein mag. Einer von diesen Skandalen, wohl der folgenschwerste nach der Erfahrung des Kreuzes, ereignete sich schon bald nach Ostern. Judenchristen traten den Weg in die heidnische Welt an, der bis heute nicht abgeschlossen ist und im Grunde sogar unter veränderten Umständen noch einmal begonnen werden muß. Wenige von uns haben eine klare Vorstellung darüber, welche Kämpfe und Nöte das kostete, mit wieviel dogmatischer Problematik dieses Unterfangen beladen war. Der Fall der Mauern Jerichos erscheint als ein geringes Wunder, verglichen mit diesem Wagnis und Sieg christlicher Freiheit. Wir erfahren ausdrücklich davon nur in der Apostelgeschichte, leider jedoch keineswegs ausführlich und präzis. Lukas kann sich zwar nicht genug im Detail der Befreiung des Petrus aus dem Kerker durch Engelhand ergehen und widmet in der Korneliusgeschichte der Anerkennung der vollzogenen Fakten seitens der Jerusalemer Autoritäten zwei lange Kapitel. Den wirklichen Hergang des Beginns erzählt er jedoch in auffälliger Zurückhaltung mit wenigen Versen hauptsächlich in 11, 19–26, wenngleich er nicht unterlassen kann, diesen Bericht durch eine Anzahl von Vorbemerkungen zu unterbauen, und wir die Vorgeschichte heute einigermaßen deutlich zu rekonstruieren vermögen.

Die strenggläubig am Erbe der väterlichen Tradition festhaltende Judenchristenheit hat wie das Judentum selber nicht darauf verzichtet, Proselyten zu werben. An eine planmäßige Heidenmission hat sie sowenig wie das palästinische Israel gedacht. Ihre Dogmatik verbot ihr das. Sie erblickte in Jesus den Messias, der die zerstreuten Stämme Israels wiederherstellen würde. Sie sammelte sich nach Ostern, wenigstens zu einem großen Teil, erneut in dem für sie so gefährlichen Jerusalem, weil sie jetzt jene endzeitliche Einigung des Gottesvolkes als unmittelbar bevorstehend erwartete. Damit verband sich auch für sie die prophetisch angekündigte Wallfahrt aller Heidenvölker, welche am Berge Zion dem Triumph Israels als dem göttlichen Ziel der Weltgeschichte beiwohnen sollten. Ihre Mission galt der Restitution des eigenen Volkes, damit Gott dann sein Werk an den Heiden vollenden könnte. Gottes eigenem Werk vorzugreifen, kam ihr nicht in den Sinn, weil ihre Aufgabe deutlich war. Die Bekehrung einzelner Heiden wurde dadurch nicht ausgeschlossen, geschah aber doch nur als ein Vorzeichen auf das Kommende, das Gott sich selbst vorbehalten hatte. Wer wollte diese Christenheit tadeln? Es ist schon viel, wenn sie tut, was ihr vor Händen und Füßen liegt und sich des eigenen Volkes annimmt. Wer kann umgekehrt übersehen, wie stark unsere jeweilige Dogmatik uns hindert, über das Selbstverständliche hinauszublicken, um an jenen Wundern teilzuhaben, die wir in der Vergangenheit so unbeirrt postulieren? Es ist nicht einfach, jenen Wundern den Weg zu bereiten und sich selbst zu öffnen, die auf uns zukommen. Meistens erfolgen sie gegen unsere Erwartungen, gegen unsern Willen und unsere Wünsche, und andere werden ihre Vorläufer, denen wir das nicht zugetraut haben. Es gab diese Anderen auch in Jerusalem. Sie waren nicht weniger strenggläubig als die erste Gruppe, vielleicht sogar noch eifriger. Denn sie waren aus der Diaspora gekommen, um sich an heiliger Stätte niederzulassen oder Festzeiten zu verbringen, und dabei mit Jesus und der Botschaft von ihm bekannt geworden. Sie hielten eng zusammen, weil sie in Palästina noch immer etwas fremd waren und sich wohl auch besser auf die griechische Sprache als das Aramäische verstanden. Sie hatten sogar eine eigene Leitung in den sogenannten „Sieben", die also in manchem mit den „Zwölf" konkurrierten. Daß die beiden Gruppen sich gelegentlich rieben, wird in Apostelgeschichte 6 berichtet, wobei die gewiß wichtige Betreuung der bedürftigen Witwen kaum den einzigen Zündstoff abgab.

Diese hellenistischen Jünger verursachten nicht bloß Kummer in den Fragen der Armenpflege. Sie zeichneten sich auch, wie die späteren Kapitel der Apostelgeschichte beweisen, dadurch aus, daß sie nicht stillsitzen und die Hände in den Schoß legen konnten. Sie waren allezeit für ihren Herrn unterwegs, nach ihrer Herkunft verständlicherweise vor allem im Kreise der Diasporajuden. Die Gemeinde, die, menschlich betrachtet, klug getan hätte, sich in und um Jerusalem möglichst ruhig zu verhalten, geriet dabei in immer stärkere Konflikte, zumal die

Diasporajuden sicher genauso eifrig den überkommenen Glauben verteidigten und der christlichen Mission gegenüber besonders empfindlich waren. Die Konflikte, die natürlich anderweitig vermehrt wurden, entluden sich endlich im Drama der Ermordung des Stephanus als des eigentlichen Rädelsführers. Die wilde Anklage der Mörder, Stephanus habe Lästerworte gegen den Tempel und das Gesetz ausgesprochen, wird von Lukas in 6, 13 zurückgewiesen, hatte aber doch wohl einen zutreffenden Kern. Stephanus wird kaum den Tempel und das Gesetz geschmäht haben, wozu er nicht den mindesten Grund hatte. Doch ist recht wahrscheinlich, daß er beide in den Schatten der Glorie des erhöhten Christus gestellt und auf seine Weise das Wort variiert hat, das Jesus zugeschrieben wird: „Hier ist mehr denn Jona, hier ist mehr denn Salomo!" Für fromme Juden war das angesichts des gekreuzigten Jesus offenkundige Lästerung. Stimmt diese Annahme, wird hier zum ersten Male sichtbar, daß der Kirche die Auseinandersetzung mit dem Gesetz nicht erspart bleiben konnte, die faktisch mit Jesus begonnen hatte und dann die Theologie des Paulus zentral bestimmt. Diese Auseinandersetzung wird nach Ostern thematisch durch die Jünger aus der Diaspora eröffnet und genau wie in 2. Kor 3 geführt. Die Herrlichkeit des neuen Bundes wird der des alten als unendlich überlegen gegenübergestellt, und zwar durch einen Wortführer, der ausdrücklich als geisterfüllt charakterisiert wird, sterbend die Vision des zur Rechten des Vaters stehenden Menschensohnes und Weltenrichters Christus hat und dessen Theologie und Frömmigkeit also um die Glorie des auferstandenen Jesus gekreist haben wird.

Doch ist das alles nur die Vorgeschichte dessen, worauf es uns ankommt. Lukas erzählt in Apg 11, 19ff., daß nach der Ermordung des Stephanus dessen Anhänger sich in Jerusalem nicht länger halten konnten, in alle Länder des vorderen Orients zerstreut wurden, dort jedoch nicht aufhörten zu missionieren. Etliche von ihnen predigten dann in Antiochien auch den Griechen, die nicht mehr bloß Diasporajuden waren. So begann der Weg in die Heidenmission. Geplant war nichts. Es hat sich so ergeben, freilich auf seltsame Weise und keineswegs nur erfreulich. Diejenigen, welche nicht genug die Heilsgeschichte zu rühmen wissen, haben sie selten aus nächster Nähe zu sehen bekommen und verschweigen darum ihre zumeist recht unappetitlichen Begleitumstände. Wenn die Verfolgung in Jerusalem die strenggläubig gerichtete palästinische Judenchristenheit mitberührt haben sollte, wie Lukas erzählt, so sind ihre Glieder unter Führung der Zwölf alsbald wieder zusammen. Nach der Bekehrung des Paulus wird in Apg 9, 31 ausdrücklich festgestellt, daß die Gemeinde Frieden hatte durch ganz Judäa und Galiläa und Samarien und sich erbaute. Wirklich betroffen, so daß sie fliehen mußten, waren also nur die Hellenisten. Offensichtlich konnten die Juden zwischen ihnen und den Palästinensern genau unterscheiden, betrachteten sie als Extremisten, die andern aber als eine ungefährliche messianische Sekte frommer Leute. Die Pointe liegt darin, daß die Palästinenser selber die Dinge kaum anders gesehen haben. Sonst wären sie nicht unbehelligt geblieben. Sie machen später, um Jakobus geschart, nach Gal 2 auch dem Petrus zu schaffen, als dieser sich in Antiochien mit den Heidenchristen verbrüdert, und die judenchristlichen Gegner des Paulus haben sich vermutlich auf sie berufen können. Es hat also nicht bloß bereits Parteien in der nachösterlichen Gemeinde gegeben, sondern auch verschiedene Theologien. Sie waren so gegensätzlich, daß die Juden davon Notiz nahmen und die Gruppen unterschiedlich behandelten. Über Spannungen zwischen diesen Theologien zerbrach also die Solidarität im Leiden. Infolgedessen bildete sich in Antiochia ein neues Zentrum der Christenheit, und in ihm kam es dann nach Apg 11, 26 zum Namen „Christen". Die Heiden verliehen diesen Namen denen, die allein von Christus zu predigen wußten und das wie Stephanus in der Kraft des heiligen Geistes taten. Für sie waren Tempel und Gesetz wirklich vergangen, an denen die Palästiner weiter festhielten. Kann man leugnen, daß Theorie wie Praxis in gleicher Weise bekunden, schon in Jerusalem wären zwei verschiedene Konfessionen mit einer teils traditionellen, teils modernen Theologie auseinandergetreten? Der Vorgang ist nicht nur deshalb interessant.

Haben wir nicht in unserer eigenen Generation erlebt, wenn es nun auch 30 Jahre zurückliegt, daß zerstörte und „intakte" Kirchen nebeneinander existierten, mochten die einen nicht völlig zerstört, die andern nicht gänzlich intakt sein und beide Vertreter der andern Gruppe unter sich sehen? Kennen wir das nicht mehr, daß die einen vor allem eine notdürftige Ordnung bei sich zu erhalten trachteten, während das Haus der andern brannte, daß die „Extremen" von ihren Brüdern im Stich gelassen wurden? Schied nicht das die gemeinsam dem Terror Ausgesetzten, ob „Barmen" eine feierliche Erklärung oder ein neues verpflichtendes Bekenntnis darstellte, infolgedessen auch „Dahlemer" Konsequenzen bis in die kirchliche Organisation hinein haben sollte oder nicht? Haben uns damals nicht zuweilen die bittersten Gefühle nicht der Gestapo, sondern den Brüdern gegenüber übermocht, vielleicht nicht sehr christlich, aber recht menschlich? Man sagt, die Geschichte wiederhole sich nicht. Nun, manchmal erfährt man aber ähnliches wie frühere Generationen. Die Legendenbildung verwischt die Härte der Gegensätze recht bald, so daß alle ihren erheblicheren oder bescheideneren Anteil am Heiligenschein erhalten. Doch leben wir noch und haben nicht vergessen und können – es ist gewiß eine Schande! – noch immer nicht ganz darüber hinwegkommen, daß es mit der christlichen Solidarität nicht erfreulich herging. Viele schrieben sich bei der Bekennenden Kirche ein, die hinterher die Aktionen nur hinderten, zu Kompromissen rieten, in den trügerischen staatlichen Schlichtungsausschüssen mitmachten, in höchster Gefahr die Köpfe einzogen und den vom Blitz Getroffenen gar nachsagten, sie hätten sich doch zu sehr exponiert. Wir können all das nicht vergessen, weil die Restauration der deutschen Kirchen niemals so reaktionär ausgefallen wäre, wenn es nicht schon vorher den Streit der Parteien und Konfessionen gegeben hätte und alle sich brüderlich unter das gleiche Joch und Kreuz hätten stellen lassen. Man möge wenigstens begreifen, daß wir heute nicht mehr Konfessionen, Kirchenleitungen, Amtsträgern, aber auch Dogmatiken und Dogmatikern mit dem gleichen Respekt begegnen können wie vordem. Dieser Respekt ist uns verbrannt, als das einzige gültige Kriterium zur Unterscheidung von

Freund und Feind die Zivilcourage des vereinzelten christlichen Zeugen oder der versammelten christlichen Gemeinde wurde. Ein bißchen mehr oder weniger Häresie ist uns ganz gleichgültig geworden, seitdem wir lernen mußten, daß die Orthodoxie nicht den Mann macht, sehr oft jedoch der Mann die Orthodoxie tragen muß. Hinter der modernen Theologie vom Jahre 1967 stehen kirchliche Erfahrungen, die im Detail aufzudecken allen Beteiligten mehr als peinlich werden könnte und die man lieber nicht herausfordern soll. Die Freiheit eines Christenmenschen ist uns nicht mit der Geburt in den Schoß gelegt, und selbst nach der Taufe haben wir sehr mühsam den Weg zu ihr gefunden. Wenn sich dabei mitergeben hat, daß wir etwas „linksprotestantisch“ oder gar revolutionär geworden sind, trug daran nicht unsere Erziehung, geschweige denn unser eigener Wunsch und Wille die Schuld. Das Verdienst daran gebührt ausschließlich den Kirchen und Brüdern, die uns keine andere Wahl ließen, weil sie sich im Augenblick der Not aus ihrer Tradition konservativer Prägung heraus von uns isolierten, wie die Palästiner einst von den Hellenisten. So blieb auch uns nur der Weg zu den Heiden offen, und manchmal vertragen wir uns darum heute besser mit den Atheisten als mit des Glaubens Genossen, was zweifellos beklagenswert, aber nach dem Gesagten nicht unverständlich ist. Die Freiheit hat ihren bittern Preis und Beigeschmack auf Erden, und deshalb singen wir: „Im Himmel soll es besser werden, wenn ich bei Deinen Engeln bin.“

Verfolgen wir nun den Weg der Hellenisten weiter, stoßen wir auf die urchristlichen Hymnen, die uns im Neuen Testament allerdings meist nur fragmentarisch erhalten geblieben sind, am schönsten in Phil 2, 6 ff. und in 1. Tim 3, 16. Sie haben alle darin ihre Mitte, daß sie die Inthronisation des erhöhten Christus zum Weltenherrscher schildern, so sehr sie das im einzelnen abwandeln. Sie sind insofern die Vorform des christologischen Bekenntnisses der alten Kirche und werden schon von der Urchristenheit als im besonderen Maße inspiriert betrachtet. Heiliger Geist offenbart sich hier konzentriert, und die gottesdienstliche Gemeinde akklamiert darauf mit ihrem Amen. Es können jetzt keine Einzelanalysen gegeben werden, wenn wir unser Thema nicht aus den Augen verlieren wollen.

Wichtig ist nur, daß wir klar die Unterschiede zu dem herausarbeiten, was die palästinische Judenchristenheit bekannte und erhoffte. Anders als in den Evangelien ist vom irdischen Jesus nicht mehr oder sehr mythologisch die Rede, sofern von ihm nur die Herabkunft aus dem Himmel und seine Erniedrigung festgestellt wird. Entscheidend ist, daß Gott ihn seit Ostern zum Herrn erhöht hat und alle Gewalten im Himmel, auf Erden und in der Unterwelt ihn als solchen anerkennen müssen. Es ist auf diese Weise wahr geworden, daß Gott mitten unter seinen Feinden herrscht, durch seinen Christus vertreten. Drei Dinge sind von Bedeutung: Zunächst und vor allem, daß die von den Palästinern wie im Vaterunser erst zukünftig erwartete und vorläufig nur verborgen vorhandene Gottesherrschaft wirklich angebrochen und gegenwärtig ist. Nach dem Eingang des Epheserbriefes lebt deshalb die christliche Gemeinde bereits in den Himmeln. Deren Macht durchdringt und erfüllt schon den irdischen Raum, wo immer Gemeinde steht und handelt und ihren Herrn preist. Der alte Äon vergeht, die neue Schöpfung ist da. Das zweite Merkmal der in diesen Hymnen sich äußernden Theologie und Frömmigkeit ist damit verbunden: Man wartet nicht mehr auf die Wiederherstellung des Zwölfstämmevolkes wie die Judenchristenheit. Auch die Judenchristen waren nicht, wie man häufig gesagt hat, Partikularisten. Die Restitution des Gottesvolkes hatte ebenfalls einen universalen Horizont, weil sie von der Anbetung der Heidenvölker begleitet sein sollte. Doch denkt die hellenistische Christenheit nicht mehr aus der Perspektive des heiligen Landes, sondern des römischen Imperiums heraus. Wenn die Hofdichter der Cäsaren den weltweiten „römischen Frieden" proklamieren und diesem Frieden unter Augustus ein Altar in Rom errichtet wird, so verkünden die Christen wie in Eph 2 das weltweite Friedensreich des Christus. Sie setzen das als die endzeitliche und bleibende Realität den Träumen der Heiden entgegen. Das dritte Kennzeichen dieser Generation folgt aus den beiden ersten: Vielleicht ist die Freiheit nie glühender in der Kirchengeschichte verkündigt und gelebt worden als damals. Zum mindesten hat es wohl kaum eine Epoche gegeben, in welcher die Parole der Freiheit derart von der ganzen Gemeinde getragen wurde und die gesamte ihr gewährte Erlösung, das Heil schlechthin, mit solcher Eindeutigkeit bezeichnete.

Damit wir das verstehen, müssen wir uns in die Umwelt dieser Christenheit versetzen, die wir recht genau aus antiker Literatur und zumal aus vielen aufgefundenen Papyri kennen. Die Welt im weitesten Kreise um das Mittelmeer hatte sich dem Blick auch des Einzelnen erschlossen, und zwar in gleicher Weise geographisch, politisch, geistig. Alles quirlte wirtschaftlich, kulturell und religiös durcheinander. Das Christentum war nur eine, dazu recht unbedeutende, im wesentlichen auch bloß die soziale Unterschicht oder gar die Asozialen erfassende Strömung in diesem Strudel, um es mit modernen Schlagworten zu sagen. Das römische Imperium hielt alles mit eherner Zucht, hellenistische Zivilisation mit innerer Bewegtheit und äußerer Lockung zusammen. Dabei war diese Welt nicht bloß von ihren Grenzen her, sondern auch aus ihrem Untergrund aufs tiefste bedroht. Ihrer Offenheit entsprach auf der andern Seite die mangelnde Geborgenheit. Dämonien schienen aus jedem Erdloch zu schlüpfen, und die Macht des Unheimlichen griff von allen Enden bis in die obersten Bevölkerungsschichten hinein. So war dies überall die beherrschende Frage: Was gibt im Wechsel des Glücks und Schicksals Dauer, was Zuflucht vor dem Zugriff der irdischen und außerirdischen Gewalten und ihren Launen? Wo ist Ruhe für die von dunklen Wassern zu unbekannten Ufern oder Abgründen Getriebenen? Die Antwort darauf kam von Philosophen, Theologen, Politikern, Magiern und Astrologen, Scharlatanen, die alle das Heil auf ihre Weise, für die Welt im ganzen oder wenigstens die aus ihr herausgenommenen Einzelnen, verkündigten. Erlösung konnte nur die Gestalt der Freiheit haben.

Die junge Christenheit aus den Heiden empfand es nicht anders. Auch sie hatte vordem die Sterne das All regieren lassen und war mit den Zeitgenossen ihres Milieus davon überzeugt, daß jederzeit die Dämonen dem Menschen auflauerten. Sie bildete sich vor allem aus den Kreisen, welche der Willkür der Mächtigen am meisten unterworfen, dem wechselnden Lauf der Dinge im Alltag besonders ausgesetzt waren. Sie hatten sich eben deshalb weithin den Mysterienreligionen angeschlossen, um von Schicksalszwang und irdischer Furcht erlöst zu werden. Christus war für sie kraft der an ihm geschehenen Auferstehung, an deren Herrlichkeit man durch die Taufe Anteil bekam, der neue Mysteriengott. Er hatte sich erniedrigend der Niedrigen erbarmt und, nun zur Rechten des Vaters erhöht, die Gewalt der Dämonen und Sterne durchbrochen. Er hatte diese für die ihm Geweihten unschädlich gemacht als der wahre Sieger über Tod und Teufel, der Weltenherr. Wer seinem sich ausbreitenden Friedensreich angehörte, stand zeitlich und ewig in der Freiheit.

Wir werden an dieser Predigt und Frömmigkeit Kritik üben müssen. Halten wir uns zunächst vor Augen, worin ihre Stärke lag: Sie entsprach dem tiefsten Sehnen ihrer Zeit und konnte deshalb wie ein Waldbrand im glühenden Sommer sich verbreiten. Die sie tragende Gemeinde missionierte durch ihr bloßes Vorhandensein, selbst wenn sie nicht vom Enthusiasmus, der religiösen Begeisterung, rauschhaft erfüllt gewesen wäre. Sie gab dem Einzelleben Halt und der Welt einen Sinn. Konnte sie doch heilige Schriften vorweisen, welche das Ziel der Geschichte von Anfang an als festgelegt bezeugten und jedem seinen Platz darin einräumten. Daß die Christenheit ihren ökumenischen Charakter nie völlig vergessen hat, ist ebenso dieser Generation zu danken, wie sie die Erinnerung daran wachhielt, daß Jesus den Einzelnen gesucht und begnadet hatte. Schließlich wird man, wie bedenklich das nach den Erfahrungen einer zweitausendjährigen Geschichte klingen mag, feststellen müssen, daß das Christentum des Enthusiasmus nie gänzlich entraten kann. Damit ist nicht bloß gemeint, daß die Lehre vom heiligen Geiste konstitutiv zu ihrer Theologie gehört und ohne die Realität dieses Geistes Offenbarung und Kirche dahinfallen. Gemeint ist damit auch, daß eine Christenheit unglaubwürdig, doktrinär, Erscheinungsform einer Weltanschauung wird, in welcher nicht Zeichen und Machttaten erfolgen, Charismen sichtbar werden, das „Gott ist wahrhaftig unter euch" von 1. Kor 14, 25 nicht mehr aus dem Munde der Heiden ihrer Predigt, ihrem Handeln und Leiden respondiert. Das ist eine sehr kitzlige Angelegenheit. Denn natürlich sind Zeichen und Machttaten, Charismen, Bekehrungen und freundliche oder feindliche Akklamationen stets eine doppeldeutige Sache. Sie passieren nach der Johannesoffenbarung genauso im satanischen Bereich. Wer darauf aus ist, solche Erfahrungen der Urchristenheit wiederzubeleben oder in Regie zu nehmen, mag sehr schnell aus einer Zone in die andere geraten. Mit Entschiedenheit weisen wir die sehr verbreitete theologische Ansicht zurück, der heilige Geist sei so etwas wie die Vitalität der transzendenten Welt, als solche anstreckend, illuminierend und über die Erde erhebend. Wir werden darauf noch ausführlich zu sprechen kommen.

Hier geht es jedoch umgekehrt darum zu beklagen, daß die Christenheit im ganzen und ihre Repräsentanten im besonderen zumeist so farblos, bleichsüchtig, blutarm wirken. Die Unauffälligkeit gilt als ihr spezifisches Merkmal, pralle Vitalität des Menschlichen, charakterliche Kanten, geistige Selbständigkeit erscheinen in ihr als unangemessen. Selbst noch beim sogenannten Laien verleiht ein unsichtbarer Talar Würde, die der Träger an sich nicht hat. Wenn der heilige Geist nicht menschlicher macht – sehr häufig scheint er unmenschlich zu machen! –, ist seine Heiligkeit zu bezweifeln. Christen schweben nicht als Seelen über die Erde, wenn sie nicht rasch Gespenster werden sollen. Christliche Existenz ohne Rumor um sie herum ist nach Luther nicht denkbar, so wie auch nur die unbequem sichtbar werdende Kirche die unsichtbare sein kann. Wir haben uns selbst angewöhnt, keine Gefühle mehr zu zeigen, es sei denn eine dezente Wehmut in betrüblichen und eine angedeutete, etwas krampfhaft wirkende, unverbindliche Freundlichkeit in fröhlichen Situationen. Man spürt uns an, daß wir nicht ganz von dieser Welt sind, uns jedoch Mühe geben, keine Spielverderber zu sein. Die Reaktion darauf kann nur jene Übelkeit sein, welche allein die Militärsprache treffend zu bezeichnen vermag. Auch darin sollte man Buße tun, die immer zum Menschlichen führt, wenn sie echt ist. Das Singen der Negergemeinden, das den Gottesdienstbesucher wie ein rollender Ozean mitreißt, kann manche schlechte Predigt vergessen lassen. Die gemeinsame Kommunion mit Einzelkelch und Sonderoblate, von Presbytern ausgeteilt, für die sonntägliche Gemeinde selbstverständlich, ist die urchristlichste Form der Eucharistie, an der ich teilgenommen habe. Wem die Predigt nicht verweigert wird, ist auch des Abendmahls würdig, sofern er es nicht selbst ablehnt. Denn Christus kommt zu den Gottlosen, selbst am Sonntagmorgen. Daß er zu uns kommt, beendet Gottlosigkeit und macht würdig. Anders richten wir mitten im Protestantismus eine ganz und gar gottlose und unwürdige Werkerei auf.

Um alles hier Gesagte zusammenzufassen: Der urchristliche Enthusiasmus ist darum für uns von höchstem theologischen Wert und unermeßlich praktischer Bedeutung, weil man von ihm lernen kann, wie allgemeines Priestertum aller Gläubigen wirklich wird und aufhört, eine oft beschworene, selten ernsthaft gemeinte Redensart zu sein. Wenn wir doch wenigstens davon nicht mehr sprächen, wo zweifellos aus guten Gründen dieses Priestertum nur in homöopathischen Dosierungen zugestanden wird. Es ist nicht damit getan, daß Juristen in der Kirchenleitung sitzen, einige Gemeindevertreter gelegentlich mitraten, Kollekten einsammeln, Sonntagsschule abhalten, Vereine und Fürsorge-Organisationen betreuen dürfen. Das alles ist nichts als bestenfalls niedriger Klerus und steht dem allgemeinen Priestertum mehr im Wege, als es ihm nützt. Selbstverständlich gibt es höchst peinliche Pannen, wo man nicht mehr Elite heranzuziehen sucht, die man bei der heutigen Ausbildungsweise der Pastoren und Lehrer ohnehin kaum gewinnt. Erleben wir jedoch nicht so viel Pannen im kirchlichen Betrieb unserer Zeit, daß gar nicht mehr viel verdorben werden kann? Ist die schlimmste Panne nicht die in reformatorischen Kirchen bis auf einzelne Gemeindevertreter unmündig gemachte Gemeinde? Hier ist jedes Risiko es wert, gewagt zu werden. Ein wenig mehr gesunder Menschenverstand überall und äußerste Reduktion der Universitätsbildung auf die wirkliche Intelligenzschicht sind in unsern Verhältnissen dringend erforderlich. Die protestantische Akademikerschaft, die ihre Kräfte heute weithin in Familie, Freundesgruppen und selbstgesuchten Diensten verbraucht, kann ebenso wie alles Spezialistentum in Wirtschaft und Politik nicht genug gepflegt, mobilisiert, mit Verantwortung für das Ganze und das Einzelne betraut und zur Initiative gerufen werden. Das ist mindestens in unserer Krisenzeit wichtiger als alle innerkirchliche Verwaltungsarbeit, weil nur von hier aus der bereits fast verspielte Anschluß der Christenheit des Abendlandes an die moderne Welt wiedergewonnen werden kann. So sieht Mission in unserer Gesellschaft aus.

Dabei ergibt sich notwendig, daß der Gemeindepfarrer nur noch als Glied eines möglichst nicht einmal von ihm geleiteten Teams anzusehen ist und sogar die Predigt nicht allein ihm vorbehalten bleiben sollte. Der Gottesdienst muß häufig völlig unkonventionelle Formen haben und wenn nicht stets, dann doch regelmäßig der Diskussion geöffnet werden, die nach 1. Kor 14, 30–35 auch urchristlich schon üblich war und zuweilen zu Exzessen führte. Die Pfarrgemeinde wird mehr und mehr im Zeichen der nachgehenden Diakonie stehen müssen, statt angebliches Zentrum des kirchlichen Lebens zu sein. Wenn die Zentren des öffentlichen Daseins nicht mehr im lokalen Bereich liegen, sondern regional sich verflechten, ist nur die Diakonie an überschaubare Grenzen gebunden. Man wende nicht ein, das sei Umsturz. Sollte es sich tatsächlich so verhalten, dann hat Christenheit den Umsturz alter Gewohnheiten und Denkschemata so nötig wie das tägliche Brot. In Wirklichkeit geht es um Rückkehr zu dem, was allgemeines Priestertum aller Gläubigen genannt zu werden verdient. Der häufig ausgesprochenen Klage, die Laien machten im Ernstfall nicht mit, liegt zumeist zugrunde, daß diese Laien eben auch ein langes Gängelband noch als solches empfinden, Einfallslosigkeit die Unbeweglichkeit, mangelndes Temperament das Schweigen und nicht radikal geschenkte Freiheit die Unlust an der Aktion erzeugen.

Freiheit zu geben und zu respektieren, ist schwerer, als Theologie zu lernen, obgleich das nicht unbedingt leicht sein muß. Freiheit zu geben und zu respektieren, ist nämlich wirklich Werk des heiligen Geistes, und der heilige Geist ist selten bequem und nie ohne Überraschung, dagegen häufig vom Skandal begleitet. Was immer den Enthusiasmus so gefährlich für die Kirche gemacht hat, der endgültig überwundene Enthusiasmus signalisiert die schlafende Kirche auch dort, wo sie höchst betriebsam ist. Der Enthusiasmus ist unentbehrlich, wo das allgemeine Priestertum wirklich erweckt und die Gemeinde durch die Laien repräsentiert und beweglich gemacht werden soll. Es gibt die christliche Freiheit nicht ohne einen Schuß von Enthusiasmus, und heute sollte man diesen Schuß nach langer Abstinenz eher zu reichlich als zu dürftig bemessen, selbst wenn ein kleiner Rausch die Folge sein sollte. Man kann die Temperenz übertreiben und hat es in der protestantischen Vergangenheit unseres Landes nur dem Alkohol gegenüber nicht getan. Wer Freiheit will, muß dem heiligen Geist die Zügel etwas mehr überlassen, als Kirchenleitungen und Pastoren im allgemeinen gewohnt sind und für richtig halten. Es ist sehr problematisch, ob Ordnung sein letztes Wort ist, obgleich Unordnung wenig erfreulich wirkt. Zuweilen fragt man sich, ob nicht etwas mehr Tumult auch in unsern eigenen Reihen bekömmlicher für uns wäre. Jeder Würdenträger wird freilich behaupten, er sei bereits genügend Bürdenträger und nur diejenigen, welche nicht hinter die

Kulissen schauten, vermöchten so naiv und verwegen zu sprechen. Das mag berechtigt sein. Doch gibt es auch den Kummer derjenigen, die vor der Bühne sitzen und nicht einmal Schattenspiele zu sehen bekommen, was die derart Betroffenen natürlich verdrießt.

Es gibt ein Evangelium, das unmittelbar aus dem urchristlichen Enthusiasmus erwachsen ist und sich – ob darum oder nicht, ist eine schwere Frage! – in der Kirchengeschichte am wenigsten Beliebtheit unter den Evangelien erringen konnte. Es war umgekehrt eine Großtat der historischen Kritik, als sie endlich im vorigen Jahrhundert entdeckte, daß Markus zuerst ein Evangelium geschrieben hat, was noch immer allerlei Exegeten bezweifeln. Dieses Evangelium zeichnet sich dadurch aus, daß es kaum Reden Jesu und Sprüche sehr viel weniger als die andern Evangelien bringt, welche diesen durch eine Sonderquelle zugeflossen sein müssen. Von der Passionsgeschichte abgesehen, steht überall der handelnde Jesus im Mittelpunkt. Sein Handeln wird durch ungewöhnlich ausführliche Wundergeschichten gekennzeichnet, wobei wiederum die Heilungen von Besessenen am wichtigsten erscheinen. Der Sinn einer solchen Darstellung ist deutlich: Jesus ist der große Bezwinger der Dämonen. Er entdämonisiert, wohin er kommt, die Erde. Nach 3, 28 ff. gibt es nur eine unvergebbare Sünde, nämlich die, den heiligen Geist zu lästern. Man begeht sie, wenn man wie die Schriftgelehrten die in Jesus erscheinende und heilende Macht über die Dämonen auf teuflische Begabung zurückführt. Dann besteht umgekehrt das geistgewirkte Verständnis Jesu darin zu erkennen, daß mit ihm der Starke der Endzeit in Satans

Haus eingefallen ist und die Dämonen vertreibt. Eben deshalb wird er schon in 1, 24 als der Heilige Gottes vorgestellt, den die unsaubern Geister kraft ihres übernatürlichen Wissens als solchen anerkennen müssen. So entsetzen sich nach 1, 27 die Zeugen des Wunders, wie man sich als Mensch entsetzen muß, wenn man es plötzlich mit der Gegenwart Gottes zu tun bekommt. Sie fassen die ihnen aufgegangene Wahrheit dahin zusammen: „Er gebietet mit Gewalt den unsaubern Geistern, und sie gehorchen ihm." Den gleichen Schrei haben wir in 1. Kor 14, 25 aus dem Munde der Heiden vernommen, welche den christlichen Gottesdienst besuchen und dabei in das Wirkungsfeld des göttlichen Geistes geraten: „Gott ist wahrhaftig unter euch."

Die irdische Epiphanie des Himmelsherrn ist also der zentrale Gegenstand des Markus-Evangeliums. Ihre Bedeutung für die Menschen besteht darin, daß er die teuflischen Mächte austreibt, die Irdischen also befreit und in das Reich des göttlichen Friedens stellt. Formuliert man so, ergibt sich ohne weiteres, daß hier die Botschaft der urchristlichen Hymnen vom Herrschaftsantritt des Christus als des Kosmokrators und der sie begleitenden Anerkennung seitens der dämonischen Gewalten, in Erzählungsform umgegossen, auf den über die Erde schreitenden Jesus übertragen worden ist. Das mythische Schema der Hymnen ist, wird man sagen dürfen, historisiert. Mehr noch: Wenn es zum historisch unbezweifelbaren Gut evangelischer Erinnerung gehört, daß Jesus tatsächlich Besessene geheilt und darin Gottes Macht am Werke gesehen hat, kompliziert sich der Vorgang der Traditionsbildung: In den Hymnen ist wirklich Geschehenes mythisiert, nämlich kosmisch ausgeweitet worden. Was Jesus tatsächlich getan hat, wird als derart kennzeichnend betrachtet, daß es das Heilsgeschehen für die ganze Welt darstellt. Markus hat diese Verkündigung seinerseits aufgenommen, indem er sie aus der Zeitlosigkeit einer für immer gültigen dogmatischen Behauptung herausholte. Der Anbruch der Gottesherrschaft wurde von der Erhöhung auf das Erdenleben Jesu vorverlegt, der liturgische Preis in einen Bericht umgewandelt. Aus den Hymnen blieb erhalten, daß das historisch Einmalige weltweite Bedeutung hatte.

Wir können hier dahingestellt sein lassen, was Markus zur Abfassung seines Evangeliums nötigte. Denn dafür gab es zwar voraufgehende Sammlungen wie die der Passionsgeschichte oder wahrscheinlich der Streitgespräche, aber kein rechtes Vorbild. Zu erkennen ist jedoch die Eigenart seines Verfahrens: Er nimmt verstreute Einzelüberlieferung und vorliegende Zusammenfassungen von Traditionsstükken so auf, daß er es von der Anschauung, die in den urchristlichen Hymnen bewahrt wurde, einheitlich ausrichtet. Jesus ist der kosmische Sieger über Tod und Teufel. Er ist es in der Kraft des göttlichen Geistes, der ihn erfüllt. Er ist es auf der Erde freilich noch in gewisser Verborgenheit, weil erst die Auferstehung sein himmlisches Wesen aller Welt enthüllt. Erfolgt der Anbruch des Gottesreiches also bereits mit seinem Kommen, so wird er doch erst mit Jesu Inthronisation vollendet, auf die alles zeitliche Geschehen konsequent zuläuft und ohne die es nicht in voller Herrlichkeit verstanden werden kann. Vorläufig wissen darum nur die Dämonen, welche ihren Sieger gewahren müssen, und bruchstückweise diejenigen, welche seine Kraft an sich erfahren und darüber sich entsetzen oder ihn staunend preisen. Sie erfahren, daß mit der Gottesherrschaft das Reich der Freiheit aus irdischer Not und satanischer Verstrickung angebrochen ist.

Dem fügt sich nun ein, was Markus sonst über Jesus berichtet. Wird die Gewalt des Todes gebrochen, die eine Erscheinungsform der satanischen Herrschaft ist, so bekundet sich das in unaufhörlichen Heilungswundern. Die von Jesus ausstrahlende Kraft verhilft den Leidenden zu neuem Leben, zu Gesundheit, zur irdischen Vorwegnahme ewigen Heils. Genauso offenbart sich Jesus als der Himmelskönig gegenüber den dämonisch gedachten Naturgewalten. Wind und Wellen müssen ihm gehorchen wie die unsauberen Geister. Denn die Erde ist sein und was darinnen ist. In seiner verborgenen Herrlichkeit offenbart Jesus auch die Geheimnisse des Himmelreiches in Gleichnissen, die er seinen Hörern erzählt. Sie werden von Markus als Mysterien betrachtet, weil in ihnen noch andeutend und verhüllt dargetan wird, was erst mit der Inthronisation des Christus unumschränkte Geltung gewinnt. Schließlich werden jetzt die Streitgespräche mit den Gegnern Jesu besonders wichtig. Denn ihr Ergebnis ist nach 1, 22 allemal, daß deutlich wird: „er lehrte gewaltig und nicht wie die Schriftgelehrten". Markus hat damit vorweggenommen, was Paulus in Röm 1, 16 formuliert, daß das Evangelium eine Gotteskraft sei, welche selig macht alle, die daran glauben. Auch in seiner Lehre überwindet Jesus seine Feinde. Er tut es so, daß er den Bann durchbricht, welchen das mosaische Gesetz und die Tradition der Schriftgelehrten über den Gotteswillen geworfen haben, und Menschen daraus in die Freiheit führt.

Wieder braucht keine vollständige Analyse gegeben zu werden, weil das zu weit griffe. Zu zeigen war nur, daß das erste Evangelium schon von dem uns interessierenden Thema beherrscht wird. Das ist, wenn man sich die Dinge klarmacht, nicht im mindesten erstaunlich. Denn damit nimmt das Evangelium den Erlösungsruf auf, der seine ganze Umwelt erfüllt. Zugleich erweist es damit ein großartiges Verständnis für den wirklichen, geschichtlichen Jesus. Seine Historie und christliche Dogmatik stützen und interpretieren sich tatsächlich an dieser Stelle gegenseitig. Erstaunt sein muß man nur darüber, daß die Exegese das nicht längst mit unvergeßlichem Nachdruck herausgearbeitet hat. Die Teilaspekte sind natürlich immer gesehen, und so hat man auch gesagt, daß Markus von der Entdämonisierung der Erde spreche. Doch ist damit religionsgeschichtlich bloß sein mythologischer Hintergrund, theologisch bloß die christologische Hoheit aufgezeigt. Die entscheidende dogmatische Perspektive ist den Auslegern verborgen geblieben: Markus hat wie kein anderer das Evangelium der Freiheit geschrieben. Er behandelte dabei nicht bloß die Freiheit, zu der wir berufen sind. Er verkündigte auch jene, die in Jesus leibhaftig sich offenbarte und die er unvergleichbar selber ist, wie es sogar der Historiker noch von ihm feststellen kann. So geht es jedoch mit dieser Freiheit, daß die Christenheit sich stets aufs neue ihr gegenüber verblendet. Sie hat deshalb auch dies erste Evangelium im Laufe ihrer ganzen Geschichte in den Schatten der andern gestellt, bis historische Kritik und Religionsgeschichte ihm seine Würde zurückgaben. Die Geschichte unserer Frömmigkeit und leider selbst der Theologie demonstriert eben an allen Enden und Ecken, daß die Botschaft von der in Jesus begründeten Freiheit eines Christenmenschen mißachtet und verraten wurde. Betroffen wurde davon auch der wirkliche Jesus und das Zentrum jeder angemessenen Dogmatik. Die Enthusiasten haben hier die Ehre des wahren Christus und seiner echten Kirche gegen die normale Christenheit behütet, so daß in Wahrheit also die Ketzer oder wenigstens zur Häresie Neigenden für die Orthodoxie eintreten mußten. Sie waren gegen die Ansprüche der sie mißtrauisch betrachtenden oder gar verfolgenden Kirche diejenigen, welche den Namen Orthodoxie mit dem von ihnen gehüteten Erbe verdienten.

3. FÜR UND WIDER EINE THEOLOGIE DER AUFERSTEHUNG

Man kann die Freiheit auch übertreiben. Doch ist das falsch formuliert: Man kann die Freiheit nie übertreiben, man kann sie stets nur zu wenig radikal vertreten. Man kann sie jedoch mißverstehen und falsch gebrauchen. Das wird im Neuen Testament nirgendwo so deutlich wie in den Briefen an die Korinther, die das Musterbeispiel hellenistischer Enthusiasten abgeben. Was es um sie war, kann jedermann sich leicht aus dem 1. Kor selbst zusammenstellen. Wir überhören nicht, daß Paulus sie überschwenglich lobt: „an allen Stücken reich gemacht", „keinen Mangel an irgendeiner Gabe" – so beginnt gleich der Brief. An religiöser Vitalität fehlte es hier sicherlich nicht, die Laien sind alle aktiv. Wohl etwas übertrieben, aber doch eindrucksvoll heißt es in 14, 26, daß beim Gottesdienst jeder Psalmen, Lehre, Zungen, Offenbarung, Auslegung hat und haben soll. Wieviel hat aber der Apostel gerade an dieser Gemeinde zu beanstanden, was ist in ihr nach unsern Begriffen in Ordnung? Wie häufen sich hier die Sünden, von dem Parteienwesen angefangen bis zum unziemlichen Abendmahlsgottesdienst, von der – in hellenistischem Recht wohl nicht direkt strafbaren – wilden Ehe mit der Stiefmutter nach des Vaters Tod bis zur Leugnung der zukünftigen Auferweckung. Das Merkwürdigste ist, daß Paulus nicht mit eisernem Besen ausräumt und mindestens die Auferstehungsleugner exkommuniziert. Sein Lob ist zuweilen, aber keineswegs durchweg ironisch. Er erkennt die Gemeinde als solche an, selbst wenn er seinen Zorn über sie ausschüttet. Offensichtlich hatte ein Apostel es in der Urchristenheit nicht leichter als ein Pastor heute, ohne daß er deshalb gleich die Gemeinschaft aufkündigte, Ketzerpropaganda betrieb und den Kern der Frommen als letztes Aufgebot mobilisierte. Umgekehrt ist es offensichtlich kein Segen für die Christenheit, wenn die Sehnsüchte ihrer Zeit ihr zu stark entgegenkommen und die Mission ungehemmt vonstatten geht. Die Kirche kann dann nie vermeiden, sich ihrerseits der Umwelt anzupassen, wie die hellenistische Christenheit es tat, als sie sich für eine – natürlich die höchste und wahre! – Spielart der Mysterienreligionen hielt und Jesus zu ihrem – natürlich unvergleichlichen! – Kultgott machte.

Wenn die Gemeinde nicht mehr gegen den Strom ihrer Zeit schwimmen muß, ist genauso Gefahr im Verzug, wie wenn sie sich ihrer Welt gegenüber abschließt und sich freiwillig dem religiösen Naturschutz unterwirft. Es ist schwer, Kirche Jesu, Christ zu sein. Man steht stets in einer Doppelfront, selbst wenn man das Zentrum der Theologie und Frömmigkeit richtig bestimmt. Es handelt sich eben nicht darum, daß man Bescheid weiß, sondern darum, daß man dies Wissen, sei es groß oder klein, bewährt. Ich höre den Einwand, daß damit der Ton auf die Werkerei gelegt werde, und das ist natürlich möglich. Nur wünschte ich, daß man endlich den Aberglauben abbaute, entscheidend sei das rechte Wissen. Die Angst vor der

Werkerei, die manchmal allein aus der Reformation im Protestantismus übriggeblieben zu sein scheint, darf doch nicht dazu führen, daß wir bloß noch theologisieren und schwätzen. Es wäre sicher besser, wenn wir sehr viel weniger wüßten und sehr viel mehr ein bescheidenes Wissen lebten. Schließlich hat Jesus Jünger berufen und keine Schule der perfekten Theologie oder ihrer Adepten aufgemacht. Gnade, die nicht tätig wird, ist Einbildung. Nur die Nachfolge im Alltag beweist das Recht unserer Dogmatik gegenüber der Welt. Anders sind wir Reisende in Religion und Weltanschauung, von denen es viel zu viel gibt, wo auch die Konkurrenz uns längst überflügelt hat.

Woran liegt es, daß es in der so reich begabten und so aktiven Gemeinde von Korinth nicht stimmt? Man wird heute vermuten, daß ich einen schlechten Witz im Sinne habe, wenn ich antworte: Man lebte aus einer Theologie der Auferstehung, hielt das für entscheidend und ließ sich einzig von dort aus nähren. Dennoch ist dies die echte, notwendige, unendlich hilfreiche Antwort auf die gestellte Frage. Ich hätte freilich genausogut sagen können: Man lebte aus einer mißverstandenen Theologie der Freiheit. Denn eins hängt hier am andern. Gleichwohl ist zu sehen, daß es zur mißverstandenen Freiheit von einer Auferstehungstheologie her kam. Wir haben uns verdeutlicht, daß hellenistischer Enthusiasmus seine Mitte im Glauben an den erhöhten Christus als den Weltenherrn hatte. Dessen Herrschaft war ihr im Geiste gewiß, wurde von ihr kraft des Geistes mit Wundern und Zeichen, mit Mysterienhandlungen und inspirierter Weisheitsrede weitergetragen. Der erhöhte Herr bekundete sich mächtig in ihr und durch sie an der Welt. Erhöht aber war er seit seiner Auferstehung. Das war der korinthischen Gemeinde so wichtig, daß sie vom irdischen Jesus nicht viel hielt. Nach 1. Kor 12, 3 konnte in ihrer Mitte sogar der ekstatische Schrei ertönen: „Verflucht ist Jesus", nämlich der irdische. Wenn dem der ebenso ekstatische Schrei entgegenstand: „Jesus ist Herr", so war damit der seit seiner Auferstehung Erhöhte gemeint. Im Grunde war der Gemeinde, zum mindesten in ihrer enthusiastischen Mehrheit, nicht einmal an diesem ernstlich gelegen. Daß er auferstanden und erhöht war, hatte für sie vor allem deshalb Gewicht, weil es zeigte, daß die neue Welt angefangen hatte. Theologen würden sagen, daß sie die Christologie im Handumdrehen in Soteriologie umwandelte, also von ihm sehr schnell bei sich selber landete, nämlich dem ihr durch ihn vermittelten Heil. Er war gleichsam nur die Initialzündung zur Erfüllung ihrer eigenen Sehnsüchte. So eben bekundete sie, daß sie auch als christliche Gemeinde mehr die Hoffnungen und das Heilsverlangen ihrer Umwelt als charakteristische Jüngerschaft repräsentierte.

Auf welche Weise konnte sie jedoch seine Erhöhung und ihre eigene Heilsgewißheit miteinander verbinden? Man kann doch nicht ohne weiteres das, was dem Herrn widerfahren ist, auf sich selber übertragen. An dieser Stelle ist von der überragenden Bedeutung zu sprechen, welche die Sakramente für die Korinther besaßen. Zu der Unordnung bei den Eucharistiefeiern kam es nicht etwa deshalb, weil die von einem Liebesmahl umrahmte Eucharistie mißachtet worden wäre. Im Gegenteil, man feierte das Herrenmahl als Vorwegnahme des himmlischen Freudenmahles unter eschatologischem Jubel und mit ekstatischen Kundgebungen wie etwa der Zungenrede. Hier wurde demonstriert, was der Eingang des Epheserbriefes uns bereits gelehrt hat: Diese Gemeinde wußte sich erlöst schon „in den Himmeln", von göttlichen Kräften erfüllt, dem dauernden Einbruch des Ewigen ins Irdische ausgesetzt und das selber mit ihrem Verhalten bezeugend. Dasselbe gilt von der Feier der Taufe. Sie begründete, wie wir aus 1, 10 ff. wissen, das Parteienwesen. Denn die Getauften spalteten sich in verschiedene Gruppen je nach dem Meister, der sie getauft hatte oder dessen Name beim Taufvorgang zugleich einer bestimmten Gruppe zuordnete. Mit ihm war man durch übernatürliche Bande verbunden, wie es in der Kirchengeschichte überall dort festgehalten wird, wo es zwischen dem Taufenden und dem Getauften nicht zu einer Ehe kommen darf.

Von hier aus ist auch die Frage zu beantworten, die sich gegenüber der vorgetragenen Anschauung von 1. Kor 15 her notwendig stellt. Es sieht so aus, als hätten die korinthischen Enthusiasten die Auferstehung Jesu und die eigene und allgemeine Auferweckung geleugnet. Schon Paulus selber scheint es so verstanden zu haben, wie er über die Gefahren in der Gemeinde nur durch Boten erfuhr und sich so nicht in allem ein rechtes Bild davon zu machen vermochte. Wir sind geneigt, hinter der Auferstehungsleugnung eine aufgeklärte Weltanschauung zu vermuten, die es tatsächlich bereits in bestimmten Oberschichten des Hellenismus gab. Doch übertragen wir damit das Bild heutiger Verhältnisse in die Urchristenheit. Von Vertretern der Oberschicht war in Korinth so gut wie nichts vorhanden. Die Gemeinde setzte sich fast ausschließlich aus dem Hafenproletariat dieser den Welthandel zentral vermittelnden, übrigens auch sowohl durch ihre zahllosen Tempel wie durch ihre sprichwörtliche Unsittlichkeit im ganzen römischen Imperium berühmten Stadt zusammen. Jede Form von Aberglaube, Magie, Mysterienwesen gab ihren Hintergrund ab, keineswegs jedoch die Aufklärung. Natürlich ist in dieser Gemeinde auch nicht die Auferstehung Jesu bezweifelt worden. Abgesehen davon, daß man dann schwerlich noch den christlichen Namen hätte tragen können und der Glaube an Jesu Auferstehung und Erhöhung die zentrale Botschaft für die hellenistische Welt darstellte – 1. Kor 15, 3 ff. erinnern uns daran! –, macht das Treiben in Korinth klar, daß man vom Einbruch der himmlischen Welt in die irdische lebte. Deshalb schätzte man die Zungenrede als Sprache der Engel und der jenseitigen Welt. Nichts hielt man von der zukünftigen Auferweckung der Toten, aber nicht aus einer Art des Rationalismus heraus, sondern weil man mit dem wohl hymnischen Fragment in Eph 2, 6 bekannte, daß Gott uns mit Christus auferweckt und samt ihm in das himmlische Wesen gesetzt hat. Die gleiche Anschauung findet sich in Kol 2, 12 f. und anderswo im Neuen Testament, wie der johanneische Christus den Seinigen Auferstehung und ewiges Leben bereits in der Gegenwart schenkt.

Ereignet hat sich das nach hellenistischer Anschauung bei der Taufe. Sie vermittelt die Kraft des Übernatürlichen, indem sie uns den heiligen Geist gewährt, und versetzt uns nach Kol 1, 13 aus dem Bereich der Finsternis in den des Sohnes. Das wird so realistisch vorgestellt, daß man den

Tod nicht mehr fürchtet. In ihm fällt nur die fleischliche Hülle von uns ab, unter welcher sich das neue, himmlische Wesen geistleiblich verbirgt. Der Tod bringt Befreiung von den letzten Banden, welche uns mit der alten Welt noch verknüpfen, ändert aber nichts mehr an unserer neuen Existenz. Nochmals sei Johannes zitiert, der in 5, 24 vom Glaubenden sagt: „Der kommt nicht in das Gericht, sondern er ist vom Tode zum Leben hindurchgedrungen." Uns beschäftigt nun nicht, wie Johannes das verstanden hat, sondern nur der Wortlaut, der die allgemeine enthusiastische Anschauung hellenistischer Christenheit höchst realistisch ausdrückt: Der Getaufte gehört bereits zur himmlischen Welt. Er ist in Wahrheit mit seinem Herrn schon auferstanden, ihm also wie im Tode, so in der Erhöhung gleichgeworden. Er partizipiert an seiner Herrschaft über alles Irdische, weil er an seinem Sieg über die Dämonen, über Sünde, Tod und Teufel partizipiert. Weil die Korinther das leben, glauben und verkündigen, wollen sie von der zukünftigen Totenauferweckung nichts wissen. Was man ihnen als zukünftig anpreist, ist nach ihrer Überzeugung bereits geschehen und die Gegenwart des Heils, der neuen Schöpfung, des ewigen Lebens geworden, anfänglich in der Taufe, immer wieder beim Herrenmahl und im täglichen Dasein zu bewähren und zu demonstrieren.

Die Verbindung eines christlichen Kults in Analogie zum Mysterienwesen mit einer am Menschen orientierten Auferstehungstheologie ist evident und für unsere Verhältnisse ungewöhnlich aufschlußreich. Denn es läßt sich nicht übersehen, daß wir auch im Protestantismus einen sogenannten sakramentalen Realismus, der die objektive Vergegenwärtigung himmlischer Kräfte im Kult betont, in scheinbar unaufhaltbarem Vormarsch beobachten können. Hand in Hand geht damit die Abwertung einer Theologie des Wortes, des Glaubens, des Kreuzes. Daß der Kampf gegen die angeblich moderne Theologie hier besonderen Rückhalt findet, ist begreiflich und zugleich grotesk. Eben damit werden die „moderne Theologen“ als Vertreter der Reformation, die vermeintlichen Realisten jedoch als Repräsentanten des enthusiastischen Sogs in der Christenheit erwiesen.

Alle uns sonderbar anmutenden Verhältnisse in der korinthischen Gemeinde sind jetzt begreiflich. Wer sich als Himmelsbürger fühlt und von himmlischer Kraft leibhaftig durchdrungen weiß, braucht die Erde nicht mehr ernst zu nehmen. Er braucht es um so weniger, wenn er schon vorher in das weithin orgiastische Treiben der Mysterienreligionen hineingezogen war und in seinem proletarischen Dasein an den Wechsel von Zufall und Schicksal gewöhnt ist, Ordnung also bereits für seinen alten Adam nicht vorausgesetzt werden kann. Die überschäumende religiöse Vitalität durchbricht alle Dämme und macht vor keinem bürgerlichen Tabu halt. So taucht zum mindesten das Problem der Emanzipation der Sklaven und der Frauen am Horizont auf, wenn auch nicht in seiner modernen Variation. Ist nicht mit der Taufe zusammen der Ruf von Gal 3, 28 erschollen: „Hier ist weder Jude noch Grieche, hier ist kein Knecht noch Freier, hier ist kein Mann noch Weib. Denn ihr seid allzumal einer in Christo Jesu.“ Da die Formel ähnlich mehrfach in den Paulusbriefen auftaucht, dürfen wir annehmen, daß sie feste Überlieferung der hellenistischen Gemeinde darstellt, die vom Apostel zitiert wird. In Korinth wird sichtbar, daß diese Formel nicht bloß erbaulich und spirituell gemeint war. Wer ins himmlische Wesen versetzt wurde, beansprucht Gleichheit wenigstens mit dem christlichen Bruder, dem christlichen Ehepartner, dem christlichen Herrn, zunächst in der gottesdienstlich versammelten Gemeinde und hinterher auch im Alltag. Warum soll die Frau schweigen, wenn der Geist auf sie gekommen ist? Warum soll der Sklave seine Abhängigkeit gegenüber einem christlichen Herrn erweisen? Warum sollen Glossolalen und Propheten nicht so oft reden, wie sie wollen, wenn sie inspiriert sind? Warum soll man nicht auf der einen Seite sich der Askese verschreiben, um den engelgleichen Zustand zu demonstrieren, auf der andern Seite aber mit der Stiefmutter zusammenleben, um zu zeigen, daß Christus uns auch von den moralischen Vorurteilen einer bürgerlichen Welt befreit hat? Freiheit ist die wahre und einzige Signatur des Christen und der Gemeinde geworden. Verleugnet man nicht alle Seligkeit, die einen begnadet hat, wenn man davon nicht unaufhörlich und gegenüber jedermann Gebrauch macht?

Ich hoffe, es ist nun klar, daß in Korinth eine konsequente Theologie der Auferstehung zu einer ebenso konsequenten Theologie und Praxis der Freiheit führt. Es müßte auch sichtbar sein, daß die Korinther nicht zutiefst und bleibend sich für die Christologie interessieren. Das gilt, obgleich die Lehre vom erhöhten, die Welt beherrschenden Christus, an dem man Anteil gewonnen hat und im Sakrament stets neu empfängt, die Grundlage ihrer Theologie und Praxis ist, ohne die alles einbräche. Doch hört man aus der Verkündigung der Herrschaft Christi nur heraus, was er den Seinigen schenkt. Er wird in Wahrheit zum Mittel und Werkzeug der Gnade und ist es wie der Kohlenträger, welcher seinen Sack Brennstoff vor unserer Tür ablädt. Als Herr des eigenen Lebens, als Richter unseres Verhaltens, als der Erhöhte, dem wir zu dienen haben, zählt er nicht mehr. Das heißt jedoch, daß er selber nicht zählt, sondern nur seine Gabe, daß die Soteriologie das Hauptgewicht bekommt und infolgedessen auch eine religiöse Anthropologie. Was es um einen selbst nach Empfang des Heils ist, steht so im Vordergrunde, daß es die Herrlichkeit Christi verdunkelt.

Wir mußten diese Dinge so ausführlich schildern, um zu begreifen, wie schwierig die Lage für den Apostel war. Seine gefährlichsten Gegner in Korinth sind nicht etwa Christen, welche bis zur Leugnung der Auferweckung von den Toten in heidnischen Unglauben und damit verbundene heidnische Unordnung zurückfallen. Es sind Schwärmer, für welche Gottes Reich auf Erden bereits begonnen hat und welche das an ihrem eigenen Leibe, mit ihrem Leben und Verhalten in und außerhalb der Gemeinde bekunden. Paulus hat sie nicht etwa an die Auferstehung erst zu erinnern, sondern findet eine Theologie und Praxis der Auferstehungswirklichkeit vor, die selbst er in 1. Kor 15 nach den ihm übermittelten Informationen nicht völlig durchschaut. Man mag sie aus seiner eigenen Verkündigung entwickelt haben oder wahrscheinlicher aus der Predigt stärker enthusiastisch begabter Missionare wie Apollos. Man hat sie jedenfalls in Analogie zur Verkündigung der Mysterienreligionen vom sterbenden und wiederbelebten

Gott entwickelt, der eine neue Welt heraufführt und die Seinigen daran partizipieren läßt. Der Apostel muß also seltsamerweise gerade in einer christlichen Gemeinde gegen eine Theologie der Auferstehung Stellung beziehen. Es ist eine aufregende Frage, wie er das fertigbringt. Denn er kann selber die Auferstehung Jesu sowenig wie die damit eröffnete Gottesherrschaft und auch nicht die Realität christlicher Freiheit leugnen, ohne seine eigene Predigt und das Evangelium zu verraten.

Drei Feststellungen kennzeichnen seine Position. Sie greifen notwendig ineinander über und ergänzen sich. Doch ist es wichtig, daß man beim Entscheidenden anfängt. Das bedeutet, daß man den Apostel nicht zuerst von dort her hört, wo die Stärke seiner Gegner liegt, also von der Soteriologie und Anthropologie aus. Natürlich wird er auch hier Aussagen machen müssen, die sich von denen seiner Gegner unterscheiden. Er wird also das Wesen des christlichen Glaubens als Gehorsam, als Liebe, als Hoffnung zu beschreiben haben und damit der enthusiastischen Willkür Schranken setzen. Doch kann er das nur, wenn er auch seinerseits das in einer Christologie begründet, die von derjenigen seiner Gegner charakteristisch abweicht. Er tut das sofort im Eingang des Briefes, indem er das Evangelium als Wort vom Kreuz kennzeichnet. Auch für ihn ist Christus der Auferstandene, der Erhöhte, der vom Vater bestimmt wurde, Weltenherr zu werden. Er bleibt aber für Paulus in all dem der Gekreuzigte. Das ist nicht historisch gemeint, so daß das Kreuz der Weg zur Erhöhung ist, obgleich es sich natürlich so verhalten hat. Das ist vielmehr in der Weise gemeint, daß der über das Kreuz hin Erhöhte in seiner Hoheit mißverstanden wird, wenn man seine Glorie von seinem Kreuze löst, indem man beides in das Verhältnis eines Nacheinander bringt. Der Auferstandene, Erhöhte bleibt der Gekreuzigte. Seine Herrschaft wird nicht begriffen und anerkannt, wenn man aus dem Kreuz nur die letzte Station seines Erdenweges macht, wie die Enthusiasten es tatsächlich tun.

Auferstanden, um Herr zu werden, meint: auferstanden, damit das Kreuz über die Welt siege. Auferstandene Götter gibt es viele in der Religionsgeschichte wie speziell in der Sphäre des Hellenismus. Auch dort führt der Weg dazu über eine Höllenfahrt. Ist das Kreuz nur der dunkle Eingang zum Himmel, das letzte, äußerste Hindernis vor dem Triumph, unterscheidet sich christliche Botschaft nicht grundsätzlich von dem, was andere aus der religiösen Konkurrenz zu sagen wissen. Leider verhält es sich tatsächlich weithin so. Es sollte uns beunruhigen, wenn das Christentum an dieser Stelle noch immer nicht mehr als die Erfüllung frommer oder fleischlicher Sehnsüchte nach Überwindung der Gräber zu bringen hat. Die Anthroposophie ist dafür viel geeigneter. Wenn Christus nur das Modell ist, an dem unsere Hoffnung sich ausrichtet, ist alles verdorben. Andere haben andere Modelle, und Beweise für ihr Recht bringen sie auch. Gerade hier muß sich zeigen, was sich bei der durchschnittlichen Beerdigungsrede freilich nicht zu zeigen pflegt, daß unser Gott gegen unsern Willen und unsere Wünsche hilft, nie ohne Ärgernis, immer so, daß dabei die dritte Bitte zu Ehren kommt. Das einzige Merkmal, welches die Christenheit und ihren Herrn von andern Religionen und ihren Göttern radikal trennt, ist das Kreuz, wenngleich wir später zu bedenken haben werden, daß das Imperium der Römer viele Kreuze errichtet hat. Indem Paulus das Evangelium als Wort vom Kreuz bezeichnet und erklärt, daß er nur vom Gekreuzigten habe wissen und zeugen wollen, macht er darauf aufmerksam, daß der Kern sogar seiner Auferstehungslehre das Kreuz bleibt. Zugespitzt gesagt, ist die Auferstehung eine Seite der Kreuzesbotschaft, nicht das Kreuz bloß ein Kapitel im Buche einer Auferstehungsdogmatik. Nur den Gekreuzigten hat nach Phil 2, 9 Gott erhöht, und das Reich seiner Auferstehung ist das Reich, die Herrschaft, der Triumph des Gekreuzigten.

Es ist nicht zufällig, daß der Apostel auch an einer andern Stelle noch der Christologie seiner Gegner widerspricht. Sie nennen Jesus den Weltenherrn, wie die Hymnen des Neuen Testamentes es durchweg tun. Man kann es nur als Kritik an dieser Aussage verstehen, wenn in 1. Kor 15, 25–28 zwar das „Christus muß herrschen" als das zentrale Thema der Auferstehungslehre des Paulus erscheint, einschränkend aber sofort hinzugefügt wird, daß der Tod der letzte Feind bleibt und vorläufig nicht überwunden ist. Für den Apostel hört die Geschichte nicht mit dem Herrschaftsantritt Jesu auf, obgleich er das Ende des Gesetzes behauptet. Auch der erhöhte Christus ist nicht am Ziel. Seiner Herrschaft wird durch die Macht des Todes noch widersprochen, sie ist also bis ans Ende der Zeit umstritten und insofern sogar fragwürdig. Weltenherrn darf man Christus nur im Glauben und im Blick auf seine Bestimmung nennen. Vorläufig ist er nur Herr seiner Kirche, freilich, da diese unaufhörlich die Welt durchdringt, derjenige, der Herrschaft auch über die Welt beansprucht. Auch er gehört noch in die Schar der Kämpfenden, wenn man es übertrieben ausdrückt. Er ist jedenfalls noch nicht der vollendete Sieger, weil das seine unbestrittene Weltherrschaft voraussetzen würde. Der Erhöhte behält bei Paulus die Nägelmale des Irdischen und wäre sonst nicht mit Jesus identisch.

Die Reformation hat uns auf diesen Sachverhalt so eindeutig hingewiesen, daß hier jede Debatte überflüssig sein sollte. Seltsamerweise wissen aber auch die Reformationskirchen darum nicht mehr in jener Eindeutigkeit, die allein ihr konfessionelles Recht herausstellen würde. Die Reformation hat Kreuzestheologie im Gegensatz zu einer Theologie der Herrlichkeit treiben wollen. Vergessen ist heute fast überall diese Antithese und Polemik. Das Kreuz wird erbaulich verstanden, zum Beispiel als Modell unseres eigenen Geschicks, und dann muß natürlich die Auferstehungswirklichkeit die Überwindung und das Ende des Kreuzesweges sein. Beides ist hier voneinander getrennt und wird gegeneinander ausgespielt wie in der Parole: „Durch Kreuz zur Krone!“ Daß diese Parole schon urchristlich ertönte, wird uns noch beschäftigen müssen. Paulinisch ist sie jedenfalls nicht. Auf der andern Seite ist beides nebeneinandergestellt, weil es sich um Glieder einer Kette, Stufen einer Leiter handelt, wobei freilich immer die Auferstehung als das Letzte, Höchste, als das Ziel gilt. Das mag im Blick auf das Ende der Weltgeschichte berechtigt sein. Nur sind wir noch nicht am Ende der Weltgeschichte angelangt und können von der Gegenwart nicht so triumphierend und eindeutig wie die Enthusiasten sprechen. Die reformatorische

Antithetik von Kreuzestheologie zur Theologie der Herrlichkeit muß heute unter allen Umständen sich in der Antithese der Kreuzestheologie zu einer bestimmten, sogar herrschenden Theologie der Auferstehung fortsetzen, wenn wir reformatorisch bleiben wollen. Wo immer Auferstehungsbotschaft das Mindeste von der Kreuzesbotschaft verdunkelt und einschränkt, wo das Kreuz nur der Schatten der Auferstehung ist, wird die Auferstehung nicht mehr recht gelehrt, weder im paulinischen noch im reformatorischen Sinne. Da werden wir Lutheraner selbst an ererbten Hochsitzen nicht mehr Lutheraner nennen und Reformierte selbst in Theokratien nicht mehr reformiert nach Gottes Wort. Da herrscht jener Enthusiasmus, gegen den Paulus im 1. Korintherbrief zu Felde ziehen mußte. Da ist der wahre status confessionis heute gegeben, der Punkt, da man stehen und fallen, auf jeden Fall kämpfen und bis aufs Blut widerstehen muß. Da trennt sich ewig echte, ihren Namen verdienende von eingebildeter Orthodoxie wie eine fälschlicherweise so genannte von der tatsächlichen Haeresie. Fromme Redensarten besagen hier schlechterdings nichts und können gegenwärtig nur mißtrauisch machen.

Der Apostel korrigiert nicht nur die enthusiastische Christologie, sondern von da aus auch eine entsprechende Heilslehre. Das wird deutlich sichtbar, wenn er die Korinther daran erinnert, daß beim Herrenmahl Anteil am gekreuzigten Jesus gegeben und sein Tod verkündigt wird. Genauso hat er in Röm 6, 2 ff. festgestellt, daß wir in der Taufe zwar mit Jesus sterben, aber nur das Unterpfand für die künftige Auferweckung empfangen. Polemisch richtet sich 1. Kor 10, 1–12 gegen das enthusiastische Sakramentsverständnis im ganzen. Taufe und Herrenmahl garantieren nicht das Heil, sondern stellen auf den Weg des neuen Gehorsams und damit sogar in den Stand der Versuchung und Erprobung, aus dem man auch herausfallen kann wie das Volk in der Wüste einst. Es wird also Wasser in den Wein der Schwärmer gegossen. Sie, die sich selber schon in den Himmeln dünken, werden auf die Erde herabgeholt. Das eben muß geschehen, wo der Gekreuzigte als Herr verkündigt wird. Da liegt Heil zwar in seiner Herrschaft, diese Herrschaft verlangt jedoch zunächst unsern Dienst. Es ist närrisch, von der Weltherrschaft Christi zu reden, wenn nicht einmal die Christen ihn mit ihrem Wandel als Herrn erkennen lassen. Wie die Sakramente ihnen Anteil am Sterben Jesu geben und sie zu Hoffenden werden lassen, so ruft der christliche Alltag sie zur Liebe. Liebe schließt jedoch wie schon bei Jesus den Gebrauch der Vernunft ein. Man kann nicht lieben, wenn man auf den Bruder keine Rücksicht nimmt oder sein Gewissen totschlägt. Man kann es auch nicht, wenn man nur auf die persönliche Glorie achtet und die eigene Gabe in den Vordergrund rückt, wie die Zungenredner es tun. Man kann es schließlich nicht, wenn man sich streitet, das andere Gemeindeglied vor den Kadi schleppt und der Welt Anlaß zum Hohn oder zum sittlichen Anstoß gibt, wie der Blutschänder es tut. Heil haben wir nie in uns selbst. Christus ist uns nach 1. Kor 1, 30 von Gott zur Weisheit und zur Gerechtigkeit und zur Heiligung und zur Erlösung gemacht. Er allein ist unser Heil, und es besteht in nichts anderm, als ihn zum Herrn zu haben.

Von da aus ergeben sich endlich Folgerungen für die paulinische Anthropologie. Der Apostel hat ganz im Sinne der übrigen Urchristenheit nachdrücklich betont, daß die Taufe den Geist verleiht und Christen Geistträger sind. In Röm 8, 9 heißt es kategorisch: „Wer Christi Geist nicht hat, der ist nicht sein." Paulus hat auch die Vielfalt der Geistesgaben wie kein anderer im Neuen Testament anerkannt und gerühmt. Er hat dazu aufgerufen, daß jeder seine besondere Begabung ausfindig mache und darin bleibe, um so fruchtbar zu sein an guten Werken und hilfreich zur Erbauung des Christusleibes. Niemand kann dienen, wenn er sich nicht mit dem einsetzt, was ihn von andern unterscheidet. Was alle vermögen, langweilt nur, sofern es nicht dort erfolgt, wo ein anderer Christ nicht steht. Wie in der Gemeinde für alle Besonderheiten Raum zu sein hat, so hat jeder seine ihm eignende Gabe auch zu aktivieren. Das vergrabene Talent macht des Gerichtes schuldig. Wie müßte das heute bedacht und gepredigt werden, wo die Talente in der christlichen Gemeinde meistens vergraben werden und die Amtsträger nur zu oft dabei ohne oder mit Willen und Wissen schaufeln helfen. Andere können sich dann umgekehrt Gaben anmaßen und einbilden, welche sie, wie die des theologischen Vermögens, schlechterdings nicht empfangen haben, weil die Schlagworte und die Lust zum Reden nicht genügen. Zur Unterscheidung der Geister, ebenfalls trotz aller Ketzerpropaganda ein durchaus unbearbeitetes Feld, gehört auch zu erkennen, wozu ich nicht tauge. Sollte es aber einer nicht merken – wir alle sind uns selber gegenüber am ehesten blind! –, so soll man ihn freundlich, aber rasch und eindeutig zur Ordnung rufen.

Der Geist macht zwar das Herz weit, er stopft jedoch zugleich manchen Mund.

Tritt das so heraus, zeigt sich, daß Paulus den Geist nur insofern himmlische Gabe bleiben läßt, als er in Verantwortung stellt. Ekstase allein tut es nicht. Keine Geistesgabe tut es allein, da irdisch alle nur Fragmente bleiben. In 1. Kor 14 wagt Paulus es sogar, den Inspirierten Vorschriften zu machen und den in ihnen waltenden Geist einzudämmen. Was heißt das anders, als daß auch der Geistträger unter dem Kreuze Christi zu bleiben hat? An Christi Herrlichkeit partizipiert man nicht anders, als indem man ihm irdisch das Kreuz nachträgt. Das hält der Apostel seinen Gemeinden immer wieder am Beispiel der eigenen Existenz etwa in langen Leidenskatalogen vor Augen. Nach Gal 6, 17 wird man kühn behaupten dürfen, daß Paulus keinen Geistträger anerkannte, der nicht an seinem Leibe die Malzeichen des Herrn Jesus trug, obgleich der Apostel damit für sich selber besondere Stigmatisierung meinte. Christliche Existenz gedeiht nur unter dem Kreuz. Löst sie sich im mindesten von diesem Platz, sieht man vor lauter Heiligenschein diesen Schatten nicht mehr an ihr, ist sie nicht christlich. Die Theologie der Auferstehung, wie die Schwärmer sie vertreten, wird bis in den letzten Schlupfwinkel hinein vom Apostel verfolgt und ausgeräumt, und zwar stets im gleichen Zeichen und mit der gleichen Autorität des Gekreuzigten. Unter der Macht der Auferstehung und in echter Hoffnung auf die eigene Auferweckung steht und bleibt man nur, wo der Gekreuzigte über uns herrscht und durch uns verherrlicht wird.

Wie verhält es sich dann aber mit der christlichen Freiheit? Es scheint so, als hätte ich nur von Dienst, Verantwortung, Leiden der Jüngerschaft gesprochen. Sicher werden meine Kritiker hier erneut einhaken und behaupten, die so von mir verteidigte und gegen die enthusiastische Auferstehungstheologie ausgespielte Theologie des Kreuzes sei in Wahrheit eine Variation des Gesetzes, nämlich dessen christliche Modifikation. Ich fürchte, man wird davon nicht ablassen, obwohl ich doch im vorigen Kapitel das Recht und die Notwendigkeit des Enthusiasmus in der Kirche derart hervorgehoben habe, daß meine ärgsten Kritiker im protestantischen Lager mir Mut und vielleicht sogar Tollkühnheit nicht absprechen können. So einfach ist es mit der Theologie nicht, daß man vom Gesetz sprechen dürfte, wenn einem selbst und andern zugemutet wird, etwas zu tun und zu leiden. Das ganze Neue Testament mutet uns unentwegt so viel zu, daß einem dabei der Atem vergeht. Ist das alles bloß Gesetz? Will man schizophren beides, das Evangelium und das Gesetz, so scheiden, bis es sich immer hübsch abwechselt und niemand mehr weiß, ob das Evangelium oder das Gesetz das Neue Testament bestimmt? Die Forderung macht wahrhaftig noch nicht das Gesetz, wie Verkündigung von Heil noch nicht das Evangelium zu sein braucht. Denn es gibt falsche Propheten, welche Heil schreien, wo Unheil sich naht, auf das sie aufmerksam zu machen hätten. Heute arbeitet man weithin mit Schablonen. Das entspricht zwar dem Massenkonsum der technischen Gesellschaft, verhindert jedoch Denken, eigenes Urteil und wirkliche Belehrung anderer.

Das Gesetz wirkt sich nach Paulus in der Furcht aus.

Das Evangelium vertreibt jedoch die Furcht und erzeugt den Ruf: Abba, lieber Vater. Es stellt mit andern Worten in die Freiheit der Gotteskinder. Wie der Angriff auf die Auferstehungstheologie der Korinther die Auferstehung nicht leugnet, sondern anders versteht, so tritt die Kreuzestheologie nicht der Freiheit der Gotteskinder in den Weg. Im Gegenteil, nur sie gibt ihr den rechten Platz zwischen blindem Gehorsam und enthusiastischer Willkür. Wenn irgendeiner im Neuen Testament, ist Paulus der Theologe der Freiheit und insofern dem Enthusiasmus seiner Umwelt nicht verschlossen. Er hat Jesu Botschaft und Handeln durchaus aufgegriffen. Doch hat die von ihm gepredigte Freiheit es auf andere Weise mit der Auferstehung zu tun, als die Schwärmer behaupten. Sehr scharf pointiert, aber exegetisch begründet mag man feststellen: Freiheit ist für den Apostel nicht die Konsequenz erfolgter, sondern die Vorwegnahme erwarteter Auferweckung. Jesu Auferstehung teilt sich vorläufig in Taufe, Geistverleihung und christlichem Alltag uns nicht so mit, daß wir an ihr genauso wie an Jesu Tod partizipierten und ins himmlische Wesen versetzt würden. Sie gibt uns vielmehr Anteil am Tode Jesu, läßt uns das Kreuz nachtragen, stellt uns erst recht in die Erde hinein. Nach Phil 3,10 äußert sich Erkenntnis der Auferstehungskraft Christi darin, daß Gemeinschaft seiner Leiden entsteht und ich seinem Tode ähnlich werde. Man beachte den Wortlaut. Der Apostel spricht nicht davon, daß ich bloß mein eigenes Kreuz auf mich zu nehmen habe, was freilich selbstverständlich dazugehört. Er spricht von Gemeinschaft seiner Leiden und dem Sachverhalt, seinem Tode ähnlich zu werden. Das entspricht seiner Sakramentslehre und dem Sinn der vielfachen paulinischen Leidenskataloge, welche das dem Apostel widerfahrende Leid als im Christusdienst erfahren, also als Schatten seines Kreuzes herausstellen.

Diejenigen, welche sich nicht genugtun können, wie die korinthischen Schwärmer die gegenwärtige Macht der Auferstehung zu betonen, werden plötzlich subtil, wenn es sich um die Kreuzesgemeinschaft handelt. Ist diese etwa nur von den Mystikern oder den Anwälten des Gesetzes vertreten worden? Ich bin mit ihnen völlig darin einverstanden, daß das Kreuz des Herrn nicht in unserm Kreuz aufgeht, nicht bloß Modell des unsrigen ist, sondern Grund und Urbild – exemplar, nicht exemplum, sagt Luther! – des Glaubens. Nach 2. Kor 13, 4 bleibt Jesu Kreuz jedoch, nachdem er selbst erhöht wurde, auf Erden so gegenwärtig, daß wir es, gleichsam stellvertretend, ihm nachtragen. Man darf nicht in den Irrtum der Schwärmer verfallen, welche um der Gegenwart des Auferstandenen willen aus dem Kreuz eine historische Angelegenheit werden lassen. Man darf es selbst dann nicht, wenn man es als einzigartigen Opfertod und als die einmalige Versöhnung beschreibt. Jesu Kreuz ist auf Erden nicht vergangen. Es wird bloß nicht mehr von ihm, sondern von uns als seinen Statthaltern getragen. Es ist nicht so Heilsereignis, daß man es isolieren könnte, wie ein historisches Ereignis, das nur einmal geschehen ist, isoliert werden kann. Jesu Kreuz bleibt auf Erden aufgerichtet als Zeichen der göttlichen Wahrheit und des damit der Welt gesetzten Ärgernisses. Nur der Gott des Kreuzes ist unser Gott. Er ist jedoch nie der Gott, den die Welt akzeptiert, ohne sich bekehrt zu haben. Wer diese Bedeutung des

Kreuzes für Christenheit und Welt einschränkt, verdunkelt Gottes Wahrheit und das mit der Gnade gesetzte Ärgernis. Er fällt notwendig in die Sphäre des Aberglaubens, selbst wenn er eine Theologie der Auferstehung vertritt.

In diesem Zusammenhang sollte man heute erneut und ernstlich bedenken, daß Paulus den Korinthern zugleich mit dem Hinweis auf das Kreuz auch den auf das jüngste Gericht kritisch vorhält. Es ist ein absonderlicher Sachverhalt, daß man in unsern Tagen zwar diesen letzten Hinweis summarisch in die Verteidigung der zukünftigen Eschatologie gegenüber einer sogenannten modernen Theologie aufnimmt. Doch begegnet er fast nie dort, wo er in unserer Lage am meisten angebracht wäre. Es kann schlechterdings nicht bestritten werden – die meisten Beerdigungsreden bekunden es mit erschütternder Deutlichkeit! –, daß die Hoffnung, das Grab zu überwinden, das festeste Bollwerk der so lautstark proklamierten Auferstehungstheologie bildet. Hier zentriert das Interesse der frommen Gemeinde, die sich durch die moderne Theologie beunruhigt fühlt. Wie sehr würde ihre Zahl zusammenschrumpfen oder wenigstens ihr Elan schwinden, wenn unerbittlich und an jedem Sarge konkret bekannt würde: „Wir müssen alle offenbar werden vor dem Richtstuhl Christi, auf daß ein jeglicher empfange, nach dem er gehandelt hat bei Leibesleben, es sei gut oder böse." Das wird zunächst nicht der Welt, sondern den Frommen gesagt und zeigt, daß für Paulus nicht unser Überleben, sondern die Herrlichkeit Jesu das letzte Wort hatte. Auch die kultische Vergegenwärtigung himmlischer Kräfte schützt niemanden vor dem

Richter, setzt ihm vielmehr aus. Mit der Auferweckung aus dem Grabe ist eben noch nichts gewonnen. Damit fängt es für den Apostel erst an. Wenn jedoch Sterben und Auferweckung meint, vor unsern Richter treten zu müssen, wird klar, warum die Kreuzestheologie das Zentrum auch der paulinischen Verkündigung von der Auferstehung bleibt: Es kommt letztlich nicht darauf an, daß man diese Verkündigung fürwahrhält und verteidigt. Es kommt darauf an, daß man sich von ihr her in Jesu Nachfolge und zu einer Theologie der Wanderschaft rufen, also in das Sterben mit Jesus stellen läßt. Alles andere ist nichts als die verbreitete religiöse Erwartung eines seligen Lebens, mit welcher das spezifisch Christliche überhaupt noch nicht angerührt worden ist. In unsern Tagen ist es sogar, um mit der wahrhaft nötigen Schärfe zu sprechen, normalerweise nur der alles beherrschende Trieb einer Bourgeoisie, unter allen Umständen den Status quo zu erhalten und zu überleben. Die Religion ist dazu da, um einem selbst angesichts des Todes das zu garantieren. Wie sehr viel einfacher wäre die theologische Verständigung der sich heute bekämpfenden Gruppen, wenn man sich wenigstens darüber einig würde, daß wir die bürgerliche Transzendenz im Namen Jesu weder verteidigen können noch wollen. Sie mag früher Anknüpfungspunkt und Stütze unserer Botschaft gewesen sein. Heute dient sie ihrer Verfälschung, wie auch immanent die kleinbürgerliche Verstrickung unserer Kirchen jeden Erneuerungsversuch aufs tiefste lähmt. Vom Kreuze Jesu her bekommen wir allein wieder die erforderliche Bewegungsfreiheit im Leben und im Denken. Geradezu tragisch ist es, daß eine Auferstehungstheologie diese Freiheit einschränkt und in allen Bereichen die Reaktion fördert.

Die Pointe alles Gesagten liegt darin, daß man in Jesu Schule zum Kreuz innerlich ja sagen und, so unglaublich das klingt, es gern tragen lernt. Wie die Welt das Kreuz haßt und fürchtet, so werden die Christen Liebhaber des Kreuzes. Man braucht das nicht derart zu übertreiben, daß man annimmt, Christen müßten unentwegt und überall zum Martyrium drängen, sich selber peinigen, wie die Asketen es tun. Sie sollen sich auch nicht in jener unangenehmen Wehmut ergehen, die den Zustand der Welt schon durch den Gesichtsausdruck beklagt und verurteilt. Irrig wäre endlich anzunehmen, Christen lernten das willige Leiden im Handumdrehen und bei ihnen hörte das Seufzen Hiobs auf, wenn sie es mit Jesus und ihrem eigenen Kreuz zu tun bekommen. Man versichert zwar häufig, daß Christen das Sterben leichter sei als den Heiden. Ich habe das nie bestätigt gefunden, obgleich ich an Hunderten von Sterbebetten gestanden habe. Es gibt Heiden, die lachend in den Tod gehen, und Christen, die es mit Entsetzen durchmachen, wie natürlich auch das Umgekehrte geschieht. Liebhaber des Kreuzes gilt nur insofern, als man darunter mit andern und sich selber, mit den Gewalten und Lockungen der Welt eher ins klare kommt.

Unter dem Kreuz geschieht die Menschwerdung des Menschen, weil Gott sich dort als der offenbart, der er in Wirklichkeit ist, als unser Schöpfer. Als solcher ist er für uns da – nach Röm 8, 31 ff. ist das die Wahrheit und der Erweis der Liebe! –, wie er uns als seine Geschöpfe für sich beansprucht. Unter Jesu Kreuz erfährt man mit dem Immanuel als Herrn zugleich Gottes Liebe, die sich zum Niedrigen beugt, und lernt man infolgedessen, aus dieser Liebe zu leben, welche über Gutem und Bösem triumphiert: Abba, lieber Vater. Aus dieser Liebe zu leben, heißt jedoch: in der Freiheit eines Christenmenschen stehen. Wer von der Liebe getragen wird, ist in gleicher Weise der Furcht wie dem Hochmut entnommen. Er braucht sich nicht mehr um sich selber zu sorgen und sorgt sich nicht mehr vor Lockung und Drohung, die auf ihn eindringen. Er hat Halt, weil er gehalten wird. Er kann sich umgekehrt nicht selber rühmen, und unwichtig wird, was er selber hat und ist, weil er gehalten werden muß. Aus dem Geist zu leben, bedeutet gerade nicht, wie die Schwärmer annehmen, aus sich selber und für sich selber etwas zu sein, was demonstriert werden muß. Es bedeutet, als Geschöpf aus der Gnade, von dem andern, der unser Herr ist, zu leben. So wird dieser Stand in der Liebe Gottes zugleich der Stand des Gehorsams, und zwar in radikaler Weise. Es gibt nichts, was mehr beansprucht als die Liebe. Sie will uns ganz und für sich allein, so daß in ihr das erste Gebot sich erfüllt. Gehorsam meint zuerst, daß wir hören lernen, immer wieder, immer neu: „Ich bin der Herr, dein Gott!". Das aber kann man nicht hören, ohne daß man zugleich den Ruf des eifersüchtigen Gottes vernimmt, der sein Geschöpf und seine Ehre keinem andern läßt: „Du sollst keine andern Götter neben mir haben!"

Das ist unsere Heiligung, daß wir einem gehören und niemand sonst. Wir bekommen es mit vielen zu tun und begegnen so unablässig den Göttern dieser Welt, also dem, woran ihr Herz hängt und worauf sie in ihren Nöten vertraut. Paulus teilt die Ansicht seiner Zeit, daß die Welt durch ihre Götter bestimmt wird. Darum beginnt für ihn die Menschwerdung des Menschen erst, wenn er diesen Göttern unbefangen und trotzig begegnen kann, weil sie ihn zutiefst nicht mehr angehen. Sie sind eine Wirklichkeit, aber nicht mehr die Wahrheit seines Lebens, die in seinem Herrn gegeben ist. Alles Tun und Leiden des Christen ist darum letztlich nur eins: die andern Götter nicht mehr fürchten und lieben. Das ganze Wesen des Jüngers steht und fällt mit dem Kampf gegen die Götzen, der sich bald gelassen und freundlich-kühl, bald zornig und höhnend, jetzt überlegen, dann wieder leidend und sterbend vollziehen mag. Es ist dem Christen verboten, sein Herz uneingeschränkt an irgend etwas und irgendeinen Menschen zu hängen.

Mehr als allen sonstigen Gewalten gegenüber gilt das im Blick auf uns selbst. Die andern Götter sind in Wirklichkeit immer die Objektivationen unserer Sehnsüchte und Ängste, unserer Lüste und unseres Übermutes. Sie werden in unserm Herzen geboren, gewinnen dann aber vom Menschen her, der sie schafft, Gewalt über ihn selbst und die Erde. Was unser Herz bestimmt, macht sich immer nach außen geltend, so daß es sich verselbständigt, Einfluß über unsere Umgebung erhält, schließlich uns wie andere versklavt, uns also von draußen wieder entgegentritt. So entstehen die großen Dämonien in der Welt aus menschlichen Illusionen, die wir hinterher nicht mehr loswerden, die stärker werden als wir, unsere Gesellschaft, die Anstrengungen der Völker. Deshalb beginnt der Sieg des Christus in unsern Herzen. Damit sind die Dämonien noch nicht beseitigt, die uns umgeben. Wo jedoch der Bann in einem

Herzen gebrochen ist, da lichtet es sich um es herum und greift weiter in immer größeren Kreisen. Die Gemeinde, die solchen Namen verdient, ist die Schar, in welcher die Liebe Gottes den Bann der Dämonen und fremden Götter brach und sich nun Bahn bricht in die Welt hinein. Wo es wirkliche Gemeinde gibt, da wird die Welt in einem bestimmten Umkreis entdämonisiert, beginnt die Herrschaft Gottes über seiner Schöpfung in neuer Weise. Sie beginnt jedoch nicht anders als bei den einzelnen Herzen, obgleich sie sowenig wie die Dämonien dort endet. Auch sie will nicht bloß Seelen, sondern Welt, weil Gott anders nicht Gott wäre. Sie schafft sogar Institutionen, weil der Mensch ohne Institutionen nicht einmal als Partisan zu leben vermag. Sie kann sich auch in Konfessionen äußern, weil Gott uns nicht gleichförmig erschafft und nur das Verschiedene sich zu ergänzen, also auch den Verschiedenen zu helfen vermag. Sie strebt schließlich nach ökumenischer Einheit, weil über den Vielen und Verschiedenen der Herr derselbe bleibt.

Der deutsche Protestantismus hat es bitter nötig, daß er endlich aus dem muffigen Provinzialismus erwacht, in den er sich begeben hat, als er sich zunächst dem Schutz der Landesfürsten, hinterher der Innerlichkeit des Idealismus ergab. Nun wissen wir nicht einmal mehr um die zahllosen andern Kirchen und Konfessionen Bescheid, geschweige daß wir uns um die sozialen und politischen Probleme außer im Schatten unserer Kirchtürme kümmern. Der Enthusiasmus, der hier die Barrieren durchbricht, sei gepriesen. Nur ändert das alles nichts daran, daß jeder bei sich selber anfangen muß, sein Herz allein an seinen Herrn zu hängen und den Göttern zu entziehen. Er hat vor seiner Tür zu fegen und in täglicher Buße, nämlich im Sterben des alten Adams in ihm selber, neue Kreatur zu werden. Paulus beschreibt das mit den Worten: „Ich lebe; doch nicht ich, Christus lebt in mir." Das ist das erste Gebot, auf den Jünger übertragen, und es meint nichts anderes als das johanneische: „Er muß wachsen, ich muß abnehmen." Will man das Gesetz nennen, so darf man es nur in dem Sinne tun, wie Röm 8, 2 vom „Gesetz des Geistes" spricht, „der da lebendig macht in Christo Jesu". Denn es ist das Gesetz der Liebe, nach welchem ich dem gehöre, der sich mir geschenkt hat, und das Gesetz der Kindschaft, das in des Vaters Haus des Vaters Willen vollziehen läßt, und das Gesetz der Freiheit, von dem Paulus in 1. Kor 3, 22 f. sagt: „Alles ist euer, ihr aber seid Christi."

Die Enthusiasten haben ganz recht, wenn sie vernommen haben: „alles ist euer". Der Christ geht um des Kreuzes willen, an dem Christus sich uns geschenkt hat und in dessen Liebe wir überwinden können und sollen, durch eine entdämonisierte Welt. Es gibt für ihn keine Tabus mehr, nicht einmal in der Theologie, selbst wenn sie entmythologisiert und den Kanon in radikal historischer Kritik erhellt. Wenn Engel und Dämonen uns nicht mehr das Fürchten beibringen, sollten es die Vernunft in ihrem leidenschaftlichen Drange, die Vergangenheit genauer zu Gesicht zu bekommen, und die Natur in ihrer Durchschaubarkeit noch viel weniger tun. Wir dürfen und sollen uns in echter neugieriger Menschlichkeit auf alles einlassen, was geschehen ist und geschieht, und brauchen nicht die Binde vor den Augen zu tragen, die vielen der Wahrheit gegenüber so heilig ist. Bruderschaft hört nicht auf, wo der andere eine andere Meinung hat oder sogar eine andere Dogmatik. Als wenn es nicht bereits im Neuen Testament eine Fülle verschiedener Dogmatiken gäbe und unsere eigene Dogmatik nicht immer neu in der nächsten Generation überholt würde. Wann hätten wir je das letzte Wort? Lehren nicht unsere eigenen Schüler uns schon, wo wir blind gewesen sind, wenn es die Zeitgenossen nicht tun?

Alles ist euer! Wie wenig großzügig, überlegen oder auch demütig und lernbereit sind für gewöhnlich diejenigen, die unter dieses Wort gestellt worden sind. Wie ängstlich sind sie, daß man ihnen etwas nehmen könnte, denen Himmel und Erde versprochen sind. Wie wenig bleiben sie offen, obgleich Christus die Türen des Kerkers öffnen mußte, hinter denen sie verriegelt waren! Wie hängen sie ihre Herzen immer noch an Schulmeister und Kirchenväter, obgleich der Apostel ihnen ausdrücklich versichert, daß auch Paulus und Apollos und Petrus ihnen gehören. Es sollten die Protestanten also bei den Katholiken und Schwärmern das aufgreifen dürfen, was ihnen im Namen Jesu dort zusteht. Wie gründen sie unablässig neue Parteien und Bekenntnisbewegungen, die von Christus nur so sprechen, daß dahinter der Ruf laut wird: Groß ist die Diana der Epheser! Es gibt nur eine Grenze für den in christlicher Freiheit erlaubten Zugriff, und der liegt nicht in der Theorie, sondern in der Praxis, die dann freilich durch eine möglichst gute, wenngleich nie vollkommene Theorie geschützt und verdeutlicht werden sollte. Die Grenze der christlichen Freiheit heißt: „Ihr aber seid Christi!". Das haben die Schwärmer damals nicht mehr gehört und nicht hören wollen. Das haben aber auch die wackeren Ketzerbekämpfer damals und heute selten gehört und hören wollen. Immer wieder durchbrechen sie diese Grenze, indem sie eigenmächtig und dazu manchmal ungewöhnlich kleinkariert und mehr des apologetischen als des dogmatischen Charismas gewürdigt, das jüngste Gericht auf Erden inszenieren. Sie sollten das lieber dem Herrn überlassen, der auch sie richtet und Zöllner und Zeloten in seine Jüngerschaft aufnahm. Schon ihm widerfuhr umgekehrt, daß er die moralischen Bürger vor den Kopf stieß, wenn er mit Huren umging. Er verjagte nicht einmal die, welche nicht zu glauben vermochten, daß er auferstehen werde und auferstanden sei, wie die Ostergeschichten es sämtlich berichten. Man sollte auf der andern Seite nicht das tausendjährige Reich organisieren und wenn nicht aus der Kirchengeschichte, dann aus der Politik lernen, daß das immer schiefgeht und hinterher die Hölle losbricht, nach Offenbarung 20,7f. Gog und Magog aufstehen. Das tausendjährige Reich ist nicht unsere Aufgabe, die wir mit dem heutigen Tage genug beschäftigt sind. Ihr aber seid Christi! Das kann in unserer Gegenwart sich nicht mehr auf das Kämmerlein beschränken und nicht auf unsere Familien und nicht auf den Bereich unserer Kirchturmspitzen. Das meint uns in unserer, also der technisch gewordenen, zusammengeschrumpften, vom Atomkrieg bedrohten und Raumfahrt betreibenden Welt. Aber es meint uns zugleich als Einzelne in unserer Leiblichkeit. Nur dem, der zu dem Jesus von Nazareth gehört, ist alles erlaubt und frei.

Damit hat Paulus der enthusiastischen Auferstehungstheologie die seinige entgegenstellt. Auch sie ist eine Theologie der Freiheit. Es ist jedoch die der an Jesus Gebundenen, deshalb durch sein Kreuz Gezeichneten, mit ihm ins Leiden unter Frommen und Gottlosen, unter Tyrannen und Institutionen Berufenen, der zur Bruderschaft Fähigen, die vom ersten Gebot her leben. Sie hat ihr wichtigstes Merkmal daran, daß sie Freiheit zu geben und andern zu lassen vermag. Denn sie gibt weiter, was sie empfing, und schafft damit Raum für die, welche in sich selbst, in ihren Ängsten und Süchten gefangen sind. Sie hat dienende und helfende Funktion und hält damit das Bild Jesu wach. Insofern bleibt sie auf die Wirklichkeit des Irdischen ausgerichtet, statt sich ins Himmlische zu flüchten. Auch Jesus kam zu denen, die seiner bedurften, und bediente sich seiner Macht, um ihnen zu helfen. In dieser Freiheit wird schließlich vorweggenommen, was es um die kommende Welt und das ewige Leben ist. Wir sprechen davon, daß sie durch Seligkeit gekennzeichnet sind, und passen uns damit den Sehnsüchten und Vorstellungen anderer Religionen an. Das braucht nicht falsch zu sein, wird aber nur unter einem Vorzeichen annehmbar: Seligkeit ist für uns an die Herrschaft Jesu gebunden. Sie soll in der zukünftigen Welt vollendet werden, ist aber auf Erden bereits angebrochen. In der an der Liebe ausgerichteten Freiheit des Christenmenschen und der christlichen Gemeinde wird die Auferweckung von den Toten vorweggenommen, weil in ihr die Herrschaft Jesu erscheint, welche in der Überwindung des Todes ihre Vollendung findet.

Jeder Beteiligte weiß, daß der härteste Kampf zwischen sogenannter moderner Theologie und der Gemeindefrömmigkeit im protestantischen Deutschland um die Botschaft und Hoffnung der Totenauferstehung geführt wird. Alle andern Streitpunkte spitzen sich darauf zu und werden von hier aus gemessen. So kann der angeblich ungläubigen Theologie eine Theologie der Auferstehung entgegengestellt und in ihrem Namen ein intensiver Propagandafeldzug unternommen werden. Schon das Thema dieses Kapitels verwies auf solche Auseinandersetzung. Das Gesagte wollte sie klären, wenn es denn nicht ihrer Beendigung dienen kann. Wo Rauch ist, ist auch Feuer. So ist kein Zweifel daran, daß viele berechtigte und unberechtigte Feststellungen der kritischen Theologie und zumal der sogenannten existentialen Interpretation zu der Unruhe führen mußten, die unter uns um sich greift. Auf die historischen, exegetischen und dogmatischen Probleme der Auferstehungsbotschaft kann ich hier nicht eingehen, weil das ein eigenes Buch erfordern würde. Deutlich ist, daß ich selbstverständlich auf seiten der radikal historischen Kritik und mit gewissen Vorbehalten auf der einer existentialen Interpretation stehe. Müßte jedoch nicht auch herausgetreten sein, daß der Kampf weithin unsachlich und unter mehr als fragwürdigen Schlagworten geführt wird? Unklar ist schon die Parole „Theologie der Auferstehung“ als solche. Wie es auch in andern Religionen eine Theologie der Auferstehung gibt, so trafen bereits in Korinth zwei verschiedene, nicht vereinbare christliche Theologien der Auferstehung aufeinander. Es müßte heute zum mindesten von vornherein geklärt werden, auf welche Seite der damaligen Kontrahenten man sich zu schlagen gedenkt. Das ist bisher nicht geschehen und keineswegs selbstverständlich. Daß man die Frage nicht einmal gewahrt, läßt kaum etwas anderes vermuten, als daß hier mit Platzpatronen geschossen wird. Ich formuliere also nochmals das Ergebnis meiner Darstellung.

Nach Paulus hat jede Theologie der Auferstehung nicht nur von der Christologie auszugehen, sondern auch bei ihr zu bleiben. Wer die Soteriologie und Anthropologie in den Vordergrund rückt, gesellt sich zu seinen korinthischen Gegnern und bietet heute bestenfalls so etwas wie eine altmodische Weltanschauung. In der Auferstehung der Toten geht es einzig und allein um die Herrschaft Jesu über die irdischen Gewalten. Nur sofern ich an der Herrschaft Jesu Anteil habe, darf ich christlich von Totenauferweckung sprechen. Wird sie nicht in der Nachfolge bezeugt und bewährt, bleibt ihre Verkündigung und Theologie Gegenstand eines bloßen Meinungsstreites. Solange darf von Glauben und Unglauben ernsthaft überhaupt nicht gesprochen werden. Natürlich ist die richtige Lehre nicht belanglos. Doch sollte zweierlei keinen Augenblick lang vergessen werden: Heute steht die Glaubwürdigkeit des Christentums im ganzen auf dem Spiel. Mit richtiger Lehre allein ist da nichts getan. Zugespitzt gesagt, muß man unsere Hoffnung in dieser Lage mehr sehen als bloß hören. „Sehen" kann man sie aber zweitens nur dort, wo nicht die Erwartung des eigenen Überlebens und des Weltendes gepflegt, sondern Jesus als dem Herrn gedient wird.

Zweitens muß nach Paulus das Recht jeder Auferstehungstheologie sich darin erweisen, daß sie von der Herrschaft des Gekreuzigten spricht, die uns dazu bringt, ihm irdisch das Kreuz willig nachzutragen. Wer nur den Erhöhten kennt, der das Kreuz hinter sich gelassen hat, spricht nicht mehr von Jesus von Nazareth. Dessen Theologie der Auferstehung kann uns deshalb völlig gleichgültig lassen. Denn keine Theologie, die uns nicht zu Jesus führt, verdient den Namen „christlich", wie interessant sie sonst sei. Auferstehungstheologie, die nicht zur Kreuzestheologie wird, wird notwendig, wie das korinthische Beispiel zeigt, zur Schwärmerei, also zu einer andern Gestalt der von der Reformation bekämpften Theologie der Herrlichkeit. Es gibt wenigstens auf der Erde keine Teilhabe an der Herrlichkeit des Auferstandenen außer in der Kreuzesnachfolge. Drastisch ausgedrückt: Wo Lazarus auferweckt wird, hängt der Gestank des seit vier Tagen verwesenden Leichnams noch in der Luft. Wer davon abstrahiert, weiß nicht, daß Auferstehung wie Geburt unter Schmerzen geschieht und der aus dem Grabe Kommende zunächst einmal ein Bild des Entsetzens bietet. Seine Auferstehungstheologie bleibt mindestens irdisch ein Traum.

Das dritte Merkmal christlich verstandener Auferweckung ist, daß sie in der Kraft des ersten Gebotes geschieht. Sie offenbart darum die herrliche Freiheit der Gotteskinder, auf welche nach Röm 8, 21 die ganze Weltgeschichte ausgerichtet ist, weil sie das wahre, bleibende Merkmal des Sohnes und seiner Herrschaft darstellt. Jede Theologie der Auferstehung, die nicht von dieser Freiheit zu sprechen weiß, nicht ihr Bahn bricht, uns in das Fürwahrhalten von Glaubenssätzen, aber nicht in die Praxis dieser Freiheit treibt, verfehlt das Zentrum der Heils- und Weltgeschichte. Man redet zwar von der persönlichen Relation zum erhöhten Herrn und meint damit die Möglichkeit und Wirklichkeit des christlichen Betens. Doch verrät man auf diese Weise nur, wie ärmlich und ichbezogen unser Glaube geworden ist. Nichtchristen beten doch auch zuweilen, und sie finden ebenfalls Herren im Himmel und auf Erden, welche sie trösten. Damit ist selbstverständlich nichts gegen das Beten gesagt. Alles kommt aber darauf an, daß Auferstehungshoffnung nicht hier endet und sich nicht darin konzentriert, der privaten Frömmigkeit zu dienen. Auferstehung der Toten meint neue Welt und schafft deshalb jene Kreatur, welche sich mit den alten Zuständen schon auf der Erde nicht mehr abfindet. In ihrem Zeichen tritt bereits heute an die Stelle des in sich selbst verschlossenen und verstrickten Menschen jener erneuerte, der in dem sich allezeit öffnenden Raum der Gnade und des Geistes steht. Lapidar sagt Paulus in 2. Kor 3, 17: „Wo aber der Geist des Herrn ist, da ist Freiheit."

Sollte das nicht die Signatur jedes Christenlebens, jeder christlichen Gemeinde und der Christenheit im ganzen sein? Dem, der Freiheit hat und bringt, öffnen sich noch immer alle Türen, wie es von dem auferstandenen Jesus berichtet wird. Unsere Welt wartet auf die Offenbarung der herrlichen Freiheit der Gotteskinder. Daß sie von uns so enttäuscht sich abwendet, beweist nichts gegen unsern Herrn. Es beweist aber, daß wir der Erde noch immer die rechte Botschaft und Praxis schuldig geblieben sind, wieviel wir von Auferstehung der Toten sprechen. Zumeist sind wir eben doch trotz aller äußeren und inneren Mission, der nichts abgebrochen werden soll, eine geschlossene religiöse Gesellschaft. Sicher haben wir zu beten, und kein Gebet ist notwendiger als: „Komm Schöpfer Geist!" Dann müssen wir jedoch auch nehmen, was diesem Gebet verheißen ist, nämlich den offenen Raum unter dem Himmel und den offenen Raum auf der Erde, den selbst Kerker nicht verhindern. Die Stimme der Freien kann nicht unterdrückt werden. Sie schreit noch aus ihren Gräbern. Weder Gott noch Menschen erwarten von uns Vollkommenheit. Gott und Menschen verlangt jedoch danach, daß unter Jesu Kreuz und in der Kraft des ersten Gebotes jene Wehen stattfinden, welche zur Geburt der vollendeten Freiheit und zum himmlischen Jerusalem, nach Gal 4, 26 der Mutter der Freien, führen. Legt man solche Perspektive an, wird sich ergeben, daß der eigentliche Kampf bisher noch nicht recht begonnen hat. Noch immer streitet man sich mehr um die weltanschaulichen Voraussetzungen als um die Sache, um die es Paulus ging. Die Kreuzestheologie und die Theologie der Freiheit spielen im allgemeinen unter uns die Rolle des Aschenbrödels. Ohne sie ist jedoch, christlich gesehen, jede Theologie der Auferstehung ein hölzernes Eisen und eine interessante oder langweilige religiöse Denkübung.

4. DER DIENST IN FREIHEIT

Lapidar heißt es in 2. Kor 3, 6: „Der Buchstabe tötet." Paulinische Theologie bleibt unverstanden, solange dieser Satz unverstanden oder vergessen ist. Mit der Theologie kennzeichnet er das Leben, Werk und Erbe des Apostels in unvergleichlicher Weise. Denn Paulus hat es nicht bloß mit den Enthusiasten zu tun gehabt. Er ist unaufhörlich von den Dienern des Gesetzes verfolgt worden. Ihre Anklagen haben zu seinem Prozeß vor dem Cäsar und so wohl zu seinem Tode geführt. Leider wissen wir auch hier historisch weniger, als wir uns wünschen. Recht, Irrtum und Schuld der Kontrahenten sind im Geflecht der Überlieferung verfilzt, zudem schon früh durch legendäre Übermalung übertüncht. Immerhin liegt in aller Problematik des Details das Entscheidende zutage: An dieser Stelle berührt sich das Geschick des Jüngers am engsten mit dem seines Herrn. Der Konflikt mit dem Gesetz, das Paulus im schneidenden Gegensatz zum Geist den „Buchstaben" nennt, ist das Zentrum jenes weltgeschichtlichen Dramas, welches den Nazarener nach Golgatha brachte, Stephanus zum ersten christlichen Märtyrer, Antiochien zum neuen Vorort der hellenistischen Gemeinde machte und den Apostel in die Weite des Mittelmeergebietes führte, ehe sein Weg im römischen Kerker endete.

Vermögen die Anfänge überhaupt etwas über das Wesen

des Christentums auszusagen, darf man über dieses Geschehen nicht hinweggleiten. Es besagt, daß die junge Kirche als gottlos verfolgt wurde, ehe sie politisch zu leiden hatte. Nicht erst seit dem 2. Jahrhundert ist ihre politische Drangsal mit dem Vorwurf des Atheismus und der Immoralität gerechtfertigt worden. Juden und Heiden, die religiösen und profanen Gewalten der Antike konnten sich von Anfang an in einem antichristlichen Bündnis einen. Dieser denkwürdige und erregende Vorgang sollte nicht einfach als eine Fehlentscheidung von historischer Bedeutung betrachtet werden. Selbst wenn es sich so verhielte, müßte man noch fragen, wie es dahin kommen konnte. Nun ist die Anklage auf Atheismus im zweiten Jahrhundert keineswegs völlig absurd. Man wird sich vor Überteibungen hüten. Was wir heute als Säkularisation bezeichnen, war mindestens einer dünnen Oberschicht dank hellenistischer Aufklärung vertraut und wurde durch die monotheistische Predigt wie den sittlichen Rigorismus der Diasporasynagoge unterstützt. Umgekehrt hatte das Judentum Reinheitsbräuche, Beschneidung, heilige Zeiten, Orte und Personen, konnte also synkretistisch der Welt des Religiösen zugeordnet werden, welcher sich auch hellenistische Aufklärung nicht ganz entzog. Anpassung an ihre Umwelt hat die christliche Gemeinde wenigstens so weit bestimmt, daß sie heidnische Dämonenfurcht nicht zutiefst überwand, infolge ihrer sakramentalen Gottesdienste als Mysterienverband erschien und sich nur zu oft selbst so verstand. Ist das alles eingeräumt, läßt sich gleichwohl die potentielle Sprengkraft christlicher Verkündigung gegenüber den religiösen Tabus der Antike kaum überschätzen. Sie bekundete sich unübersehbar im Widerstand gegen den Cäsarenkult als dem Symbol eines kosmisch-sakralen Ordnungsgefüges, das im Imperium seinen Niederschlag fand. Sie äußerte sich ebenso im Verzicht auf Kultstätten, in der Mißachtung der Idole, deren Verehrung man als Götzendienst empfand, in einer sich dem Alltag öffnenden Ethik und einer nicht unerheblichen Entzauberung der Natur. Als latente Gefahr und offene Bedrohung dürfte solche revolutionäre Wirkung des christlichen Glaubens von den Gegnern früher und schärfer wahrgenommen worden sein als von der Gemeinde selbst, welche zunächst um ihre eigene Gestaltung und ihr Wachstum zu ringen hatte. Das junge Christentum mußte vor allem mit seiner Botschaft vom gekreuzigten Christus heidnischer Religiosität unerträglich absurd und gotteslästerlich erscheinen und selbst jenen Monotheismus beleidigen, dem griechischer Rationalismus bereits kräftig vorgearbeitet hatte. Glaube paktierte hier in letzter Tiefe nicht mehr mit sonstigen Religionsformen, sondern charakterisierte sie in unverhohlener Intoleranz und vermeintlicher Arroganz als Aberglauben. Auch Apologetik konnte den Anspruch auf Exklusivität und den faktischen Bruch mit öffentlich anerkannten Dokumentationen heidnischer Frömmigkeit nicht wirklich verdecken.

Genau das war jedoch längst zuvor eingeleitet, als nämlich hellenistische Christen die Übernahme des mosaischen Gesetzes den von ihnen Bekehrten nicht mehr verpflichtend auferlegten. Selbst wo das Sittengesetz weiterhin aus solcher Quelle geschöpft wurde, war die Unteilbarkeit der Tora preisgegeben und das Band zum Judentum unwiderruflich zerschnitten. Judaistische Propaganda hatte ein

Recht festzustellen, daß damit der göttliche Bund mit Israel verletzt und verlassen wurde. Urchristlicher Enthusiasmus hat tatsächlich den Konflikt mit der von den Vätern ererbten und zunächst den Proselyten noch auferlegten Frömmigkeit des Judentums heraufbeschworen. Er gewann seine Kraft aus der Geistverleihung, die aus den Ostergeschehnissen resultierte. Seine erste Kontur wie seine fortdauernde Wirkung erwuchsen aus dem Kontrast zum mosaischen Gesetz. Es ist zu billig, wenn man heute diese Ereignisse als Konsequenzen einer historischen Übergangsphase bagatellisiert oder sie früher idealistisch als Entwicklung aus der Stufe religiöser Gesetzlichkeit in die andere vergeistigter Sittlichkeit schematisierte. In beiden Fällen entrichtet man unsachgemäß modernen Anschauungen einen Tribut, der insbesondere auf Kosten des angemessenen Verständnisses paulinischer Theologie geht. Die Reformation hat mit ungleich tieferem Gespür für die geschichtliche und sachliche Realität die Aufgabe des Apostels darin erblickt, den damals präfigurierten Konflikt mit dem Gesetz als grundsätzliches Merkmal des Evangeliums für alle Zeiten herauszustellen, ihn also einer rein zeitgeschichtlichen Betrachtungsweise zu entziehen, welche ihn seiner bleibenden Relevanz beraubt. Sie hat das keineswegs mit dem Postulat einer fortschreitend sich verinnerlichenden Sittlichkeit begründet. Das hätte die einstige Auseinandersetzung zu einem für uns überholten Beginn in der Folge ethischer Wandlungen gemacht, bei denen es um geistige Reife und sittliche Autonomie des Christen ging. Niemand wird ernsthaft bestreiten, daß es in der abendländischen Geschichte unter wesentlichem Einfluß des

Christentums zu radikaler Verinnerlichung des verantwortlichen Bewußtseins gekommen ist. Unbestreitbar ist ebenso, daß der Konflikt mit dem mosaischen Gesetz tatsächlich diese Entwicklung einleitete, also auch geistesgeschichtlich bedeutsam wurde. Doch verdrängen solche perspektivischen Ausblicke die reformatorische Sicht, daß es das Evangelium grundsätzlich nur als Einbruch in die Herrschaft des Gesetzes gibt und umgekehrt das Gesetz immer seine Gültigkeit und Macht allein im Herrschaftsbereich des Evangeliums verliert. Hier stehen und fallen christliche Existenz und evangelische Theologie mit der rechten Erkenntnis und Entscheidung gegenüber dem Gesetz, wird damit folglich der Kampfplatz zwischen Glaube und Aberglaube markiert.

Solche Paulusdeutung verpflichtet, wie die lutherische Weltkonferenz in Helsinki 1963 erschütternd gezeigt hat, den gegenwärtigen Protestantismus nicht einmal mehr in seinen Ursprungsgebieten allgemein und hat die andern Konfessionen und Denominationen nie ernsthaft verpflichtet. Wird sie dogmatisch festgehalten, verdankt sie das einzig der Tradition und Reflexion theologischer Schulen. Dem Leben und Glauben der Gemeindefrömmigkeit ist sie fast überall fremd geworden, sofern nicht erbauliche Verkürzung sie verzerrt spiegelt. Man bekennt singend und betend weiterhin das „allein aus Gnaden". In der Praxis wirkt vielfach ein Ressentiment gegen Werkfrömmigkeit nach, welches den Ernst der Nachfolge bedroht und im Alltag verwirklichte Jüngerschaft lähmt. Die Schizophrenie der Christenheit ist offenkundig: Die Theologie gilt als Hüterin einer religiösen Gnosis, welche bestenfalls Raum für die diakonische Betreuung der Gemeindeglieder von der Wiege bis zur Bahre ausspart. Das wiederholt sich abgeschattet, wenn die Gläubigen sich ihrerseits in der Bewahrung dogmatischer Überzeugungen und religiöser Empfindungen von den kirchlichen Randsiedlern abheben. Diese verhalten sich schließlich der Lehre und dem Gottesdienst gegenüber mehr oder minder gleichgültig, betrachten jedoch eine konventionell christliche, der Substanz nach bürgerliche Moral als im Allgemeininteresse nützlich und förderungswert. Angeblich evangelisches Erbauungsbedürfnis und gesetzlich orientierte Sittlichkeit greifen nun heillos ineinander. Das gibt den Hintergrund dafür ab, daß Gemeindefrömmigkeit und kritische Theologie, zunehmend aber auch die Träger konservativer Tradition und gegen alles Überkommene rebellierende Jugend aufeinanderprallen. Leider geht es dabei mehr um etwas wie einen Vermögensstreit als um gelebte oder verleugnete Jüngerschaft: Einige Glieder der Familie fürchten, das ihnen vertraute und heilige Erbe würde verschleudert. Die andern wollen den Besitzstand entrümpeln, damit die tatsächlich noch vorhandenen Werte überblickbar werden. Bekannt ist, daß derartige Auseinandersetzungen besonders erbittert verlaufen und zuweilen die Kräfte aller Beteiligten erschöpfen. Den Zuschauern wird über dem ihnen unbegreiflichen Gezänk die umstrittene Sache unglaubwürdig. Das Evangelium verliert seine Kraft, wenn es zur Parteidoktrin wird, und das geschieht notwendig, wenn seine Mitte ihr Gewicht einbüßt und Introvertiertheit den Weg ins offene Feld versperrt.

Als diese Mitte des Evangeliums ist der Ruf der Freiheit

behauptet worden. Tritt das in Theorie und Praxis der verschiedenen Konfessionen nicht mehr genügend zutage, hängt das zweifellos damit zusammen, daß die paulinische Lehre vom Gesetz in der Christenheit nahezu vergessen wurde. Denn der Ruf der Freiheit hat von Anfang an dazu aufgefordert, dem mißverstandenen Gesetz den Rücken zu kehren, und die Lösung von diesem Gesetz ist die unaufgebbare Spitze, unverwechselbare Signatur und bestürzende Radikalität der paulinischen Rechtfertigungsbotschaft. In hundert verschiedenen Weisen mag verkündet werden, daß der Geist lebendig macht. Zur Klarheit gehört die Kehrseite, daß der Buchstabe tötet. Hart fügt Röm 8, 2 beides zusammen: „Das Gesetz des Lebensgeistes in Christus hat dich vom Gesetz der Sünde und des Todes befreit." Was besagt das aber konkret? Wir sind hier alle in der Not, die Elemente unseres Glaubens neu buchstabieren zu müssen und dürfen dabei erhebliche Mühe des Denkens nicht scheuen. Nachfolge kann nur sehend geschehen, und mehr als je ist heute das Ende individueller Willkür und das gemeinsame Priestertum aller Gläubigen daran gebunden, daß wir einige evangelische Wahrheiten unverrückbar zurückgewinnen.

Die soeben zitierte Stelle des Römerbriefes verdeutlicht, daß der Apostel es uns nicht leicht macht. Gerade weil seine Gesetzeslehre seine gesamte Theologie bestimmt, entfaltet sie sich nach verschiedenen Richtungen und gelangt dabei zu gelegentlich konträr anmutenden Aussagen. Das kann hier nicht breit erörtert werden. Es kompliziert die Dinge schon, daß Paulus, dem hellenistischen Sprachgebrauch folgend, zuweilen unter „Gesetz" einfach die Regel, eine bestimmte Ordnung oder Zwangsläufigkeit anvisiert, wie wir das ebenfalls zu tun vermögen. Verwirrender wirkt, daß er anderswo in bewußter Paradoxie antithetisch vom Gesetz Christi, des Glaubens oder Geistes redet, obgleich nach Röm 10, 4 und sonstig durchgängiger Anschauung Christus das Ende des jüdisch verstandenen Gesetzes in der christlichen Gemeinde ist. Drittens bleibt zu beachten, daß der Apostel das Gesetz als Dokumentation des göttlichen Willens in die Heiligkeit des 1. Gebotes rückt und dann die Verpflichtung zur Nächstenliebe aus ihm ableitet, gleichzeitig jedoch die faktische Perversion des Gotteswillens innerhalb der menschlichen Wirklichkeit behauptet. Das entspricht seiner Sündenlehre. Sie argumentiert nicht von dem her, was uns fehlt, also mit unserm Mangel an Erkenntnis oder unserer Schwachheit, sondern greift uns in unserer vermeintlichen oder angemaßten Stärke an: Der Mensch sucht sich selbst zu transzendieren und pervertiert auf diese Weise alle göttlichen Gaben zu Mitteln seiner Selbstsucht, sich selber zum Herrn seines Geschickes wie der Geschichte im ganzen. Er macht dann aus seinem Schöpfer den Götzen, der das Werkzeug seines Willens, der Zuschauer und Schiedsrichter seiner guten Werke, die korrigierende Macht gegenüber seinen Mißgriffen, der zu beschwörende Retter aus allen Nöten, der kultisch und moralisch zu versöhnende Gegner des Bösen wird. Gerade der religiöse Mensch ist am meisten gefährdet, weil er auch seinen himmlischen Herrn noch in seine Regie zu bekommen sucht. Der Sündenfall setzt nach Röm 1, 18 ff. dort ein, wo Gottesdienst möglich, aber faktisch in Götzendienst verwandelt wird. Nicht die Immoralität, sondern die Perversion des Gottesdienstes erzeugt die Sintflut aller Laster und den kosmischen Deichbruch, der sich im dauernden Wechsel von Hybris und Verzweiflung individuell äußert. Pervertiert wird so auch das Gesetz, indem es zum Stachel der Leistungsfrömmigkeit, der religiösen Ansprüche gegenüber Gott und den andern Menschen, zum Grund des Eigenruhmes und als Israels Privileg zur trennenden Mauer gegenüber Heiden und Sündern gemacht wird.

Erst wenn man sich das alles vor Augen gehalten hat, gelangt man zum Kern der paulinischen Aussagen: Die spezifisch theologische und für den Apostel grundlegende Betrachtungsweise erblickt im Gesetz die mosaische Dokumentation des göttlichen Heilsanspruches auf sein Bundesvolk. Sofern sie sich primär im Pentateuch, darüber hinaus jedoch im ganzen Alten Testament niedergeschlagen hat, können auch diese als Gesetz bezeichnet werden. Weil der so geoffenbarte und fixierte Gotteswille aber vom Frommen faktisch ständig mißbraucht, nämlich als Instrument benutzt wird, Gott auf seine Seite zu ziehen und sich vom weniger Frommen zu trennen, verleitet gerade die göttliche Gabe in die Sünde der Überheblichkeit, in den Frevel auf Nachsicht rechnender Übertretung, damit in göttliches Gericht und den Tod. Der Prozeß der Perversion wird dadurch radikalisiert, daß die Fixierung des Gotteswillens in Gestalt vieler Einzelvorschriften und ihre verpflichtende Auslegung in der jüdischen Tradition den Frommen in einen blinden Gehorsam reißt, welcher sich über Prämissen, Sinn und Verheißung des Gesetzes keine Rechenschaft mehr gibt und die Summe über dem Detail vergißt. Darum wird das derart verstandene und mißbrauchte Gesetz als „Buchstabe" dem Geist gegenübergestellt. Nun ergibt sich hier für uns eine letzte Schwierigkeit, sofern wir Nachkommen der Heidenchristen sind, Christus aber den mosaischen Bund durch den neuen Bund des Schöpfers mit seiner gesamten Schöpfungswelt abgelöst hat. Die Kinder Gottes sind nicht mehr Proselyten Israels. Das Alte Testament will von uns als Verheißung auf die Offenbarung in Christus gelesen werden und ist als für Israel bestimmte Ordnung für uns abgetan. Wir beobachten infolgedessen durchaus zu Recht seine kultischen und rituellen Vorschriften nicht mehr. Bereits Jesus hat klargemacht, daß wir auch seine Moral nur noch von der besseren Gerechtigkeit her aufnehmen können und sollen. Wir leben in allen Konfessionen faktisch mit einem Alten Testament, dessen Kanonizität durch Sachkritik und Auswahl eingeschränkt ist. Kann unter solchen Umständen die paulinische Gesetzeslehre, die sich auf die mosaische Tora mit Einschluß ihrer kultisch-rituellen Bestimmungen bezog, für uns noch theologisch relevant sein? Müssen wir sie nicht tatsächlich als für uns überholte, einzig historisch noch interessante Auseinandersetzung aus der Übergangszeit vom Judenchristentum zur Heidenkirche betrachten?

Wo immer man diese Frage quälend empfand und sie nicht rundweg bejahen wollte, wich man in eine Abstraktion aus, indem man das, was der Apostel mit „Gesetz" meinte, verallgemeinerte, nämlich als moralische Variation einer juridischen Gesetzlichkeit verstand. Der Geist soll dann jeder rechtlichen Bindung widerstreiten, also auch nicht mehr in unveräußerlichen Traditionen, in Institutionen und Organisationen autoritativ wirksam sein. Er wird damit, auf eine jeweilige Situation begrenzt, nur subjektiv erfahrbare Überzeugungskraft. Das alte ekstatische Verständnis wird modern psychologisch repristiniert. Jüngerschaft verlagert sich in den Bereich der Innerlichkeit und Gesinnung. Das Christentum wird apolitisch, im sozialen Bereich auf Diakonie reduziert und überläßt die Erde, von sittlichen Anregungen und Aktionen abgesehen, ihren Eigentendenzen. Der Anspruch Christi als des Kosmokrators wird allenfalls im eschatologischen Traum vom Reich des Friedens und der Freiheit festgehalten, besitzt aber nicht mehr die Gegenwart provozierende und ihre sogenannten Sachzwänge verändernde, aufbrechende Kraft. „Irdisch noch, doch himmlisch sein" lautet die beherrschende Devise derer, die schiedlich-friedlich die beiden Reiche auseinanderhalten. Gott und der Cäsar bekommen beide ihr Teil. Zumeist steht der Cäsar sich dabei besser, und durchaus problematisch bleibt, ob Gott, der die Erde sein eigen nennt, mit seinem Anteil zufrieden sein kann. Es hat offensichtlich Konsequenzen, wenn ein liberaler Protestantismus Geist und Recht, Inneres und Äußeres, Glaube und Welt im Namen der paulinischen Antithese von Geist und Buchstaben grundsätzlich trennt, obgleich in der Praxis der Nachfolge so säuberlich, wie die Idee oder Ideologie es verlangt, nicht geschieden werden kann. Der Preis, den wir dafür zahlen, ist enorm, weil Christen nun als harmlose religiöse Sonderlinge, Kirchen als Interessenverbände organisierter Frömmigkeit erscheinen. Aus der Freiheit des Evangeliums wurde das Recht, daß jeder glauben darf, was er will, und auf seine Fasson selig werden mag, letztlich das Recht ungefährlicher Narren, sich je nach Wunsch abzusondern oder zusammenzuschließen.

Hat Paulus aber nicht selbst der Ausweitung des Gesetzes in Gesetzlichkeit Vorschub geleistet? Er billigte immerhin in Röm 2, 14 f. auch den Heiden eine Kenntnis des Gesetzes wenigstens in ihrem Gewissen zu und hat in Gal 4, 8 ff. in den sie regierenden Gestirnen eine Verlockung zum Rückfall in das Gesetz erblickt. So ist nicht im mindesten zu bezweifeln, daß für ihn das Gesetz genau wie das Evangelium oder der Geist als weltweit wirkende Macht gilt. Doch greift er damit auf jüdische Anschauungen zurück, nach welchen das Echo der Sinaioffenbarung in aller Welt vernommen, jedoch nicht akzeptiert wurde, wie auch die mit dem Gesetz identifizierte Weisheit überall auf Erden Wohnung suchte, aber nur in Israel ihr Domizil fand. Ebenso wurde die kosmische Ordnung, die sich in den Jahreszeiten bekundet und in kalendarisch geregelten Festzeiten spiegelt, als Ausstrahlung der Tora in den Weltenraum betrachtet. Paulus nimmt hier also väterliche Traditionen auf, welche sich keineswegs dem Gedanken einer allgemein erkannten und verpflichtenden Gesetzlichkeit einordnen lassen, sondern sich auf das Mosegesetz beziehen. Das Gewissen der Heiden hat er schließlich nicht als reduzierte Tora, sondern als eine sehr eingeschränkte, durchaus fragwürdige Analogie zu ihr verstanden. Es bezeugt nicht mehr, als daß jeder Mensch sich ständig in der Situation eines Tribunals befindet, dessen Richterstuhl vorläufig unbesetzt ist. Allein der Christ weiß, daß sich so in jedem Erdentag das jüngste Gericht ankündigt und dessen Richter auch heute schon präsent und wirksam ist, insofern die Weltgeschichte tatsächlich ein vorweggenommenes Weltgericht bildet.

Wir haben einen ungewöhnlich mühsamen Weg durch schwierigstes theologisches Gelände durchmessen, gelangen jetzt aber zu einem sehr einfachen Ergebnis. Der charakteristisch paulinische und theologisch relevante Begriff des Gesetzes zielt konstitutiv auf die Mosetora, deren göttlicher Heilsanspruch gerade vom frommen Menschen, wie das Judentum ihn repräsentiert, sündhaft pervertiert wurde. Weil Christus für uns das Ende dieses Gesetzes und der Begründer des neuen Bundes im Zeichen des Evangeliums für alle Menschen ist, können wir die Auseinandersetzung des Apostels in der von ihm vorgetragenen Argumentation nur noch historisch begreifen. Das besagt jedoch nicht, daß die Sache, um die es damals ging, ihr theologisches Gewicht für uns verloren hätte. Wird die reformatorische Sicht historistisch oder idealistisch preisgegeben, behält das Evangelium nicht länger seine schockierende Aktualität. Fragen wir nach einem einigermaßen adäquaten, uns sinnvollen Ausdruck für das, was Paulus mit dem Begriff „Gesetz" anvisierte, werden wir von „Religion" und „Religiosität" sprechen dürfen. Genau damit übergreift der Apostel selber in Röm 1, 19 ff.; 1. Kor 1, 20 und anderswo das jüdische Gesetz, wie umgekehrt dieses die spezifisch gottgegebene Konkretion der allen Menschen möglichen Erkenntnis Gottes an Israel darstellt. Für alle Religion ist jene von Paulus am Gesetz Israels aufgewiesene Dialektik kennzeichnend: Sie erweist, daß der Mensch um Grenzen und Abhängigkeiten seines Lebens weiß, in welche ihn Schuld und Verhängnis stets tiefer verstricken.

Sie deckt ihm seine Hilfsbedürftigkeit auf und kann ihn lehren, für das dankbar zu werden, was er sich selbst nicht gegeben hat. Sie reizt ihn aber zugleich, indem sie ihm solche Einsicht gewährt, zum Versuch, in Hybris oder Verzweiflung seine Grenzen und Abhängigkeiten zu transzendieren, als Raub an sich zu reißen, was ihm nur geschenkt werden kann, sich seiner Erfolge zu rühmen, in seinen Nöten sich Dämonien anheimzugeben. Sie müßte ihn menschlich machen und macht ihn faktisch immer wieder zu einem Wesen, das Übermenschlichkeit begehrt und darin unmenschlich wird. Der Fromme ist am stärksten gefährdet, Gnade als sein Recht und Privileg mißzuverstehen, die ihm gewährten Gaben als Mittel der Selbstbehauptung und als kritisches Maß für anderes Leben zu mißbrauchen, sich selber zum Schöpfer des eigenen Heils und zum Richter der nicht mit ihm Übereinstimmenden aufzuwerfen.

Die paulinische Auseinandersetzung mit dem Gesetz gilt nicht der Dokumentation des göttlichen Willens für Israel. Sie kämpft nicht gegen die Religion als solche, welche vom Schöpfer her des Menschen Geschöpflichkeit erfährt. Sie richtet sich gegen jene Frömmigkeit, welche ihr Heil in die eigenen Hände nimmt und darüber notwendig andere zur Heillosigkeit verdammt. Sie ist die Kehrseite der paulinischen Botschaft von der Rechtfertigung der Gottlosen, in welcher den Frommen der Anspruch auf Gnade, der Ruhm der eigenen Werke, das Ideal der Selbstvervollkommnung, das Privileg gesicherter Erwählung entzogen und die Solidarität mit allen Menschen verbindlich gemacht wird. Der Gott, der sich seiner Geschöpfe erbarmen will, mißt uns nicht an unsern frommen Verdiensten. Er schenkt sich denen, die ihn nötig haben, nicht denen, die ihm imponieren wollen, indem sie sich von andern abgrenzen. Die paulinische Auseinandersetzung mit dem Gesetz ist als Kehrseite der Botschaft von der Rechtfertigung der Gottlosen die theologische Doktrin, welche Jesu Predigt und Wirksamkeit reflektiert und interpretiert. Sie ist damit zugleich die dogmatische Begründung des Rufes der Freiheit. Deshalb heißt es: „Das Gesetz des Lebensgeistes in Christus Jesus hat dich vom Gesetz der Sünde und des Todes befreit." In der Nachfolge des Nazareners geht es um Kindschaft, nicht wie bei den Pharisäern, Zeloten und Leuten von Qumran um die Verschärfung der Tora, um skrupulöse und dauernd intensivierte Selbstheiligung. Er suchte selbst in Israel nicht die Gesunden und Starken, durchbrach die von Mose, der Tradition und dem Alten Testament aufgerichteten Zäune, um sich der verlorenen Kinder seines Vaters anzunehmen. Er lebte und starb nicht unfromm und wurde doch als Gotteslästerer verschrien, weil er die Tabus sprengte, welche den Frommen seiner Zeit als sakrosankt galten. Die Hellenisten folgten ihm auf diesem Wege, und Marcion hat wenigstens dies bei dem von ihm geliebten Apostel verstanden und mit der Radikalität, die den Bruch mit dem Schöpfergott und seiner alttestamentlichen Offenbarung in Kauf nahm, das Evangelium verteidigt, das der Heillosen Heil verkündigt. Die Orthodoxen haben hier stets Ketzerei gewittert. Es war ihnen nicht ohne Grund unheimlich, daß der Mensch sich wie von der Behauptung der eigenen Weisheit und Macht, so auch von der Konvention der eigenen Frömmigkeit lösen sollte und die Sorge um das persönliche Heil getrost aus seinen in Gottes Hände legen dürfte, um dafür Zeit, Kraft, Liebe und Geduld für die Brüder zu finden. Sie mußten Gott und den Nächsten nach ihrem eigenen Bilde formen und in verkrampfter Introvertiertheit sich unablässig den religiösen Puls fühlen, den eigenen dogmatischen Nabel beschauen, die Welt in Kirche verwandeln. Darüber kam der zu kurz, der auf den verlorenen Sohn wartet und am Kreuze sich Schächern und Sündern gesellt, um gerade so die Despotie der Elemente und Mächte dieser Welt zu brechen. Wo die Selbstrechtfertigung des Frommen aufhört, endet zugleich alle irdische Tyrannei. Da wird der babylonische Turm geschleift, den menschliche Vermessenheit in tiefster Sublimierung zum eigenen Ruhm und zur eigenen Verteidigung in den Himmel hinein baut. Da tritt an die Stelle der Verwirrung der Sprachen der Schrei der Kinder „„Abba, Vater", erschlägt Kain nicht mehr in neidischer Angst seinen Bruder Abel, erwächst nach alter Legende das Kreuz als Siegeszeichen über Adams Grab.

Nur wer auch religiös vom Willen zur Selbstbehauptung geheilt wurde, wird frei zum Dienst und bleibt wie sein Herr im Dienen frei. Man muß nach Phil 3, 7 ff. die eigene Gerechtigkeit und alle Vorzüge überkommener Religiosität wie Kot hinter sich lassen, um Bruder des Sohnes und ein Freigelassener Christi zu werden. Das ist das unumstößliche Gesetz der sich irdisch verwirklichenden Herrschaft des Himmels, eine Absurdität für die Ungläubigen und ein Skandal für die Frommen, aber das Wunder echter Bekehrung und das Geheimnis des wahren Glaubens. Meint das jedoch nicht in Wirklichkeit den Umsturz aller geheiligten Ordnungen, bestehenden Werte, eschatologisch begründete Revolution der Herzen und ein metaphysisches Chaos? Paulus hat sich nicht gescheut, in 1. Kor 1, 26 ff. genau dies aus dem Stand der Gemeinde abzulesen. Er hat sich im Unterschied zu seinen angeblich in apostolischer Sukzession stehenden Nachfolgern überhaupt selten vor radikalen Äußerungen und mißverständlichen Lehrsätzen gescheut, was man ihm oft vor und nach seinem Tode angekreidet hat. Er blieb auch in seiner Rede ein ärgerlich freier Mann und konnte es sein, weil er stets konkrete Situationen vor Augen hatte, statt sich mit Platitüden das Wohlwollen und die Zustimmung von Hinz und Kunz zu erwerben. So haben ihm Konservative wie Revolutionäre immer nur Teile seiner Botschaft abgenommen und ihn ständig in das Prokrustesbett ihrer Vorurteile gespannt. Wir können hier nicht seine Lehre von evangelischer Freiheit in systematischer Geschlossenheit entfalten und erst recht nicht seinen praktischen Anweisungen dazu im einzelnen nachgehen. Es mag genügen, wenn exemplarisch an besonders aufschlußreichen Beispielen dargetan wird, wie er den Dienst in Freiheit vollzogen wissen wollte.

Größte Aktualität hat heute das Thema Autorität und Gehorsam, um das sich der Apostel lebenslang sowohl im Blick auf die eigene Arbeit wie auf angemessenes christliches Verhalten gemüht hat. Viele Jahrhunderte haben ihm das hoch angerechnet. Gegenwärtig bringt es ihn, zumal bei theologischer Jugend, in Mißkredit. Hätte er sich nicht angesichts seiner Prinzipien ganz anders für die Emanzipation der Frauen und Sklaven einsetzen müssen, wie die Enthusiasten es tatsächlich versucht haben? Hätte er nicht mit den Zeloten die politischen und mit den Aufklärern die sozialen Ungerechtigkeiten im Namen des Evangeliums brandmarken sollen? Warum läßt sich trotz gelegentlich provokatorischer Aussagen eine Theologie der Revolution oder wenigstens der Frage aus seinen Briefen nicht gewinnen und nicht einmal reiner Humanismus ableiten, obgleich selbst Professoren nun damit eifrig beschäftigt sind? Solange das Stichwort von der Erziehung zum Ungehorsam Herzen und Köpfe vernebelt, wird man tatsächlich mit Paulus kaum einig werden. Er hat den Gehorsam als Merkmal des Christen beschrieben, so abscheulich das heutigen Rebellen in den Ohren klingt, und Autorität nicht verachtet, sondern unaufhörlich begründet und gefordert. Wenn wir ihm das nicht mehr abnehmen können und wollen, haben wir ihm wenigstens sein historisches und theologisches Profil zu belassen und mögen ihn dann zur Zielscheibe unseres Spottes, unseres Hasses und unserer uneingeschränkten Kritik machen. Man könnte freilich den Spieß umdrehen: Erziehung zum Ungehorsam ist gewiß ein publikumswirksames Schlagwort, verrät aber nur, daß die Verdummung infolge von Ressentiments der wesentliche Effekt von Schlagworten ist und Intelligenz eine elitäre Angelegenheit bleibt, obgleich sie nicht für elitären Dünkel und Egoismus mißbraucht werden darf. Denn Intelligenz ist nicht jedermanns Sache. Sie prüft die Geister und Slogans, sie differenziert, statt mit den Wölfen zu heulen und mit den Eseln zu schreien, und richtet sich nicht nach der jeweiligen, durch Propaganda erzeugten Mode. Wer zum Ungehorsam erziehen möchte, vermag überhaupt nicht zu erziehen, sondern nur zu hetzen. Er will und wirkt Anarchie, die der Apostel ganz sicherlich nicht gewollt und geduldet hat. Erziehung zum Ungehorsam ist glatter Unsinn, welcher der Entmythologisierung bedarf. Entmythologisiert meint diese Parole Einübung der Zivilcourage, die heute allerdings nicht nur in Deutschland dringlicher ist als aller Wohlstand und sogar das tägliche Brot. Hier läßt sich dann durchaus von Paulus lernen.

Was bedeutet bei ihm Autorität? Man kann das sehr einfach beantworten: Gewicht, Würde, Effektivität eines sich konkret vollziehenden Dienstes, nichts sonst, das jedoch ohne Einschränkung. Bereits nach den Evangelien gibt es menschliche „Herrschaft" nur außerhalb der Jüngerschaft. Die Frage nach etwaiger christlicher und kirchlicher „Größe" wird paradox mit der Aufforderung zur „Niedrigkeit" und zum „Geringwerden" beantwortet. Für Griechen des freien Mannes unwürdig, für Juden ein harter irdischer Zwang, der in der kommenden Welt aufgehoben werden wird, ist „Niedrigkeit" christlich das Zeichen der Zugehörigkeit zur angebrochenen Gottesherrschaft. Geradezu ungeheuerlich wird in Lk 12, 37 die Parusie so geschildert, daß der die Seinigen empfangende Herr nochmals wie auf Erden den Sklavenschurz umbindet, um ihnen zu dienen. Das zeigt, daß das Stichwort nicht eigentlich eine ethische Kategorie oder die Gesinnung der Demut meint. Niedrigkeit hat hier eine eschatologische Dimension: In ihr bekundet sich die irdische Präsenz des Gekreuzigten nach seiner Erhöhung. In seinen Dienern kommt er selbst weiterhin zu Wort und Wirkung. Weil allein er in seiner Gemeinde Autorität hat, gebührt sie abgeleitet denen, durch welche er gegenwärtig wird, und das können beim Nazarener nur die Dienenden sein.

Nun sind wir gewohnt, Würde mit einem Amt zu verbinden. Dagegen ist nichts einzuwenden, solange man nicht vergißt, daß im Zeichen des allgemeinen Priestertums aller Gläubigen jeder Christ in offizieller Verpflichtung und Verantwortung steht, und solange man zweitens damit zum Ausdruck bringt, daß nicht jeder an jeder Stelle taugt. Dagegen ist aber sehr viel einzuwenden, wenn man aus Angst vor Unberufenen die kirchlichen Ämter zu Privilegien einer bestimmten Intelligenzschicht, eines spezifischen Frömmigkeitstyps, geeigneter Verkörperungen konventioneller Erwartungen oder der Produkte eines uniformen Ausbildungsweges macht. Auf diese Weise wird dem berufenden und begnadenden Herrn Gewalt angetan und die Vielfalt vorhandener Gaben konformistisch beseitigt. Das ist Sünde wider den Geist und rächt sich in Verkümmerung des Lebens. Wir haben ungeschminkt einzugestehen, daß es in der Christenheit von unfähigen Amtsträgern wimmelt. Wie immer es früher gewesen sein mag, heute sollte die Angst vor den Unberufenen endlich durch die Scham über die Unentdeckten verdrängt werden. Die vergrabenen Talente kommen in unserer Zeit nicht mehr hauptsächlich durch Bescheidenheit und Faulheit zustande, sondern durch eine phantasielose Organisation, die fähige Leute in den ihr unüberschaubaren Bereichen, auf Landstraßen und im Dschungel der Großstädte, an den Hecken und Zäunen nicht mehr aufzuspüren versteht. So wird genommen, wer sich selbst anbietet und einen sehr weitmaschigen Filter passiert, ob nun Erbe und

Verwandtschaft, mangelnde Information, Selbstüberschätzung oder bloß mangelnde Tauglichkeit zu anderm ihn auf den Weg brachten. Man tröstet sich noch immer damit, daß Gott den Verstand mit dem Amte gibt, obgleich das durch tägliche Erfahrung widerlegt wird. Man sollte Gott aus dem Spiele lassen, wenn unsere Geschäfte nicht florieren, und sollte in einer Gegenwart, in welcher die Praxis weithin wichtiger ist als die Theorie, Verstand und spezielle Begabung vor der Zulassung zum Amt einer ernsthaften und für alle Beteiligten mühsamen Prüfung unterziehen. Dabei wäre bürokratischer Schematismus möglichst einzuschränken und ebenso den Gemeinden wie dem Kreise der vorhandenen Amtsträger ein erhebliches Recht zur Mitsprache einzuräumen. Die Einführung von Patenschaften einzelner Gemeinden für ihnen persönlich bekannte und mit ihnen fest verbundene Kandidaten ist durchaus erwägenswert. Dienen will gelernt und eingeübt werden, und das ist nur im Felde der Experimente möglich.

Konkreter Dienst hat stets auch eine Grenze, und es ist heute notwendiger denn je, daran zu erinnern, weil die Welt zusammengeschrumpft ist und überall Spezialisten unentbehrlich wurden. Man gewöhnt sich sehr leicht an die zutiefst verantwortungslose Rede von Verantwortung für die Welt. Sie ist allein so weit berechtigt, wie unter Welt der uns durchschaubare und von uns beeinflußbare Bereich unseres Alltags verstanden wird. Um das abzuschätzen, bedarf es jedoch des Sachverstandes und der Selbstkritik, weil wir uns sonst an Dinge wagen, denen wir nicht gewachsen sind. Verantwortung beginnt im engsten Lebenskreis. Wer dort versagt, mag sich redend und handelnd ins

Fernste flüchten, um sich selbst ein Alibi seiner Bedeutung zu verschaffen und andern zu imponieren. Wer die Welt bekehren, ändern und revolutionieren will, ohne zuvor selbst bekehrt zu sein, seinen Willen in die Bereitschaft zum Dienst gestellt zu haben und das eigene Herz in seinem Trotz und seiner Verzagtheit als wankelmütig zu kennen, ist ein Narr. Er muß sich ideologisch berauschen, um die eigene Armseligkeit zu vergessen. Natürlich bleibt das Evangelium nicht in persönlicher Bekehrung stecken. Natürlich ist es ein erbitterter Feind der Gewalten, welche kraft herrschender Sachzwänge und Strukturen Menschen unterdrücken und den Weg ins Humane versperren. Es ist jedoch ebenso ein unerbittlicher Kritiker derer, welche das All reformieren wollen, ohne bei sich selbst und in entschlossener Pragmatik vor der eigenen Tür zu beginnen. Unsere Verantwortung endet dort, wo wir unglaubwürdig werden. Unglaubwürdig werden auch die, welche aus Gründen des Alters, der nachlassenden Spannkraft und der Bezogenheit auf vergangene Zeiten mit einer neuen Generation nicht mehr Schritt zu halten vermögen und nur dank gewonnener Routine sich in Amt und Würden halten. Großväter bleiben um ihrer Erfahrung willen unentbehrlich. Sie gehören jedoch ins dritte Glied und sollten rechtzeitig die Front denen überlassen, welche einmal die Kosten des Krieges zu bezahlen haben werden. Denn mit Erfahrung allein ist es nicht getan, wenn wir darüber müde und resigniert geworden sind. Echte Autorität ist daran gebunden, daß wir wehmütig und heiter die Füße derer, die uns hinaustragen werden, immer schon vor unserer Türe sehen und uns fröhlich in den Abschied schicken. Vielleicht ist jeder von uns für eine bestimmte Zeit unersetzlich. Doch sollten gerade Würdenträger absetzbar sein, wenn unser Gott, die Umstände und geeignetere Leute das als notwendig herausstellen.

Man kann das alles dahin zusammenfassen, evangelisch geforderte und begründete Autorität habe sich, gerade weil sie einzig der Möglichkeit und Wirklichkeit konkreten Dienstes zugestanden werden darf, durch besondere Menschlichkeit auszuzeichnen. Sie beansprucht nicht Fehllosigkeit ihrer Träger und Entscheidungen. Sie öffnet sich deshalb ständig eigener und fremder Kritik. Sie sucht nicht Privilegien, sondern schafft Spielraum für die Vielfalt der Begabungen. Sie will nicht herrschen, sondern überzeugen. Sie folgt nicht den ausgefahrenen Geleisen der Konvention und Routine, sondern hat den Mut zum Experiment und Risiko, der vorwärts blickt und in der Wanderschaft bleibt. Sie vergißt nicht ihre sachliche und zeitliche Begrenzung und ist ihrer Berufung treu, indem sie, von vornherein des Abrufs gegenwärtig, den Stab willig zu gegebener Zeit an andere weitergibt. Sie will nicht überdauern, sondern stellvertretend handeln und überspannt nicht ihre Kräfte und Aufgaben, sondern hält sich an das heute Gebotene und morgen Mögliche. So lebt sie aus der Dialektik, ihr Recht stets neu bewähren zu müssen und dauernder Kontrolle unterworfen zu sein. Das besagt umgekehrt nicht, daß sie ihren Anspruch auf Gehör, Respekt und Anerkennung preisgeben sollte. Jede gottgegebene und sich in der Praxis erweisende Begabung hat solchen Anspruch gegenüber der gesamten Gemeinde und allen ihren Gliedern, weil der gebende und berufende Herr sich auch von seiner Gemeinde nicht ausschalten und majorisieren läßt. Er regiert nicht durch Programme, Interessengruppen, Mehrheiten, sondern durch einzelne Menschen mit ihren Vorzügen und Schwächen, sofern sie seinem Willen sich in Gehorsam und Leiden ausliefern. Sie haben Autorität, weil und wenn ihr Herr sie mit seinem Evangelium deckt, und verlieren diese Autorität im gleichen Augenblick, in dem sie mit ihrem persönlichen Schatten diesen Herrn und sein Evangelium unkenntlich werden lassen. Man sollte zum mindesten sehen, daß solche Autorität nicht Herrschaftsstrukturen untergeordnet werden kann. Gerade indem sie aus derartigen Strukturen nicht ableitbar ist, wenn man sie nicht völlig formalisiert und ihrer Kriterien beraubt, ist sie sui generis, nämlich eine Gestalt christlicher Freiheit im Widerstand gegen Willkür und Anarchie.

Soeben ist das Stichwort „Gehorsam" gefallen, das ebenfalls immer unbeliebter wird. Erhebliche Gründe zum Unbehagen gegenüber diesem Wort sind tatsächlich reichlich vorhanden. Man kann es leider aus paulinischer Theologie nicht entfernen, und die damit ausgedrückte Sache ist für Jüngerschaft Christi schlechterdings unaufgebbar. Denn jeder Mensch hat seinen Herrn, ob er es weiß und will oder nicht, ob er ihn selber wählte oder von ihm versklavt wurde. Wer das für Mythologie hält, vergißt die Wirklichkeit über seiner Theorie. Auch Autonomie ist eine von jenen Parolen, welche gründlicher Entzauberung bedürfen, so ehrwürdig ihre Geschichte sein mag. Wenn Theologen heute zum wenigsten in manchen Gebieten ihre eigene Tradition der Entmythologisierung unterwerfen, dürften sie sich ruhig philosophischer Ideologie respektloser nähern. Wer die eigenen Tempel anzuzünden bereit ist, sollte vor Götzenbildern anderswo nicht in Trance fallen und lächerliche Kniebeugen machen. Autonomie des Menschen ist ein echter Schrei nach Freiheit, aber durchaus nicht deren Realität. Ob man angesichts moderner Biologie und Genetik noch ernsthaft von ihr sprechen darf, vermag ich nicht zu übersehen. Daß man es in einer Welt, in welcher alles mit allem verflochten und kein privates Dasein davon mehr ausgenommen ist, nicht mehr darf, erscheint mir evident. Je stärker Weltpolitik uns alle angeht, je größer die Fortschritte der Technik, je undurchsichtiger die Methoden und Auswirkungen der gesteuerten Propaganda, je gefährlicher die Winkelzüge der Bürokratie, je unheimlicher die Macht der Spezialisten werden, desto abhängiger werden wir physisch, seelisch und geistig. Niemand kann sich dem entziehen. Die Mächte und Gewalten umgeben uns von allen Seiten und tun es um so bedrohlicher, je weniger wir darauf achten und je selbstverständlicher wir uns damit abfinden. Alle Erfahrung unseres Jahrhunderts spricht ebenso dagegen, den Menschen weiterhin als animal rationale zu bezeichnen. Auch darin drückt sich ein Wunschtraum, ein berechtigter Protest gegen die geheimen Verführer, ein Freiheitsschrei aus. Wir haben tatsächlich die Aufgabe, Rationalität mit allen Kräften zu unterstützen, um Humanität zu retten, zu bewahren und einer drohenden Katastrophe der gesamten Menschheit vielleicht in letzter Stunde zuvorzukommen. Nur sollte man wiederum nicht Notwendigkeit und Wirklichkeit verwechseln, weil man sich sonst in trügerischer Sicherheit wiegt. Wir sind zur Vernunft gerufen, scheinen jedoch immer unvernünftiger zu werden. Wir vergessen, daß auch unser Denken unsern Sehnsüchten und Ängsten, unserm Willen und unsern Vorurteilen ausgesetzt ist. Es ist genau so wenig autonom wie unser Handeln. Freiheit ist nicht unser Besitz, sondern bestenfalls uns gegebene Verheißung, schlimmstenfalls ein Popanz, dem jeder die ihm passende Bedeutung beilegt. Freiheit ist der Lebensraum des Humanen, den unsere jeweiligen Herren und die uns bestimmenden Mächte versperren, eingrenzen oder öffnen. Anders bleibt sie eine Abstraktion.

Weil es sich so verhält, hat man sich vor falschen und schiefen Alternativen zu hüten, die freilich überall in Umlauf gesetzt werden. Eine von ihnen lautet recht einleuchtend, daß Freiheit und Herrschaft sich grundsätzlich ausschließen. Das ist praktisch weithin, unter Umständen sogar zumeist richtig, hängt jedoch von dem Herrn ab, den man dabei ins Auge faßt. Wer sich einbildet, keinen Herrn zu haben, ist ganz sicher unfrei. Er kennt weder sein Herz noch die Grenzen seines Willens und seiner Vernunft, vom Einfluß anderer Menschen und erst recht der Gewalt des Todes mitten in unserm Leben zu schweigen. Er spürt darum die Fesseln nicht, die er trägt. So unmodern, wie manche angeblich Modernen meinen, ist die paulinische Anthropologie vielleicht doch nicht, welche den Menschen nicht von ihm selber her definiert, sondern in ihm die Projektion und den Repräsentanten einer über ihn verfügenden Macht und der zu ihr gehörigen Welt erblickt. Man braucht nicht einmal gleich theologisch zu werden. Wir alle könnten wissen, daß echte Liebe in eine Abhängigkeit bringt, die frei macht, weil sie uns den Lebensraum des

Humanen eröffnet. Das gilt nicht weniger von jeder Wahrheit, welche wir demütig als Geschenk entdecken. So eben behauptet das Christentum, daß der Nazarener uns in unvergleichliche Freiheit stellt, wenn wir ihn als Herrn annehmen. Denn sein Werk ist wie das keines andern die Menschwerdung des Menschen in der Entmachtung der Götzen und unseres bösen selbstsüchtigen Willens. Ihm als Jünger gehorsam zu werden, gilt deshalb nach Röm 6, 12ff.; 1. Kor 3, 21 ff. und vielen andern Texten als Grund und Wirklichkeit himmlischer Freiheit, die alle irdischen Ketten und Riegel sprengt.

Man könnte überlegen, ob man nicht besser von Kindschaft als von Gehorsam sprechen sollte. Doch würden dann zwei Dinge undeutlich, auf die man vom Evangelium her nicht gut verzichten kann. Gehorsam hat es mit Hören zu tun, und das Evangelium besteht darauf, daß die wichtigsten Entscheidungen unseres Lebens im Vernehmen eines Rufes und in der Antwort oder im Verstummen darauf fallen. Zweitens besagt Gehorsam eine Zugehörigkeit, die uns aus Isolation in Kommunikationsfähigkeit führt. Dem Nazarener gehorsam zu werden, stellt in eine Gemeinschaft, welche von den Verdammten bis zu den Seligen reicht. Weil er sich ihnen allen hingab, wird auch sein Jünger zu ihnen Zugang finden. Wer bei dem Wort Gehorsam nur an Strukturen und Sachzwänge zu denken vermag, beweist, wie abstrakt und inhuman sein Denken ist. Er kennt nicht die Weiten, Tiefen und Höhen der Kommunikation, in welche Gehorsam als Nachfolge Jesu versetzt. Er kennt bloß die Realität des Sklaven und Untertanen, die Karikatur und Dämonisierung derer, die den Anruf des Evangeliums hörten und damit der Bruderschaft Christi zugehörig wurden. Er vermag Glaube und Aberglaube nicht zu unterscheiden, weil er einzig Despotie erfahren hat und deshalb allein zur Rebellion als seinem Bilde von Freiheit fähig ist. Genau so beschreibt das Evangelium die Lage des Alten Adams und wird darin durchaus auch von jüngster Gegenwart bestätigt. Die Theologie mag vieles von der Soziologie profitieren. Ob die Theologen nicht besser täten, die Theologie ernster zu nehmen und gründlicher zu studieren, ehe sie dann noch bei den Soziologen in die Schule gehen, wird nicht in Hochmut und Übermut gefragt. Mancher bevorzugt die Krücken, weil es ihm zu langweilig wurde, mit den eigenen Beinen zu laufen, und andere legen sich lieber in fremde Betten, statt die eigenen aufzuschütteln. Verblendung ist ein keineswegs seltenes theologisches Phänomen.

Neuerdings hat man auch Phantasie und Gehorsam alternativ einander gegenübergestellt. Es sei nicht im mindesten verhehlt, daß mit Schrecken die Phantasielosigkeit des Durchschnittsbürgers auch christlicher Prägung dem Reichtum an Phantasie und Wagemut vieler Spezialisten zumal auf naturwissenschaftlichem und technischem Gebiet konfrontiert werden muß. Man wird das als Zeichen dafür zu werten haben, daß der Mensch im allgemeinen ärmer und ungeistiger wird, während die zivilisatorischen Errungenschaften ihn überrollen. Das Lob der Phantasie kann in einer zunehmend bürokratisch verwalteten Welt nicht eindringlich genug gesungen werden. Tatsächlich sollte man ihr gerade in der Erziehung auf jede mögliche Weise Raum verschaffen. Gleichwohl dürfte die zitierte

Alternative sicher schief und wahrscheinlich außerordentlich ungerecht sein. Die Hauptquelle der sich in vielen Familien und weiten Gesellschaftskreisen ausbreitenden Phantasielosigkeit wird im Überfluß zu suchen sein, mit dem wir in den wohlhabenden Ländern des Westens von Kindheit an überschüttet werden. Es ist so leicht geworden, zum bloßen Konsumenten hinabzusinken, daß unsere schöpferischen Fähigkeiten dadurch erstickt werden. Wo die Fülle der Informationen von Computern verarbeitet werden muß, die Muße zum Nachdenken selbst in den Geisteswissenschaften immer stärker schwindet, wir überall in vorfabrizierten Bauten leben, kann Phantasie natürlich nicht gedeihen. Es wird nicht bestritten, daß das für große Teile der Christenheit ebenfalls zutrifft und daß sie, wie in vielen andern Gebieten, auch hier durch Passivität, Konformismus und Blindheit mitschuldig geworden ist. In solchem Zusammenhang wird man nicht unterschlagen, daß sie mit ihrem Ruhebedürfnis und Ordnungsdenken seit langen Jahrhunderten geistige Verarmung mitbewirkt hat, wie das fast sonntäglich in unsern Gottesdiensten sich konstatieren läßt, und daß sie tatsächlich unendlich oft der Staatsraison Beihilfe leistete, als diese wenigstens in Deutschland den Bürger planmäßig zum Untertanen erzog. Es ist eine Sache, hier und so weit rückhaltlos der vorgetragenen These zuzustimmen. Es ist eine andere, daraus ein Klischee zu entwickeln, dessen sich Bilderstürmer und Fanatiker ungehemmt bedienen. Das Freund-Feind-Denken hat sich uns allen so entsetzlich tief eingegraben, daß wir immer weniger unbefangen zu urteilen vermögen.

Christen sollten sich dem mit der gleichen Leidenschaft

widersetzen, wie es der Phantasielosigkeit gegenüber nötig ist. Es ist schon überaus fragwürdig, ob die Mehrzahl der heute meuternden Jugendlichen in ihren Familien noch den Drill zum Gehorsam mitbekommen hat, der uns Älteren dort, in Schule und Heer, aber auch im beruflichen Leben als Voraussetzung und Frucht der Gottesfurcht und bürgerlichen Loyalität bestimmte. Die überall stattfindende Emanzipation stößt eher auf nicht beseitigte Relikte der Vergangenheit. Zu viele Eltern, Lehrer und sogenannte Vorgesetzte sind allmählich von einer Panik erfaßt, welche ihnen alle pädagogischen Versuche verleidet, sie zum Laissez-faire veranlaßt und schimpfende Courage nur noch am Stammtisch, im ehelichen Schlafzimmer, in Leserzuschriften und Parlamenten gestattet. Die Angst vor den Rebellen ist nicht zufällig eins der wirkungsvollsten Mittel in Wahlkämpfen, und Feigheit gegenüber ihren eigenen Sprößlingen kennzeichnet weithin eine Generation, welche einmal zur Welteroberung aufbrach und immer noch von geschehenen oder erdichteten Heldentaten träumt. Es ist grotesk, wenn diese alten und müden Krieger, die möglichst ungestört bleiben möchten, dämonisiert werden, obgleich sie meistens einfach Spießbürger geworden sind. Auch Spießbürger sind zweifellos eine Gefahr für die Zukunft. Man tut ihnen aber zu viel Ehre an, wenn man sie verteufelt.

Wie immer dem sei, das entworfene Klischee paßt noch weniger zur christlichen Geschichte, über die im allgemeinen bestürzende Unkenntnis zu herrschen scheint. Grusel- und Komödienstoff ist ihr unerschöpflich zu entnehmen. An Phantasie hat es unzähligen großen und kleinen Akteuren in ihr wirklich nicht gefehlt, und jeder Geschmack kommt dabei auf seine Kosten. Daß unsere gesamte Kultur davon gespeist wurde, die abendländischen Revolutionen und jüngste Säkularisation anders nicht zu denken wären, sei nur schamhaft angefügt, um gegenwärtiger Ahnungslosigkeit nicht unverdientes Gewicht beizumessen. Wer sich das ihm Passende herausgreift und dann Schwarz-Weiß-Malerei betreibt, blamiert sich und ist unfair, obwohl das hierzulande leider nicht in so schlechten Ruf bringt wie bei den Angelsachsen. Worauf es ankommt, ist Bejahung des gegenwärtigen Protestes und der sich darin meldenden Neubesinnung, aber energische Ablehnung einer grundsätzlichen Antithese zwischen christlichem Gehorsam und Phantasie. Wir sollten uns lieber vom Neuen Testament her vorhandene Möglichkeiten zur Korrektur unserer Unzulänglichkeiten vor Augen halten, als uns auf unsachgemäße Propaganda einzulassen. Zur christlichen Freiheit gehört unabdingbar, sogar dem Gegner gerecht zu werden und Schablonen zu verachten.

Seit den Griechen sind Gewissen und Gehorsam durch eine Lehre von Pflichten und Tugenden ausgerichtet gewesen. Dem haben Paulus wie sein Herr die Bindung an die christliche Freiheit entgegengesetzt. Selten ist das in der nötigen Schärfe erkannt und mit entsprechendem Gewicht versehen worden. Das antike Erbe und der kategorische Imperativ blieben im allgemeinen stärker. Wo man von Liebesethik spricht, dürfte es noch nicht ganz vergessen sein, erfuhr es jedoch eine erbauliche, die Provokation mildernde oder beseitigende Reduktion. Zu schnell wird dabei übersehen, daß Hingabe an den andern Menschen, wie sie in echter Liebe erfolgt, nach der apostolischen Mahnung in Phil 1, 9 Erkenntnis und Empfindlichkeit für die Situation, noch klarer gesagt: den Takt, erfordert. Bezeichnet wird damit der sehende und verstehende Gehorsam. Er orientiert sich an dem, was nach Paulus auch das Amt konstituiert, nämlich an der Chreia, die zugleich Notwendigkeit und Bedürftigkeit meint. Der Nächste soll nicht bloß abgespeist, ihm soll wirklich geholfen werden. Das hat aber so zu geschehen, daß man sich in seine Lage zu versetzen vermag, den besonderen Umständen sowohl des Empfangenden wie des Gebenden entspricht. Wie könnte das ohne Phantasie möglich sein? Paulus drückte das freilich noch nicht so modern aus und hätte es vielleicht nicht einmal getan, wenn ihm der Begriff verfügbar gewesen wäre. Phantasie läßt unsern Einbildungen und Wünschen einen weiten Spielraum. Der Apostel war nicht an bloßen Möglichkeiten, den oft vagen Produkten unserer Träume, sondern an der Wirklichkeit interessiert. Er mahnte deshalb seine Gemeinden wie ihre einzelnen Glieder zu prüfen, was jeweils der wahre und vollkommene Gotteswille, das Gute, Rechte, Billige, Angemessene sei. Das geht nicht ohne Phantasie und geht doch nicht darin auf, weil es das jetzt und hier Notwendige in unsere Verantwortung legt. Damit wird eine ungeheure Aufgabe gestellt. Natürlich wissen wir alle zuweilen, was jetzt und hier notwendig ist. Paulus will jedoch, daß wir es täglich und stündlich wissen. Wie kann man das erkennen und praktizieren? Jeder Erzieher, mehr: jeder Handelnde, steht unentwegt vor dem Risiko solcher Entscheidungen, deren Folgen sich ahnen, aber nicht eindeutig voraussagen lassen.

Uns ist das Dilemma bekannt, daß wir das Gute wollen und das Böse bewirken oder unsere Absichten mit unzureichenden, manchmal auch schlechten Mitteln verfolgen. Wir sagen dann, wir hätten nach bestem Wissen und Gewissen gehandelt, nach der sich uns bietenden Chance gegriffen, auf unser Glück oder den Zufall gesetzt. Das jetzt und hier Notwendige immerfort zu tun, übersteigt unsere Kräfte. Das tun der barmherzige Samariter, der Vater des verlorenen Sohnes, die Leute, von denen die Gleichnisse Jesu, vor allem Mt 25, erzählen. Das ist Sache derer, die sich nach Röm 12, 1 ff. kraft göttlicher Barmherzigkeit aus der Konformität mit der Welt in den geistlichen Gottesdienst reißen lassen und dabei sowohl zu vernünftiger Prüfung des Gott Wohlgefälligen wie zum Opfer ihres leiblichen Lebens gedrängt werden, die Träger des Geistes, die in der Wahrheit Anbetenden.

Man halte das nicht für erbauliche Phraseologie, sosehr es danach klingt! Natürlich können wir, die wir uns selbst ein Rätsel bleiben, nicht in fremde Herzen dringen und andere Menschen in letzter Klarheit analysieren. Das heißt jedoch nicht, daß wir ihren Anruf überhören, die von ihnen gesetzten Zeichen bagatellisieren müßten und dürften. Das tut man zwar heute unentwegt im Alltag, aber nicht einmal mehr im Irrenhaus. Wir sind durchaus bereit, die Kirchen und ihre Geschichte als Tummelplatz von Irrtum, Bosheit, Stumpfsinn und jeder menschlichen Narrheit zu sehen. Wie sollte es anders sein, wenn gerade dort nicht etwa der Glaube unangefochten regiert, sondern Glaube und Aberglaube aufs härteste aufeinanderprallen? Wir sind aber nicht bereit, die überschwengliche Fülle der dort aufgerichteten Zeichen und Wunder zu übersehen. Gewiß muß man Augen und Ohren haben, die sich nicht von vornherein allergisch verschließen, wenn von Gottes großen Taten bis in unsere Gegenwart hinein die Rede ist. Man muß glauben, daß stets 7000 vorhanden waren, welche ihre Knie nicht vor Baal beugten. Man muß es aber ebenso, wenn man das alles leugnet. Glaube und Aberglaube spielen bis in unsere Interpretation hinein eine gewichtige Rolle. Wir halten die für Märchenerzähler, welche uns weismachen möchten, daß sie allein die Wahrheit und die Rationalität für sich gepachtet hätten. Der Historiker müht sich um Unbefangenheit, erreicht sie aber nie vollkommen. Die größten Historiker machen von ihren Prämissen her die größten Fehler, denen die kleinen nur darum entrinnen, weil sie an der Oberfläche bleiben und radikale Konsequenzen nicht ziehen. Die schreckliche Mythologie derer, die zur Zeit im Namen der Rationalität Nebel um sich verbreiten und den Götzen opfern, ist uns verwehrt. Wir kennen die Wahrheit der jüdischen Legende von den vier Rabbinen, welche gewürdigt wurden, in den Himmel entrückt zu werden: Der eine starb, der andere wurde verrückt, der dritte ungläubig, nur der vierte kam demütig zur Erde zurück. Uns ist die Erstarrung nicht fremd, die Platz greift, wenn die Hüllen des verschleierten Bildes von Sais gefallen sind, und nicht die in der Wüste brennenden Dornbüsche sind so erstaunlich wie die Blinden, die ungerührt daran vorübergehen. Die Beschränkten gewahren auch bloß das Beschränkte. Wir sind aber zum mindesten gerufen, den Exodus in das Unbekannte zu wagen, wo Gottes Gegenwart und Zukunft auf uns warten. Man muß uns verzeihen, wenn wir über die Affentänze lächeln, in denen auch gescheite Leute sich bloß um sich selber drehen, und über die Kinder, die sich im dunkeln Wald laut Mut zusprechen, weil sie sich fürchten.

Daß Rationalität falsche Frömmigkeit demaskiert, ist berechtigt und notwendig. Wie können Theologen jedoch vergessen, daß umgekehrt auch der Streit von Glaube und Aberglaube Recht und Grenzen der Rationalität in seine Problematik mithineinzieht? 1900 Jahre Dogmengeschichte bieten dafür Anschauungsmaterial genug. Sehr häufig ist man im Namen des Geistes gegen die Vernunft zu Felde gezogen. Nicht grundlos, wenn Vernunft sich autonomer gebärdete, als sie zu sein vermag; sehr töricht, wenn man sie aus dem Bereich des Geistes verbannte und ihr dafür als Ersatz das Irdische überließ, das man später nur zu gern zurückgewonnen hätte, als man sich der Wirklichkeit entzogen und dem Illusionären ausgeliefert sah. Der Glaube kann nur profitieren, wo die Vernunft ihr kritisches Werk betreibt, weil er so der Wirklichkeit konfrontiert bleibt und sich darin vom Aberglauben unterscheiden muß. Umgekehrt wird echter Glaube die Vernunft in ihrer permanenten Selbstkritik unterstützen, sie an ihre Menschlichkeit erinnern und so davor bewahren, unverlierbarer Besitz und selbstverständliche Voraussetzung unseres Lebens sein zu wollen, während es ständig um sie zu kämpfen und sie neu zu gewinnen gilt. Paulus hat die Stichworte der zeitgenössischen Popularphilosophie aufgreifen können, um damit die Geister zu prüfen und die Schwärmer in die Menschlichkeit zurückzuholen. Er hat auf der andern Seite und noch erstaunlicher den heiligen Geist als jene Kraft verstanden, welche nicht nur die Grenzen der praktischen und sittlichen Vernunft aufweist, sondern zugleich ihr Recht bestätigt und ihr Feld unerhört ausweitet. Er bindet die Gemeinde und ihre Geistträger auch an Vernunft und Gewissen als Mittel im Kampf und Widerstand gegen die Gewalten. Indem er christliche Freiheit nicht aus einem System ableitet und nicht in eine Kasuistik zwängt, sondern sie an dem Nazarener und dem Wohl des Nächsten orientiert, stellt er uns ins offene Feld, wo man, auf das Unvorhersehbare gefaßt, Augen und Verstand gebrauchen muß, um der Menschlichkeit willen selbst irrende Gewissen nicht vergewaltigen darf, in der leidensbereiten Liebe aufs eigene Recht und die Durchsetzung des eigenen Willens verzichtet, sich von den Selbstgerechten scheidet, den Hilflosen, Unterdrückten, Gottlosen aber gesellt, weil wir so zugleich „im Angesichte Gottes" und unserer Brüder ansichtig bleiben. Christliche Freiheit, nicht mehr von vorausbestimmten Pflichten und Tugenden geleitet, sondern vom heiligen Geiste gewährt, ans Menschliche gebunden, der sittlichen und praktischen Vernunft Raum gebend, ist nach dem Apostel grundsätzlich Stand in der Offenheit. Weil Gott in Jesus für uns ist, brauchen wir nicht für uns selber zu leben und zu sterben, fürchten wir uns nicht mehr vor den Götzen dieser Welt, stehen mit unserer Zeit und Kraft und Phantasie im Dienst, der überallhin Zugang hat. Christlicher Gehorsam ist bewährte Freiheit, nicht ihre Alternative, sondern ihre praktizierte Identität und Evidenz.

Allein so steht sie irdisch auf festen Beinen, statt mit seligen Geistern ungehindert durch vorhandene oder erträumte Himmel zu schweben. Das entnimmt uns nicht der Wanderschaft. Nichts ist komischer als christliche Höhlenbewohner und Säulenheilige, die unbewegliche Zeugen, Petrefakten religiösen Aberglaubens geworden sind. Wir haben jeweils in Angriff und Verteidigung den uns zugeteilten Platz zu halten, ihn in seinen Möglichkeiten zu nutzen, in seinen Verdrießlichkeiten zu ertragen, uns nicht in Ehrgeiz oder Verzweiflung aus ihm herauszusehnen, vor allem nicht über ihm die Fahne der Resignation oder Kapitulation zu hissen. Genau dieser jeweilige Platz ist der Ort der Verheißung und des Segens, die irdische Projektion des himmlischen Platzes, dessen Anwartschaft uns gegeben wurde. Die Freien sind nicht Vaganten. Sie wollen keine bleibenden Wohnungen errichten wie die Ideologen und sind des Abrufs gewärtig. Dem Nazarener gehören sie aber nur solange, wie sie ihren Platz auf Abruf nicht vorzeitig und eigenmächtig räumen. Denn, er gibt die Erde nicht seinen Feinden preis, denen er sein Leben läßt, und unser Gehorsam bekundet den Willen und Anspruch, auch den verachteten Winkel und den finstersten Ort im Namen christlicher Freiheit zu besetzen.

Dieser Gehorsam ist eben nicht Zustimmung zu, sondern Durchbrechung von Herrschaftsstrukturen, wenn man ihn praktiziert, statt ihn theoretisch in das uns passende Schubfach zu sperren. Wir wollen die Phänomenologen und Soziologen der Religion gewiß nicht arbeitslos werden lassen, sondern von ihnen lernen, wo es sich lohnt. Doch müßten sie verstehen, daß wir nicht von ihnen bei lebendigem Leibe begraben sein möchten, bloß damit ihre Bürokratie und Statistik ungestört funktionieren. Sie haben eine faszinierende und an Zauberei grenzende Fähigkeit, uns in Mumien zu verwandeln, damit ihre Registratur in Ordnung bleibt. Doch ist nicht einzusehen, daß man ihnen als Testamentsvollstreckern die letzte Bestandsaufnahme überläßt, ehe wir gestorben sind, ihre Firmenschilder akzeptiert haben und ihre Weise, die Welt zu verwalten und zu dirigieren, sich nicht klar von Vivisektion abhebt. Christliche Freiheit kann noch immer lachen und spotten, wo der, unrichtig tierisch genannte, sich wissenschaftlich tarnende Ernst der unverschämten Vereinfacher allgemeinen Respekt genießt. Wir können und wollen mitspielen, wo immer menschliche Spiele stattfinden. Wir lassen uns aber von nichts und niemandem vereinnahmen, damit seine Bücher und Theorien stimmen. Warum sollen wir es den Soziologen leichter machen als unsern Kirchenbehörden, die ebenfalls über die Nonkonformisten seufzen? Im konkreten Dienst hat christlicher Gehorsam seinen spezifischen Platz, den man nicht ohne weiteres vertauschen und auf einen allgemeinen Nenner bringen kann. Darin ist er bewährte, zu verteidigende und weiterzureichende Freiheit. Paulus wird nicht müde zu wiederholen: Jeder, wie ihm der Herr gegeben hat! Jeder, wie er berufen wurde! Dazu hat er auch Sklaven und Frauen und die Bürger des Imperiums ermutigt. Zu seiner Zeit konnte er mehr nicht ausrichten, hätte er über den eigenen und seiner Umwelt Schatten springen müssen, um Demokratie zu proklamieren. Da er zudem theologisch die Ideologie des autonomen Menschen nicht anzunehmen vermochte und jeden auf die eine oder andere Weise, auch heute noch bedenkswert, leiblich den Mächten unterworfen sah, vollzog er nicht den Schritt von der Predigt der christlichen Freiheit an dem uns vorherbestimmten Ort zur Propaganda der Revolution. Wer mit der Gegenwart auch die Vergangenheit ändern muß, mag ihn deshalb anklagen. Christliche Freiheit braucht die Geschichte nicht vom heutigen Programm her umzuschreiben. Weil sie sachlich sein, Distanz wahren und zugestehen kann, vermag sie historisch zu denken und das Gewesene an seinem Platz zu respektieren. Wer nur eine Platte spielt, tyrannisiert geistig mit den Lebenden auch die Toten und setzt sich damit an die Stelle des Weltenrichters. Gegenwärtig laufen zu viel Weltenrichter im Taschenformat herum, welche fremde durch eigene Tyrannei ersetzen. Christliche Freiheit muß ihnen schon deshalb verhaßt sein, weil sie von ihr her differenziert zu denken und Toleranz zu üben hätten. Die Begriffe mögen sie umfunktionieren. Jedem Christen ist im Zeichen der ihm geschenkten Freiheit und des seinem Herrn geschuldeten Gehorsams verboten, sich von Menschen umfunktionieren zu lassen. Anders verrät er mit dem Christlichen das Humanum.

Das ist das Letzte: An unserm Ort sind wir als Platzhalter Christi zugleich wie der Nazarener in die Stellvertretung des Menschen gerufen. Bewährt sich christliche Freiheit in der Auseinandersetzung zwischen Gott und den Götzen als Gehorsam, so im irdischen Kampf ums Überleben als Stellvertretung zugunsten des Menschen. Wer nicht darin steht, ist kein Jünger. Wer nicht so gehorsam wird, ist nicht frei. Unser unverwechselbarer Ort, unsere spezifische Gabe, unser Anteil am Geist und unsere himmlische Anwartschaft werden nur dann sinnvoll, wenn wir sie als Möglichkeiten des Eintretens für den Nächsten nützen, der unter Umständen gerade der Fernste sein mag. Freiheit ist evangelisch nicht der Spielraum der Selbstverwirklichung, sondern des Heraustretens aus der Selbstvergötzung und damit notwendig verbundenen irdischen Verstrickung. Sie kann deshalb nicht von uns errungen werden, die wir uns nicht selbst zu erlösen vermögen. Sie muß uns von außerhalb her als Befreiung geschenkt werden. Das ist das Werk des Nazareners, den wir unsern Gott nennen, weil er uns das nicht in unserer Macht Liegende gibt und allein erhält. Seine Herrschaft besteht einzig darin, daß er uns dient, unterscheidet sich so von allen andern Herrschaftsstrukturen und reicht immer nur so weit, wie Menschen das erfahren und festhalten. Das Kreuz ist die Signatur seiner Herrschaft und Gottheit, dessen Schatten der Ort unserer Freiheit, weil er dort alle Eigenmächtigkeit aufgibt und unsere Eigenmächtigkeit für immer zertrümmert. Machen wir daraus eine religiöse Idee, entschwindet er unserm Blick und wird das Heil zur christlichen Variante einer frommen Propaganda und Programmatik, bekommen wir uns erneut in den eigenen Griff und machen dann die Welt zum Tummelplatz einer ökumenischen Ideologie. Doch ist er nicht nur der Anfänger des Glaubens und nicht bloß das Vorbild, der uns gezeigt hat, wie man es macht. Weil alles daran hängt, daß wir bei ihm selber und im Schatten seines Kreuzes bleiben, in der geschenkten, nicht von uns eroberten Freiheit, ist er unser Herr, dem wir den Gehorsam der Nachfolge schulden. Er holt uns stets neu aus der Selbstvergötzung und irdischen Verstricktheit heraus und zwingt uns so, den Götzen der menschlichen Eigenmächtigkeit in allen Bereichen abzusagen und aus deren Herrschaftsgebieten herauszutreten, um andern dienend nahezukommen und seine Freiheit weiterzureichen.

Weil es sich so verhält, ist die Welt der gerade vom Gekreuzigten beanspruchte Raum. Für seinen Jünger gibt es nicht mehr die trennenden Mauern und einschließenden Lager, welche faktisch das Wesen dieser Erde kennzeichnen. Wen die Frommen und Gottlosen gemeinsam verwarfen und wer für sie gemeinsam starb, hat zugleich mit dem Zaun des Gesetzes alle sonstigen Zäune überspringbar werden lassen und uns ins offene Feld geführt. Wieder gilt freilich, daß er sub contrario handelt, nämlich im Gegensatz zu unsern Wünschen, Erwartungen und Gedanken. Das offene Feld, in das er uns führt, ist in Wirklichkeit das Niemandsland zwischen den Fronten. Was sollte es sonst sein, wenn wir ihm treu, den Götzen abgewandt, die Lager und Grenzen nicht mehr respektieren, die überall errichtet werden? Die Frommen und die Gottlosen und in ihrem Gefolge alle andern Gruppierungen können uns als Nonkonformisten nur mißtrauen, werden uns gemeinsam ablehnen und uns in selbst ihnen erstaunlicher Einigkeit nicht ohne Grund als Störenfriede betrachten. Sein Kreuz wird darum unser Kreuz werden. Die himmlische Verheißung äußert sich irdisch mindestens zuerst auf diese Weise. Die Freien erscheinen als die Fremden, die ins Offene Heraustretenden werden sehr schnell die Ausgestoßenen, ein Ärgernis und ein Fluch der Welt, ein Fegopfer aller Leute, wie der Apostel in 1. Kor 4, 13 aus seiner Erfahrung schreibt.

In solcher Lage kann es keine ein für alle Male gültigen

Rezepte geben. Der Geist läßt sich nicht in Schablonen pressen, obgleich die Kirche das unablässig versucht hat. Es gibt keine christliche Ethik, die man aus dogmatischen oder weltanschaulichen Prämissen als unveränderliches Recht in der Gemeinde und für die Welt ableiten, in ein System oder eine Kasuistik bringen könnte. Wenn der Apostel in 1. Kor 9, 19 die christliche Freiheit als Frucht und Signatur des sich irdisch manifestierenden Evangeliums darstellt, tut er es in jener unübertrefflich von Luther wiedergegebenen Dialektik: „Ein Christenmensch ist ein freier Herr über alle Dinge und niemandem untertan. Ein Christenmensch ist ein dienstbarer Knecht aller Dinge und jedermann untertan." Alles kommt jedoch darauf an, daß man aus dieser Dialektik kein Gedankenspiel macht oder sie auflöst, indem man den ersten Satz auf den Bereich des inwendigen Lebens, den zweiten auf den unserer Existenz in der Welt bezieht. Das bleibt ein Mißverständnis selbst dann, wenn man auf diese Weise das Verhältnis von Glaube und Liebe kennzeichnen will. Glaube und Liebe lassen sich nicht auf zwei verschiedene Bereiche verteilen. Sonst wird der Christ schizophren, der Glaube illusionär, die Liebe zu einer Form frommer Werkerei. Ist nach Gal 5, 6 der Glaube in der Liebe tätig, so dankt er nicht zu ihren Gunsten ab, wenn es um die Begegnung mit dem Konkreten geht. Sonst könnte ihn jedermann zu seinem Vorspann machen, und von der christlichen Freiheit bliebe nichts übrig als jenes Zerrbild allgemeiner Menschenfreundlichkeit, welche nirgendwo anecken möchte, überall Kompromisse zu schließen sucht und faktisch statt des 1. Gebotes die jeweils stärkeren Bataillone des Establishments respektiert.

Wenn der Glaube in der Liebe tätig ist, wird vielmehr solche Liebe unverrechenbar. Gerade in ihr muß zeichenhaft sichtbar werden, daß Christen nicht mehr unter der Herrschaft des Gesetzes stehen, also die Erde nicht mehr aus den Schemata von „fromm" oder „gottlos" in Zonen trennen. Nur zu oft wurde vergessen, wie der Apostel den Grundsatz 1. Kor 9, 19 in den folgenden Versen exemplifiziert: Er kann sich denen unter dem Gesetz und denen ohne Gesetz gesellen und tut es doch als einer, der weder dem jüdischen Gesetz untersteht noch der heidnischen Gesetzlosigkeit anheimfällt. Das sieht wie Akkommodation aus, meint aber die Unbefangenheit, welche ihren Bewegungsraum nicht durch religiöse, moralische, politische, kulturelle und soziale Markierungen einschränken läßt. Der Mensch ist immer mehr als das Firmenschild, das er freiwillig auf seiner Brust oder gezwungen auf seinem Rücken trägt. Der Mensch ist immer weniger als ein eindeutiges, durch Erziehung und Selbstverwirklichung zur Eindeutigkeit gelangendes Wesen. Er ist keinwegs, obgleich Philosophen das behaupten, die Konstante der Geschichte, sondern weiterhin ihre unbekannte Chiffre. Weder über dem Individuum noch über seiner Spezies darf als ausgemacht gelten, was daraus wird. Der Mensch bleibt im tiefsten Sinne fragwürdig und, wenn man dem 139. Psalme traut, ein Wesen auf der Flucht, sei es vorwärts oder rückwärts, in den Himmel oder die Hölle. Wenn das Neue Testament so häufig den Teufel mitagieren läßt, hängt das durchaus mit antiker Mythologie zusammen. Doch ist Entmythologisierung kein Allheilmittel gegen die Dämonen, sondern nur Hinweis darauf, daß diese sich wandeln, Mensch und Welt aber problematisch bleiben. Der Aberglaube hat seine Gründe wie der Glaube, und beide verfilzen sich im konkreten Leben immer wieder. Profane wie kirchliche Institutionen verdanken ihr Profil und ihre Kontinuität nicht zum geringen Teil der Macht des Aberglaubens, der weit beharrlicher zu sein pflegt als der Glaube.

Weil es sich so verhält, gibt es keine christliche Ethik in Gestalt eines starren Systems oder einer festlegbaren Kasuistik. Der Glaube, der sich nicht in der Tat der Liebe äußert, ist Einbildung. Liebe, die sich dem Glauben gegenüber, sei es auch als seine Frucht oder – schlimmer! – als seine Wahrheit, verselbständigt, verliert ihre Orientierung im christlichen Sinne. Sie vergißt, daß sie Zeichen des Evangeliums zu setzen, nicht diese abzulösen hat. Wenn sie dem fragwürdigen, fliehenden, von Dämonien gefangenen Menschen solidarisch wird, ist damit der Bann des Aberglaubens über dem Menschen und seiner Welt noch nicht gebrochen, christliche Freiheit vielleicht bezeugt, aber noch nicht weitergereicht. Christliche Liebe und Ethik haben ihre Motivation in der Nachfolge des Nazareners und bekunden sich deshalb im Exodus aus der eigenen und aller andern Selbstvergötzung. Sie dienen in konkreter irdischer Wirklichkeit unter der Verheißung und dem Befehl des 1. Gebotes dem Angriff des Evangeliums auf Aberglauben und Dämonie. Insofern finden sie sich nicht mit sogenannten Zwangsläufigkeiten ab, sondern erheben selbst dem Tode gegenüber den Schrei der Freiheit. Insofern beugen sie sich nicht unkritisch unter vorgegebene Machtstrukturen, sondern fragen durchaus rebellisch danach, wie weit diese überholt, untauglich, dem Menschen zu dienen, geworden sind, sich korrigieren oder ersetzen lassen. Insofern werden sie sich davor fürchten, christliche Zwangsläufigkeiten und Machtstrukturen aufbauen zu wollen. Wo der heilige Geist auf Erden und durch Glaubende wirksam wird, schafft er nicht ewig gültige Formen und Planquadrate. Er tut es nicht einmal, wenn er kirchliche Gemeinschaft begründet. Er stellt unter den Ruf des Evangeliums und verhilft uns so zu der Menschen möglichen und notwendigen Freiheit.

Das zeigt sich nicht zuletzt darin, daß er uns dem Vernünftigen öffnet. Ohne Risiko geht auch das nicht ab. Der Rausch einer sich vom Glauben emanzipierenden Vernunft und einer dabei angeblich mündig werdenden Welt hat die Theologie oft genug in die äußersten Winkel der Spekulation oder die Untiefen der bloßen Aufklärung getrieben. Die Vernunft vermag den Glauben ebensowenig zu ersetzen wie die Liebe. Umgekehrt kann der Glaube auf sie wie die Liebe nicht verzichten. Ohne das Denken mit seinen Abenteuern, Gefahren, Nöten, unvermeidlichen Irrtümern bliebe er infantil und für den Abseitsstehenden unverständlich. Doch hat auch die Vernunft es auf Erden schwer. Sie setzt sich durchaus nicht von selber durch, ist zumeist nur ein Anspruch, nicht wirklicher Besitz jenes homo sapiens, der im allgemeinen von einer Unvernunft in die andere taumelt. Sie bedarf der leidenschaftlich engagierten und geduldigen Geburtshelfer und Wegweiser, der Wächter, die sie beschützen, der Einzelgänger, welche in ihrem Namen gegen die Tabus der Menge angehen. Wenn der Glaube sich ihr nicht überall einfach überläßt, sollte er doch aufmerksam auf ihre Stimme achten, ihr jederzeit Raum geben und sie nach Kräften unterstützen. Wenn das Evangelium tatsächlich dem Menschen dient, muß es auch jener Vernunft dienen, welche das Leben erhellt, erleichtert, beisammenhält. Dieser Vernunft kann andererseits nicht daran gelegen sein, daß der Glaube sich in ihrem Dienst verliert. Denn wir haben alle geglaubt, ehe wir erkannten, und bleiben auch in unserm Denken von unsern Sehnsüchten und Ängsten abhängig. Wir überspringen weder den eigenen noch viele fremde Schatten und müssen den letzten Gang alle in Glauben oder Aberglauben antreten. Glaube und Vernunft lassen sich nicht gegeneinander ausspielen. Sie gehören unter einem bestimmten Vorbehalt zusammen, wie gerade heute wieder mit höchstem Nachdruck betont werden muß. Im Namen der Vernunft kann von uns verlangt werden, daß wir kritisch und selbstkritisch den Realitäten furchtlos ins Auge sehen und darin glaubwürdig bleiben. Der Glaube wird umgekehrt weder sich noch der Welt verhehlen, daß die Nachfolge des gekreuzigten Nazareners menschlicher Selbstbehauptung ärgerlich und unvernünftig ist.

Mit der Vernunft steht es nicht anders als mit dem Gewissen. Man wird unmenschlich, wo man es nicht mehr respektiert und in radikaler Entschlossenheit schützt. Denn das Gewissen läßt sich betäuben und sogar totschlagen. Es erweist sich auch stets neu an Traditionen und Konventionen gebunden, denen man mit guten Gründen gegenwärtige Berechtigung nicht mehr zuerkennen darf, und kann sich in Skrupulosität verirren, welche christlicher Freiheit nicht entspricht. Vergewaltigt man es jedoch, hört der Mensch auf, ein im Innersten ansprechbares und verantwortliches Wesen zu sein und wird manipulierbar. Es ist unbequem, mit dem eigenen, erst recht mit dem fremden Gewissen leben zu müssen, zumal wenn es sich töricht benimmt und sich notwendiger Entwicklung in den Weg stellt. Man opfert jedoch den Menschen, wenn man es totalitär zerbricht oder demokratisch derart majorisiert, daß man ihm Stimme und eigenen Lebensraum versagt. Hier hat jeder Bildersturm seine unüberschreitbare Grenze, und das Christentum ist verpflichtet, solche Grenze auf die Gefahr hin zu hüten und einzuschärfen, selber als reaktionär, individualistisch, elitär, und wie die gängigen Schlagworte sonst lauten mögen, gebrandmarkt zu werden. Christliche Freiheit wird sich durch irrende, engbrüstig gewordene Gewissen nicht aus ihrem Kurs bringen lassen. Sie wird sich nicht scheuen, scharf und vernehmlich Betrug und Selbsttäuschung beim Namen zu nennen, wo immer Dummheit, Rechthaberei und Trägheit sich hinter ihrem Gewissen meinen verschanzen zu dürfen und damit ihrerseits andere tyrannisieren. Sie wird jedoch Anwalt des bedrängten Gewissens sein und darin aus jeder Disziplin ausbrechen. Wo kritische Vernunft und selbstkritisches Gewissen erstickt werden, gibt es keine Freiheit mehr. Christliche Freiheit versagt, sofern sie sich nicht stellvertretend der Vergewaltigten annimmt, selbst wenn sie deren Überzeugungen nicht zu teilen vermag. Es gibt kein Leben ohne Konflikte, und nicht alle Konflikte sind auf dem Weg des Kompromisses zu lösen. Manche müssen in ihrer Bitterkeit ausgehalten werden. Keine Lösung rechtfertigt jedoch die Verachtung des Menschen in seinen innersten Bindungen.

Das heißt nicht, daß das Evangelium diese innersten Bindungen des Menschen unangetastet ließe. Am Beispiel der Gesetzesfrömmigkeit verdeutlicht sich das. Der fromme Jude repräsentiert die tiefste und totale Bindung des religiösen Menschen, und doch ruft das Evangelium ihn auf, sie zu überprüfen, zu korrigieren oder sogar durch die Nachfolge Jesu zu ersetzen. Der Anspruch des Evangeliums ist revolutionärer als jeder andere. Denn er fordert nicht nur die Änderung der Welt, sondern die Wandlung der Herzen und das tägliche Sterben des Alten Adams in uns selbst. Das läßt sich durch keine Programmatik erreichen, sondern setzt die Begegnung mit dem gekreuzigten Nazarener voraus. Allein der neue Herr hebt alte Bindung auf. Die Schöpfung des neuen Menschen ist sein Werk, in das wir nicht mit unsern Methoden und Mitteln hineinzupfuschen haben, wenn wir nicht den Alten Adam in einer anderen Uniform oder als Konterfei unseres eigenen Bildes, uns selber als auswechselbares Glied unserer Partei, als ein Rädchen in unserem Apparat erhalten wollen. Daß man sich für uns entscheidet, nützt überhaupt nichts, wenn man sich nicht für unsern Herrn entschieden hat. Organisationen und Strukturen der Macht lassen sich auf vielen Wegen und nötigenfalls auch durch Gewalt ändern. Die Würde des Menschen respektieren wir selbst im Gegner, indem wir seine tiefsten Bindungen nicht durch Zwang, Überredung, Majorisierung auflösen. Wenn das Wort des Evangeliums und das Zeichen gelebter Nachfolge ihn nicht gewinnen, sind wir nicht befugt, ihn auf eigene Faust umzukrempeln. Hier endet unsere Freiheit und beginnt die des andern, die wir um jeden Preis zu verteidigen haben. Denn christlich ist Freiheit unlöslich damit verknüpft, daß wir sie andern ermöglichen und lassen. Es gibt sie nicht außerhalb ihres rechten Gebrauchs dem Nächsten gegenüber.

Eben so erlangen wir den Spielraum des Vernünftigen und weiten ihn aus. Es ist eine unerhörte Sache darum, daß durch Paulus nicht länger das jüdische Gesetz, eine moralische Weltordnung, eine eschatologische Utopie, eine religiöse oder profane Ideologie zum Kriterium der Ethik gemacht werden, sondern die Freiheit des Christenmenschen in der Jüngerschaft des Nazareners. Mag solche Losung samt dem ihr zugrundeliegenden Glauben unvernünftig erscheinen und von allen Seiten Widerspruch erfahren. Es ist nicht zufällig, daß das Neue Testament seine sittlichen Weisungen material aus jüdischer Weisheit und hellenistischer Popularphilosophie schöpft. Nicht zufällig ist ebenso, daß diese Weisungen sich nicht in ein soziales oder politisches Programm, in eine starre Systematik oder in allen Stücken gleich wichtige Kasuistik einfangen lassen. Der Herr der Christenheit war unbefangen genug, durch all das hindurchzubrechen, und er allein ist das Maß unseres Handelns. Darum können die paränetischen Ausführungen des Neuen Testamentes nur Wegweisung sein. Beispielhaft wird in ihnen herausgestellt, in welchem Gefälle und in welcher Orientierung wir zu bleiben haben, wenn Jüngerschaft nicht verleugnet werden soll. Unsere eigenen Entscheidungen in den wechselnden Situationen sind damit nicht vorweggenommen. Dazu muß man Augen und Ohren,

Verstand und Gespür, Phantasie und Takt so offenhalten, daß wir im Angesicht unseres Herrn auf das achten, was Brüder und Feinde nötig haben und Welt im Anspruch und unter der Verheißung des ersten Gebotes zu werden vermag. Im Niemandsland der Erde gibt es keine unverbrüchlichen Spielregeln. Es gilt einzig die Sendung, in welcher der Nazarener uns zum stellvertretenden Dienst am Menschen und zur Bekundung und Weitergabe der von ihm ausgehenden Freiheit beordert hat.

Auf der Hand liegt, daß solcher Dienst in Freiheit jeden Christen verantwortlich macht und segnen will. Deshalb verstehen wir die christliche Kirche in allen ihren Gestalten ausschließlich vom allgemeinen Priestertum der Gläubigen her. Nur wo alle den ihnen angewiesenen Platz, ihre spezifische Aufgabe, die damit gesetzte konkrete Autorität, Platzhalter ihres Herrn auf Erden zu sein, wahrnehmen, den Götzen aggressiv und defensiv widerstehen, sich der Wahrheit und dem Gericht des Mannes vom Kreuz beugen und deshalb jedem Geschöpf solidarisch zu werden vermögen, bedarf es der Kirche. Nur da hebt sie sich von andern religiösen und karitativen Organisationen ab. Nur da ist sie die Schar der Freien, welche dienend Freiheit praktizieren und als Gabe Jesu Christi preisen. Nur da wird die Welt in ihrem Alltag der vom Gekreuzigten beanspruchte Raum, dem die Gottesherrschaft nahegekommen ist.

5. VERKIRCHLICHTE FREIHEIT

Die im Neuen Testament erhaltenen nachpaulinischen Schriften stehen fast sämtlich in der Auseinandersetzung mit dem urchristlichen Enthusiasmus, der die Gemeinden damals aufs schwerste erschütterte und überall zwang, die Verhältnisse zu konsolidieren. Die Gegner kommen fast bloß in kurzen und undeutlichen Anspielungen zu Wort, so daß wir zumeist allein jene Entwicklung verfolgen können, welche auf dem Boden des sich anbahnenden Frühkatholizismus stattfand. Für sie ist es bereits äußerlich kennzeichnend, daß das Stichwort der christlichen Freiheit fast durchweg verschwunden ist. Wo man für Ordnung zu sorgen hat, ist dieses Stichwort gewöhnlich ungeeignet gewesen. Zwei Ausnahmen sind zu berücksichtigen: In 1. Petr 2, 16 werden die Christen als die Freien angesprochen, welche ihre Freiheit aber nicht als Deckel der Bosheit benützen dürfen, weil sie Knechte Gottes bleiben. Wie oft im 1. Petrusbrief klingt ein paulinischer Gedanke nach. Die Kindschaft und die Knechtschaft Gottes werden dialektisch verbunden, um Willkür auszuschließen. Frei kann nur der Gehorsame sein, weil nur er jene Kindschaft bewährt, welche in des Vaters Haus und Willen bleibt. Man wird das Gewicht eines solchen Verses nicht unterschätzen. Motive paulinischer Theologie wirken auf dem Missionsfelde weiter. Umgekehrt werden, wenn man das anerkennt, die Grenzen dieses Einflusses um so deutlicher. Die Freiheit ist nicht mehr der mächtige Strom, der das gesamte Leben des Christen und der Kirche trägt, sondern ein Rinnsal, das neben andern Motiven die gemeindliche Unterweisung speist. Charakteristischerweise taucht es hier auf, wo es die Pflicht des Untertanen gegenüber der Obrigkeit zu begründen gilt. Dahinter verbirgt sich noch das paulinische Paradox, daß die wirklich Freien dienen, die Erben der Weltherrschaft sich den bestehenden irdischen Gewalten unterwerfen, das Ewige im Vorläufigen sich gestalten soll. Wer die paulinische Botschaft nicht kennt, vernimmt jedoch bloß eine hübsche Formulierung, welche zur willigen Einordnung im politischen Bereich anhält. Noch eindrucksvoller ist die in Jak 1, 25 gebrauchte Wendung vom vollkommenen Gesetz der Freiheit, auf die in 2, 12 zurückgeblickt wird, so daß wir mit einer traditionell geprägten Redensart zu rechnen haben. Der Jakobusbrief hat viele solcher Redensarten. Überhaupt zeigt sich im späteren Neuen Testament die Tendenz, die wir genauso in der gegenwärtigen Verkündigung wahrnehmen und die man im weiteren Sinne als Sprache Kanaans zu bezeichnen pflegt: Schöne Formeln ersetzen ein ursprüngliches, kraftvolles Denken. Man greift sie auf, wo immer man sie findet, und es kommt nicht mehr darauf an, daß sie ihre ehemalige Weite und Tiefe behalten. Sie werden Zierat statt Halt der geistlichen Rede.

Auch bei Jak 1, 25 hat man gelegentlich an eine paulinische Herkunft gedacht. Das ist nicht völlig ausgeschlossen, weil 2, 14 ff. eine Auseinandersetzung mit mißverstandenen, vielleicht auch recht radikalen Paulusschülern vortragen. Doch nötigt nichts zu solcher Annahme, weil die Formel durchaus von Anschauungen und Aussagen der Diasporasynagoge her begreiflich wird. Sie hat die stoische These assimiliert, nach welcher der Weise an der Weltvernunft partizipiere und insofern heimlich König und frei sei. Das Judentum identifiziert, was stoisch Weltvernunft hieß, mit dem göttlichen Gesetz. Diese behauptet, daß nur der zutiefst mit der Ordnung der Dinge in Übereinstimmung lebe, welcher das Gesetz kenne und befolge, weil es die Stimme Gottes sei. Jakobus, dem unter Umständen leicht überarbeitete jüdische Traditionen zugrunde liegen, nimmt das auf und motiviert damit seinen Aufruf zum Tun des Wortes. Allein in solchem Tun der jetzt als neues Gesetz verstandenen Botschaft hat man Anteil an der Vollkommenheit, wird man auch wahrhaft frei.

Die Exegese dieser Stellen ist für unser Thema bedeutungsvoll. Sie zeigt eine stattgefundene Verschiebung an, welche die ganze Kirchengeschichte beeinflussen wird. Es sind eben nicht die großen Theologen, welche auf lange Sicht die Gemeinden bestimmen, obgleich diese sich unter Umständen nach ihnen nennen. Von ihnen bleiben gewöhnlich einige unvergeßliche Formeln und plattgewalzte Leitmotive übrig. Ebenso beruhigen sich nach bestimmter Zeit die Stürme wieder, welche zu Massenbewegungen geführt haben. Man könnte sich viele Aufregungen und Sorgen auch in der Kirche ersparen, bedächte man den Grundsatz, der boshaft österreichischer Bürokratie nachgesagt wurde, daß schließlich alles sich von selbst erledigt, wenn man lange genug wartet. Die großen Theologen sind, soziologisch und historisch betrachtet, fast stets Unruhestifter, deren taktisch-organisatorische Isolierung noch immer zu den bewährten Praktiken ökumenischer Bemühungen gehört. Die schwärmerischen Bewegungen flauen aber im Laufe einer Generation ab. Menschen und Institutionen lieben es nicht, unentwegt in Atem gehalten zu werden, und haben stets Wandschirme erfunden, welche sie erfolgreich vor zu starker Wärme schützen. Sie haben sogar die glühende Botschaft Jesu, die ein weltweites Feuer anzuzünden versprach, auf Zimmertemperatur zu bringen gewußt. So werden sie erst recht mit denen fertig, welche die Gottesherrschaft sich eruptiver, gefährlicher, atemraubender vorstellen. Im gleichen Maße, wie die Losung der Freiheit zurücktritt, häufen sich in der späteren Urchristenheit die Mahnungen zur Gottseligkeit in stillem Leben und Ehrbarkeit. Es liegt mir ganz fern, darüber etwa spotten zu wollen. Im Gegenteil, es ist noch heute geraten, dafür gelegentlich eine Lanze zu brechen, wenn unreife Jugend das zu leicht vom Tische fegt.

Umgekehrt sollte man freilich bedenken, daß die Parole der Gottseligkeit in Stille und Ehrbarkeit die Christenheit so stark gestaltet hat wie kaum eine andere und sich in unerträglicher Weise mit der politischen verband, Ruhe sei die erste Bürgerpflicht. Daß Christen keine Revolutionäre sein könnten, ist im allgemeinen so selbstverständlich geworden, daß niemand mehr daran Anstoß nimmt, wenn Christen reaktionär werden. Vielmehr erscheint das geradezu als normal und gottgewollt. Wenn der alte Adam nach gewissen Unterbrechungen von den Extremen zur Mitte zurückzupendeln pflegt, sollte man das gleiche Verhalten nicht unter allen Umständen dem neuen Adam als

Verdienst anrechnen. Sehr oft ist es nur Trägheit des Herzens, welche nach der Emmausgeschichte sogar im Schatten der Auferstehungsereignisse sich breitmachen kann. So geht es jedoch dort, wo man die ganze Bibel auf ein und dieselbe Ebene verlagert und die historische Kritik als gottlos verurteilt. Das bedeutet keineswegs, daß einem jetzt alles gleich wichtig würde. Man läßt ganze Bibelteile mehr oder minder unberücksichtigt, auch wenn man sie noch liest. Man wählt durchaus, unterscheidet aber das Notwendige und Unaufgebbare vom Peripherischen nach dem eigenen Geschmack, obgleich man den Subjektivismus bei andern aufs härteste verdammt. Bei den Frommen geht es nicht minder widersprüchlich her als bei den Kindern der Welt, obwohl sie manchmal sich selbst gegenüber unkritischer und meistens seltener zum Lachen über sich geneigt sind. Die Verschiebungen in der Urchristenheit brauchen uns kein Skandal, sie können uns eine unermeßliche Hilfe für das eigene Leben sein, wenn wir neben dem Göttlichen auch das Menschliche in Schrift und Geschichte beachten.

Der bedeutende Exeget Martin Dibelius hat einmal von den Pastoralbriefen an Timotheus und Titus gemeint, mit ihnen beginne die Verbürgerlichung der Kirche. Ich halte diese Formulierung nicht für glücklich, finde jedoch das unübersehbare Symptom einer Verlagerung des Schwergewichts darin zutreffend anvisiert. Man muß sich die Gefahr ausmalen, in welcher die Christenheit damals stand. Das Imperium hatte noch nicht zugegriffen, obgleich seine Drohung über dem Ganzen hing und in Schikanen mancher unteren Instanzen bereits gefühlt werden mochte. Den Repressionen des Judentums war man nicht mehr sonderlich ausgesetzt, eher der Konkurrenz heidnischer Religiosität. Bis zur Selbstauflösung der Gemeinden kam es jedoch unter dem Ansturm des Enthusiasmus, dem deshalb überall Riegel vorgeschoben werden mußten. Wie die Johannesbriefe ihm gegenüber zur Solidarität in der Bruderliebe rufen, so verteidigt der 2. Petrusbrief die traditionelle Eschatologie gegen ihn. Er tut es derart, daß die urchristliche Prophetie aufs äußerste eingeschränkt und die Schriftauslegung dem auf apostolische Sukzession zurückgeführten kirchlichen Amte vorbehalten wird. Anderswo wie im 1. Petrusbrief und wohl ebenso im Jakobusbrief wird die ethische Verpflichtung des Christen besonders hervorgehoben. In diesen Rahmen fügt es sich, wenn die Pastoralen auf dem ehemals paulinischen Missionsgebiet regelrechte Gemeindeordnungen entwerfen. Der Bestand, die Organisation, die Kriterien der Kirche werden zum vordringlichen Problem. Sie werden es auf dem Arbeitsfelde des Paulus besonders stark, weil dessen Verkündigung stets die unruhigen Geister gleichsam magnetisch angezogen hat. Seine Gemeinden scheinen sich nirgendwo lange in der von ihm geprägten Gestalt gehalten zu haben. Wo sie nicht völlig im Enthusiasmus untergingen, hat man ihnen aus judenchristlichem Erbe ein festes Korsett verschreiben müssen. Schon der Kolosserbrief und der 2. Thessalonicherbrief zeigen, wie stürmisch die theologischen Auseinandersetzungen in ihnen verliefen. Der Epheserbrief endlich ist das klassische Dokument einer Lehre von der Kirche, die aus paulinischem Erbe gestaltet ist. Gleichwohl hat als unpaulinisch zu gelten, daß die Kirche in ihrer ökumenischen Weite und mit ihren ökumenischen Merkmalen zum zentralen

Gegenstand der Theologie wird. Ein Hymnus auf sie, nach ursprünglich christologischem Schema gegliedert, leitet den Brief ebenso passend ein, wie das Verhältnis Christi zur Kirche in 5, 23 ff. als das große Mysterium der Endzeit und als Urbild der christlichen Ehe verstanden wird. Das Evangelium wird hier domestiziert. Mag die Welt weiterhin sein Raum sein. Sie ist es nur als der Rahmen, in den das Bild der Kirche sich fügt, und auf diesem Bilde ruht aller Glanz, zu dem auch das Ende der Geschichte nichts Wesentliches mehr beitragen kann. Die Christologie aber wird der Lehre von der Kirche integriert. Man hat das Haupt nur mit dem Leibe und durch ihn. Christus ist das Ziel, dem die Christenheit entgegenwächst, nicht im strengen Sinne mehr ihr Richter.

Die Kirche als der eigentliche Inhalt des Evangeliums, ihre Herrlichkeit die unübersehbare Manifestation des himmlischen Herrn, der Anteil an ihr mit dem Anteil an Christus und seiner Herrschaft identisch und seine Eigenschaften auf sie übertragbar, – wir kennen diese Botschaft. Sie hat zwei Jahrtausende überdauert, auch den Protestantismus fasziniert, und sie ist heute die stärkste Triebkraft der ökumenischen Bewegung. Würde ihr wenigstens in der Theologie des Kreuzes ein Gegengewicht geschaffen! Doch hat die triumphierende Kirche, selbst wenn sie beim Kreuz ihren Ausgang nimmt und es als ihr kostbarstes Geheimnis hütet, noch immer in stärkster Spannung zum Gekreuzigten selbst gestanden. Solange die Spannung unter heftigen Reibungen in ihr lebendig blieb, konnte man sich mit den Verhältnissen einigermaßen abfinden. Die schwerste Gefahr erwuchs stets, wenn die Kirche sich so in den Vordergrund schob, daß über ihr das Bild Christi verblaßte, zum Bilde des Gründers, des Kultheros, zur kirchlichen Ikone wurde, neben der mit der Zeit auch andere Ikonen Platz hatten. Gegen diese Gefahr ist die Reformation in Wirklichkeit aufgestanden, nicht gegen die der kirchlichen Verweltlichung, die sich freilich notwendig mit der ersten verbindet. Wo die Welt von der Kirche beherrscht und sogar Christus ihrem metaphysischen Ordnungsgefüge integriert wird, wird Kirche umgekehrt zu einer religiös verklärten Welt. Ihre eigentliche babylonische Gefangenschaft besteht jedoch darin, daß sie sich zum Mittelpunkt des Heils macht und zum Thema des Evangeliums wird. Die Introvertiertheit der Kirche ist der tiefste Widerspruch gegen den Gekreuzigten, der nicht seine Ehre suchte und sich an die Gottlosen dahingab.

Wir haben Grund und Recht, vor dieser Gefahr den deutschen Protestantismus gerade heute aufs eindringlichste zu warnen. Er hat hier alles, nämlich sich selbst zu verlieren. Eine ökumenische Bewegung, welche um die Lehre von der Kirche kreist, ihre Einigungen von dort aus vollzieht und erstrebt, endet in Rom. Damit ist nichts gegen die ökumenische Bewegung als solche gesagt, die ich nicht nur für unaufgebbar geboten, sondern auch für mit aller Kraft zu erstreben halte. Damit ist nicht einmal etwas gegen jenen römischen Katholizismus gesagt, in dessen kritischer Jugend ich manchmal mehr Freunde und Brüder als im eigenen Lager zu haben meine. Warum soll nicht schließlich der letzte Händedruck als Zeichen der Versöhnung in Rom so gut wie anderswo ausgetauscht werden, obgleich solche Erwartung vorläufig reichlich utopisch erscheint? Man muß sich immer nur vor sich selbst und denen bekreuzigen, welche unsern alten Adam bestärken. Die Dämonen lauern aber überall und sind leider nicht so leicht von Christen einzukreisen wie das Evangelium. Mit Rom ist hier das Symbol der sich selbst verabsolutierenden, in ihrer Tradition, in ihrem Amt, in ihren Rechtsansprüchen sich dem Gericht des Gekreuzigten entziehenden Kirche gemeint. Unannehmbar ist uns jene Mutter und Lehrerin der Gläubigen, welche dem Christus seine Würden raubt und die der Widerpart der reformatorischen particula exclusiva bleibt. Wir haben Grund und Recht, vor der hier aufziehenden Gefahr, der wir vielleicht längst erlegen sind, zu warnen. Denn wir sind auch unsererseits Erben einer bewegenden Geschichte, von der Reformation einmal abgesehen und bloß im Blick auf das, was seit dem vorigen Jahrhundert bei uns begann.

Es begann mit Vilmar und Löhe und den andern Neulutheranern, welche die Kirche für sich und ihre Zeit wiederentdeckten, mit den Erlangern, welche die Parole der Heilsgeschichte ausgaben, mit den wackern Liberalen, welche sich plötzlich wie Deissmann, Bousset, Fridrichsen der Kultfrömmigkeit ergaben. Es ging weiter mit Erik Peterson und Otto Dibelius, der das Jahrhundert der Kirche proklamierte, was ihm berechtigten und angesichts der Entwicklung auch unberechtigten Spott eintrug. Schlier und Bonhoeffer und ich, um nur einige Namen zu nennen, haben dann jeder auf seine Weise das Erbe aus so verschiedenen Strömen aufgenommen. Im hohen Norden wurde dem Beifall gezollt, weil die wichtigste theologische Entwicklung unserer Zeit eingesetzt hätte.

Es ist nicht so, als sprächen wir wie die Blinden von der Farbe. Als die Ökumene noch in ihren Kinderschuhen steckte, wurde uns schon das Herz beim Thema der Kirche heiß, und der Kopf blieb leider nicht kühl. Wie die Sache bei Peterson und Schlier ausgegangen ist, weiß man. Daß wir andern ihren Weg nicht mitgegangen sind – sei es aus mangelnder Konsequenz, sei es um grausamer Erfahrungen willen. Denn ein breiter Weg führt nicht nur zur Hölle, sondern auch aus der Anthropologie zur Ekklesiologie! –, verwundert mich immer aufs neue. Wir lagen so gut im Strom, und unser jetziger schlechter Ruf hätte auf diese Weise durchaus vermieden werden können. Der Kryptokatholizismus wird heute überall respektiert, besonders wenn er einige reformatorische Embleme behält. Es läßt sich wenig für ihn geltend machen, was wir nicht bereits in grüner Jugend gefühlt oder uns selber gesagt haben, als andere Leute noch im liberalen oder orthodoxen Protestantismus mit sich ganz zufrieden waren. Ihre letzten Schreie sind uns vertraut, und wir gedenken ihnen nicht abzukaufen, was uns angesichts unseres nicht vorhergesehenen Weges nun als Ladenhüter aus der Mottenkiste erscheint. Geraten wir dadurch in schlechten Ruf, wollen wir mit ihm wenigstens den Hohn verbinden, den gebrannte Kinder über die ergießen dürfen, welche sie leichtsinnig glühende Kohlen anfassen sehen.

Wir sind zur particula exclusiva zurückgekehrt, der eine mehr, der andere weniger, immerhin in dieser Richtung. Wir sind es, weil wir nach der aufregenden Entdeckung der Kirche die noch aufregendere des Gekreuzigten machten. Ob solche Antithese richtig oder falsch ist, mögen andere entscheiden. Für uns ist sie das Ergebnis unseres Lebens und Arbeitens und, falls einseitig und subjektiv, dann nicht mehr umkehrbar. Irgendwo muß man schließlich landen und darf sich nicht daran stören, daß andere bessere Möglichkeiten dafür zu sehen meinen. Die Lehre von der Kirche bleibt uns wichtig wie die ökumenische Bewegung und sogar der Katholizismus. Wir sind willig, Zeit und Kraft daran zu hängen. Sie faszinieren uns jedoch nicht mehr, weil uns keine Theologie der Herrlichkeit mehr zu faszinieren vermag. Wir leugnen nicht, daß es allezeit, wenngleich nicht überall, eine heilige, christliche Kirche gegeben hat und geben wird. Doch muß das allezeit und überall entmythologisiert, nämlich auf die Realität und die Funktion bezogen werden. Die Entmythologisierung der Kirche ist der dogmatische Angelpunkt für die des Kanons. Ohne Kirche würden wir zu schweifenden Nomaden. Ohne sie können nicht einmal die Partisanen leben. Doch ist sie nichts anderes als die Bruderschaft derjenigen, die Christus als Herrn anrufen, ihm nachfolgen, ihm weltweit dienen. Daß sie ihm dienen darf, ist ihre einzige Herrlichkeit. Von dort aus mag man selbst noch die Brautmystik von Eph 5 deuten und sich gefallen lassen. Doch verschweigen wir nicht, daß uns bereits bei dieser mystischen Vorstellung, welche Christus und die Kirche im himmlischen Gespann nebeneinanderrückt und gemeinsam zum Urbild christlicher Ehe macht, unbehaglich zumute wird. Im Himmel thront nur einer, und mit jener Spiegelung der irdischen Gemeinde im Himmlischen fängt die irdische Katastrophe falscher Autorität und kirchlicher Selbstvergötzung an. Sie führt zu den Inquisitionen und öffentlichen Rechtsansprüchen der allein zum Dienen berufenen Christenheit.

Wir haben Grund, wenigstens im Protestantismus den Protest dagegen wachzuhalten, wenn nötig, wie die Bilderstürmer den erdichteten und gemalten Heiligenschein abzublättern. Wessen Leben durch den Kirchenkampf geprägt worden ist, sollte bei seiner Ekklesiologie die in Esra 3, 10 ff. geschilderte Szene unvergeßlich vor Augen und im Herzen haben: Während das Volk bei der Grundlegung des Tempels jauchzt, weinen „viele der alten Priester und Leviten und Obersten der Vaterhäuser, die das vorige Haus gesehen hatten". Das Jauchzen mit Freuden und das laute Weinen vermischten sich so unentwirrbar. Das Lob der Kirche sei keinem verwehrt und sollte am rechten Platz und in den angemessenen Grenzen durchaus ermuntert werden. Die Sehnsucht nach der Stätte, wo die Heiligen sich versammeln und die schönen Gottesdienste des Herrn gefeiert werden, mag unauslöschlich in uns brennen. Den Spiritualismus dürfen wir nicht darin pflegen, daß wir die Organisationen, ihre Spielregeln und ihre Bedürfnisse verachten. Protestantisch ist jedoch keine Ekklesiologie, in welcher nicht laut und unmißverständlich über das irdische Zion geweint wird. Dabei brauchen uns nicht die Ideale derer zu bewegen, welche die Herrlichkeit des alten Tempels gesehen haben. Wichtiger wäre schon, daß wir uns von Offenbarung 21, 22 sagen ließen, warum die Himmelsstadt keinen Tempel mehr haben wird: „Der Herr, der allmächtige Gott, ist ihr Tempel und das Lamm." Kirche ist stets und überall auf ihren dereinstigen Abbruch angelegt. Übrig bleiben zuletzt nur der Herr und die Seinigen, die nicht mehr in Jerusalem oder auf dem Garizim, sondern im Geist und in der Wahrheit anbeten. Weil es sich so verhält, sagen wir, daß die Kirche sich ständig zu reformieren, mehr noch: sich unablässig selber zu überholen hat.

Unruhe und Aufbruch an allen Orten sind im ökumenischen Zeitalter nicht zu übersehen. Die sogenannte moderne Theologie sollte hier eingeordnet, statt am Alten gemessen zu werden. Für viele junge Menschen sind die in ihr sicher unausgegorene, aber lebendige Unruhe und der entschlossen von ihr vollzogene Aufbruch in die noch nicht bekannte Zukunft Gottes die einzige Attraktion der Kirche überhaupt. Welche Gefahren unvermeidlich auf unserm Wege liegen, wissen wir selber besser als die, welche über unser Tun lamentieren. Es spricht nicht für, sondern gegen sie, daß sie noch immer nicht begriffen haben, die Wanderschaft des Gottesvolkes erfolge in der Wüste, sei ein dauerndes Experiment und ende notwendig im Scheitern, sofern Gnade nicht bewahrt. Uns bekümmert umgekehrt, daß die Kirchen der Reformation den Gang vorwärts nicht mehr anführen, sich auf Experimente stets nur gedrängt, zögernd, ängstlich und ohne die Bereitschaft zum eigenen Sterben einlassen. Die am lautesten vom Geiste Gottes reden, werden am wenigsten von ihm umgetrieben. Wo man früher durchweg konservativ war, ist man heute weithin reaktionär geworden. Die Symptome dafür sind überall wahrnehmbar. Kirchliche Erklärungen werden am laufenden Bande produziert. Schon ihr Stil verrät sie zumeist als antiquiert. Pathos sollte man denen überlassen, die nicht ins falsche Horn blasen. Das Schema von Barmen – Wir bekennen, wir verwerfen! – bezeugt keineswegs den rechten Geist. Bekenntnisse können im Grunde nur unter Blut und Tränen geschrieben werden. Kirchliche Verlautbarungen heute würden ihrer jetzigen Situation entsprechen, wenn sie des heiligen Öls sich enthielten, den Stil und Charakter der Information trügen und Allgemeinplätze, mit denen alles einverstanden ist, wie den Teufel mieden. Wie in der normalen Predigt weiß man immer schon im voraus, was kommen muß. Genau das braucht jedoch nicht mehr gesagt zu werden. Die Welt hört nicht mehr hin, wenn wir auch im Alltag psalmodieren. Nur ihre Ordnungshüter sind über den bei uns herrschenden Patriarchalismus und alles hieratische Unwesen noch glücklich. Die plötzlich um sich greifende Devotion vor den leitenden geistlichen Ämtern wirkt grotesk, wenn damit die Spitzenfunktionäre der Verwaltung Weihrauch empfangen. Protestantisch gibt es nur ein leitendes geistliches Amt, das der Evangeliumsbotschaft, zu dem jeder Christ berufen ist. Das alles paßt auf den gleichen Nenner: Man demonstriert mitten im profanen Bereich das Numinose. Jesus erwies stattdessen das Numinose, indem er in die Profanität einging. Am schlimmsten ist, daß man solchen Kontrast nicht merkt und Gott im Unverstand wirklich zu dienen versucht, indem man das Sakrale zelebriert. Angefangen hat das damit, daß in 1. Tim 3, 15 die Kirche als Pfeiler und Grundfeste der Wahrheit proklamiert wurde. Dagegen ist nichts einzuwenden, sofern sie es tatsächlich ist, und sie ist es oft und lange genug auch gewesen. Nur hat man sich angewöhnt, die Kirche bloß noch so zu sehen, obgleich sie immer wieder zum Bollwerk religiöser Rituale wurde, aus einem

Notbau zum erdumspannenden Überbau, aus der Magd zur Herrin.

Wie ist es zur Identifikation der Kirche mit der Gottesherrschaft und ihrem Verständnis als der irdischen Repräsentantin der Macht Christi gekommen, die für uns das eigentliche Ärgernis darstellen? Die Antwort auf diese Frage läßt sich kurz geben: aus Not und Notwendigkeit. Not und Notwendigkeit sind stets die wahrhaft fruchtbaren Situationen, so gewiß sie auch die Gefahren beschwören. Das gilt für den Epheserbrief. Sein großartiges Konzept der Ökumene aus Juden- und Heidenchristen erwächst aus der Schwierigkeit, daß die sich unter den Heiden ausbreitende Mission die Judenchristen immer stärker in den Hintergrund drängt. So konnte aus ihnen schließlich eine kleine abseitige Sekte und die leichte Beute des Islams werden. Der wahrhaft inspirierte Verfasser des Briefes hat solches Unglück vor Augen und sucht es mit seinem enthusiastischen Programm zu verhindern. Die Pastoralen haben es mit der andern Not zu tun, welche der Enthusiasmus den Gemeinden bereitet. Sie greifen sie zweckmäßig unenthusiastisch und sogar antienthusiastisch an, indem sie die kirchliche Organisation straffen und gegen den Extremismus zu Felde ziehen.

Eine knappe Skizze mag genügen, obgleich hier wie anderswo viele Probleme übergangen werden müssen, die nur in dicken Büchern behandelt werden können. Im wesentlichen erfolgt der Vorstoß in drei sich überschneidenden Kreisen. Die Frage der Gemeindeleitung ist wahrscheinlich die wichtigste. Sie wird gelöst, indem der Episkopat überall eingeführt wird. Ihm tritt eine untergeordnete kirchliche Hierarchie von den Diakonen bis zu den Witwen, die in einem Institut besondere Funktionen erhalten, helfend zur Seite. Das kirchliche Amt ist zweifach geschützt: Zum mindesten faktisch wird es kraft der Ordination in apostolische Sukzession gestellt, welche die Apostelschüler Timotheus und Titus vermitteln. Umgekehrt werden die Charismen teils institutionalisiert, jedenfalls auf das episkopale Amt ausgerichtet, verlieren also ihre frühere Selbständigkeit. Was sich diesem Rahmen nicht einfügt, wird konsequent abgestoßen. Das bedeutet zweitens, daß die Verkündigung, die bisher das Recht der Inspirierten war, unter Kontrolle genommen wird. Ihr eigentlicher Träger wird wieder der Bischof, auch wenn er allein das Wächteramt über Lehre und Auslegung ausübt. Daneben hat nur Platz, was durch solche Kontrolle legitimiert wird. Das erstrebte Ziel und zweifellos weithin erreichte Ergebnis ist die „gesunde Lehre", die normativ und regulativ zugleich wirkt. Die Gemeinden verstehen sich drittens vornehmlich vom Leitbild der „Gottesfamilie" her. Dem entspricht, daß bei ihrem Aufbau der christlichen Familie besonderes Gewicht zufällt. Sie ist gleichsam die Keimzelle für die Gottesfamilie im ganzen. Eine patriarchalische Ordnung setzt sich auf diese Weise durch.

Es handelt sich also nicht so sehr, wie Dibelius meinte, um die Verbürgerlichung der Gemeinde, obgleich das für uns so aussehen mag. In Wirklichkeit geht es um die Stabilisierung der Verhältnisse in einer chaotischen Umwelt. Man kann diesem Unternehmen höchsten Respekt nicht versagen, eben weil hier zweckmäßig gehandelt wird und das Zweckmäßige gerade in der Organisation der Kirche weithin mit dem Gottgefälligen zusammenfallen dürfte. Etwas übertreibend mag man sogar feststellen, daß die christliche Gemeinde sich so dem Programm der Restauration einfügt, welches damals das Imperium im ganzen beschäftigt. Sie hat es im eigenen Bereich imponierend verwirklicht. Es ist nichts Geringes, wenn die Christenheit inmitten einer sich auflösenden Welt Ordnung schafft und hält und durch ihr bloßes Vorhandensein an den guten Willen des Schöpfers erinnert. Die Kehrseite darf darüber freilich nicht übergangen werden. Wie im menschlichen Leben überhaupt bekommt das Etablierte auch in der Kirche ein Eigengewicht, das von der Not Erzwungene und insofern Notwendige die Glorie des Legitimen. Schutzburgen, in welche man sich aus der Gefahr flüchtete, verwandeln sich in Trutzburgen, aus denen man sich nicht mehr lösen kann, wenn es an der Zeit ist, die Defensive durch die Offensive zu ersetzen. Das bedrängte Häuflein hat in der Zucht seine Rettung erblickt. Die Zucht läßt aber schon bald die Rute anwenden. Ist man erst einmal an die aufgezwungene Enge des Raumes gewöhnt, stellt sich fast unvermeidbar Engherzigkeit als Folge ein. An den Pastoralen und ihrer geschichtlichen Nachwirkung läßt sich das alles trefflich studieren.

Ihre Notwendigkeit heißt Ordnung. Trotz aller Proteste dagegen ist Ordnung jedoch kein spezifisch christlicher Begriff und nicht einmal ein unveräußerlicher christlicher Wert, wie es der Friede zwischen Gott und Menschen ist. In den Pastoralen zeigt sich das schon dadurch, daß die von ihnen erstrebte und aufgerichtete Ordnung sanktioniert werden muß. Die apostolische Sukzession des bischöflichen

Amtes ist ganz schlicht – natürlich kann ich nur im Namen der historischen Kritik sprechen! – eine von vielen christlichen Fiktionen. Es gibt nur eine apostolische Sukzession, die sich geschichtlich unbezweifelbar ausweisen läßt, nämlich die Nachfolge Jesu. Ganz richtig ist, daß sich die Gemeinde der Pastoralen wie die Briefe selbst nicht ohne Grund auf Paulus berufen können, jedenfalls auf eine Seite des Apostels, die ihnen verständlich war. Doch repräsentiert Paulus keineswegs den Apostolat im allgemeinen. Sein Bild ist in den Pastoralen von der Gemeindefrömmigkeit aufs stärkste übermalt, seine Theologie nivelliert, seine zentralen Anliegen sind verkannt. Er war auch Organisator, war es aber doch nur mit der linken Hand und immer recht eilig, weshalb man ihm hier von judenchristlichem Erbe her kräftig nachhelfen mußte. Wenn er Zucht zu wahren und durchzusetzen unternahm, so beweisen die in seinen Briefen dargestellten Nöte aufs deutlichste, daß ihm das lebenslang nicht glückte. Er trug daran selber Mitschuld, weil er die Charismen noch nicht an ein kirchliches Amt, sondern an die Vernunft des Geistes und die Liebe band. Diese bleiben erfahrungsgemäß auch in der Christenheit schwache Nothelfer. Er hat zwar hellenistisch-popularphilosophisches Gut ebenso wie jüdische Tradition benutzt, um christlicher Ethik im Alltag Leitbilder zu geben. Doch waren diese nicht aus einem sie umgreifenden Ordnungsprinzip abgeleitet und wurden deshalb nicht einfach zum neuen christlichen Gesetz. Er hat endlich das Evangelium noch nicht auf die gesunde Lehre reduziert, die notwendig die Züge einer Normaltheologie annahm. Im

Sog des Traditionsgedankens stellt man meist nur heraus, was ihn und seine späteren Schüler einte. Mindestens ebenso wichtig ist jedoch, was diese vergessen hatten oder festzuhalten einfach nicht mehr die Kraft besaßen.

Dann erst wird man zu Gesicht bekommen, worin die inzwischen erfolgte Verlagerung der Theologie und Praxis entscheidend sich ausdrückt: Wo Not und Notwendigkeit derart zur Ordnung rufen, hat man der christlichen Freiheit keineswegs rundweg den Abschied gegeben. Doch nimmt man diese Freiheit unter Kontrolle und in gewisser Hinsicht sogar in Regie. Der Geist definiert dialektisch, was Kirche ist, nur sofern die Kirche ihrerseits gleichzeitig den Geist definiert. Selbst das wird man noch nicht unrechtmäßig nennen dürfen, sofern Geist und Kirche nicht voneinander gelöst werden können. Wird jedoch der Geist von der Kirche wesentlich als Faktor der Ordnung definiert, ist nicht bloß der Enthusiasmus gebannt, sondern auch die Kirche als Hüterin und Verwalterin des Geistes nicht mehr einer sie selber richtenden Instanz ausgesetzt. Der Geist wird faktisch zur Macht der in ihr herrschenden Tradition. Dann ist die Fiktion unerläßlich, daß diese Tradition einheitlich sei. Doch hat bereits unser flüchtiger Gang von Jesus zur Judenchristenheit und hellenistischen Gemeinde und Paulus dargetan, wie wenig einheitlich die kirchliche Überlieferung in Wahrheit war. Unvergeßbar ist, wie viele Kämpfe, Gegensätze und Absplitterungen sie geformt haben, wie explosiv die schließlich erzielte Mischung des hier und dort oder allgemein Geltenden blieb. Eine von Fiktionen lebende Christenheit muß aber wenn nicht das Gesetz, dann wenigstens die Gesetzlichkeit einführen. Das wird um so schlimmer, wenn sie es in der Autorität des Geistes tut.

Leidtragend ist dabei die Freiheit eines Christenmenschen. Sie gibt es bloß noch, sofern man sich der geltenden Ordnung unterwirft, also im Bereich des Privaten. Natürlich wird dieser Raum auch seine religiöse Sanktionierung und Verklärung erfahren und durch die Prädikate der Gottseligkeit und Ehrbarkeit ausgezeichnet werden. Die Privatisierung der christlichen Freiheit ist nicht ihre Aufhebung schlechthin. Sie ist aber das Anzeichen dafür, daß Freiheit im Grunde nur ein Anspruch und eine Würde der Kirche als solcher ist. Sie wurde domestiziert oder, was dasselbe meint, verkirchlicht. Die Kirche kämpft fortan nach innen und außen um ihre Freiheit, aber sie kann nicht mehr ernsthaft und ausschließlich, wie A. Schlatter es tat, als die Schar der Freien bezeichnet werden. Das ist der Preis, den man christlich für die Erhaltung der Ordnung gezahlt hat und heute noch zahlt. Selbst im Protestantismus wurde die Freiheit des Christenmenschen und der versammelten Gemeinde zum Schlagwort. Man holt es am liebsten nur an Festtagen hervor, im Alltag wird es jedoch stets mit erheblichen Bedenken und aus der nicht unbegründeten Furcht vor der Willkür betrachtet.

Nun sind wir so an die Ordnung gewöhnt, daß christliche Freiheit, sofern nicht von dort aus interpretiert, hart an die Sphäre des Aufruhrs grenzt. Die Mauern sind immer enger geworden und die Herzen auch. Unser Denken wurde, sofern wir es nicht überhaupt den dafür Berufenen überließen, immer provinzieller, die Christenheit zu einem tragenden, inzwischen freilich morsch werdenden

Pfeiler der bürgerlichen Gesellschaft. Das Zweckmäßige in der Not zu ergreifen, ist eine Sache. Das einmal Notwendige zum Unabänderlichen werden zu lassen, ist eine andere. Haben wir uns nicht durch das Herkömmliche und ehrwürdig Alte unerträglich selber eingesperrt und andern gegenüber zu einem religiösen Ghetto gemacht? War der Preis für die gewonnene kirchliche Ordnung nicht doch allzu hoch, seitdem die Zeiten des Enthusiasmus und der Verfolgung vorbei sind? Bedürfen wir nicht um der heutigen Not, des heute Zweckmäßigen und Notwendigen willen einer Reformation an Haupt und Gliedern? Kirche hat heute allein als Schar der Freien Verheißung, den Namen Jesu vor der Welt zu verherrlichen und den ihr befohlenen Dienst an der Welt auszurichten. Als Macht- und Ordnungsbereich religiöser Art ist sie im Profanen längst überholt. Sie kann sich also nur introvertiert in der Sammlung und Bewahrung der zu ihr Gehörigen bewähren, die jedoch immer rascher zusammenschmelzen. Auch ökumenisch dargestellte und beanspruchte Freiheit der Kirche bleibt ideologisch, sofern sie sich nicht auf der Freiheit der Christenmenschen gründet und in ihr offenbart. Wir müssen es wieder lernen, daß im Alltag des Säkularismus jeder einzelne Christ die Kirche vertritt. Dazu muß man aber mehr als Ordnung anbieten, nämlich die geistgewirkte Freiheit des Jüngers.

6. DER WEITE WEG

Der Hebräerbrief schildert die Kirche als wanderndes Gottesvolk der Endzeit. Unter irdischer Bedrängnis droht es, zusammenzubrechen und vom Glauben abzufallen. Denn Glaube meint hier Treue. Der ganze Brief mahnt, nicht der Versuchung nachzugeben. Nach 10, 35 ff. darf man Vertrauen und Geduld nicht wegwerfen. Nach 12, 1 ff. muß man in dem uns verordneten Kampf bis aufs Blut widerstehen, nach 12, 12 f. die erschlafften Hände und gebeugten Knie straffen, um den begonnenen Lauf zu vollenden. Der Tag der endgültigen Erlösung ist nicht fern. Denn Gott hat seinem Volk eine Ruhe verheißen, jenen Sabbat, den er selbst nach der Schöpfung feierte. Auf dem himmlischen Berge Zion findet nach 12, 22 ff. bereits die Festversammlung statt, in welcher sich unzählige Engel und Selige um den göttlichen Richter und Jesus als den Mittler des neuen Bundes scharen. Trat das Volk der Wüste einst an den Sinai, um die schreckerregende Offenbarung der ersten Bundesschließung zu erfahren, so steht man nun im Angesichte des himmlischen Jerusalems, wo das ewige Heil auf uns wartet. Um so wichtiger wird das in 2, 7 ff. herausgestellte irdische „Heute“: Es markiert ebenso die äußerste Gefahr wie die sich in Bälde erfüllende herrliche Verheißung. Solchen Gratweg überschreitet nur der, welcher unter der Stimme des lebendigen Gotteswortes bleibt.

Ein unbekannter Lehrer hat unsern Brief geschrieben. Wir können die Verfasser der neutestamentlichen Schriften zumeist nicht identifizieren. Auch darin bildet Paulus, der uns so tief in seine Geschichte hineinblicken läßt, die große Ausnahme. Von den Evangelisten und den Verfassern der Apostelgeschichte und der Offenbarung wissen wir nicht mehr als die Namen. Völlig ausgeschlossen ist, daß es sich um Jünger des irdischen Jesus handelt. Denn sie mußten bereits Traditionen über ihren Herrn sammeln. Sie lasen das Alte Testament in der griechischen Übersetzung und spiegeln deutlich die Verhältnisse nach der Zerstörung Jerusalems. Die nichtpaulinischen Briefe endlich sind wie wahrscheinlich die an Kolosser und Epheser und der zweite an die Thessalonicher pseudonym. Man braucht deshalb nicht gleich von Fälschung zu sprechen. Einen Apostelnamen benutzt man weithin, um als Erbe echter Überlieferung sich von Irrlehre abzugrenzen. Freilich hilft das nicht lange. Die Gegner erkennen sehr rasch den Wert eines solchen Firmenschildes und schleusen getarnt recht bedenkliche Anschauungen in die Gemeinden hinein. So mehren sich seit dem 2. Jahrhundert unaufhörlich die apokryphen und pseudonymen Jesusworte, Evangelien, Briefe und Offenbarungen. Man sieht daraus, daß die Grenzen zwischen Orthodoxie und Häresie lange fließend blieben und erst ein umständlicher Ausscheidungsprozeß zum anerkannten Kanon führte. Man sieht daraus ebenso, daß gerade das Neue Testament der Theorie apostolischer Sukzession nicht günstig ist. Sicheres wissen wir nur von Paulus. Dessen

Apostolizität und selbst Christlichkeit hat man jedoch nach seinen Briefen schon zu seinen Lebzeiten und in seinen eigenen Gemeinden bestritten.

Wer das wahre Evangelium durch Namen, Träger kirchlicher Ämter und kanonische Autoritäten stützen möchte, geht in die Irre. Gottes Sache läßt sich nie durch Menschen, Traditionen, angebliche oder wirkliche historische Fakten, nicht einmal durch die Christenheit als solche rechtfertigen, schützen, eindeutig beweisen. Bestenfalls gewinnen wir auf solche Weise eine hilfreiche Gemeinschaft, deren man auch auf der Suche nach der Wahrheit nicht entraten kann. Wir benötigen Zeugen, die uns auf das eine Notwendige aufmerksam machen. Doch werden Zeugen andererseits sich immer unterscheiden und widersprechen. Sie zeigen, daß es in der Christenheit stets verschiedene und sogar gegensätzliche Fronten gegeben hat. Im letzten Gefecht ist darum jeder von uns gezwungen, den eigenen Glauben oder Aberglauben selbst zu verantworten: Den Stand im Angesichte Gottes gewinnt man nicht durch die Kolonne, Partei, Konfession. Hier kann man sich auch nicht vertreten lassen. Majoritäten aber sind der Wahrheit eher gefährlich als dienlich. Das Zeugnis des heiligen Geistes im eigenen Gewissen ist unentbehrlich und – bei gebührender Rücksicht auf die andern Instanzen, zumal den dauernden und sorgsamen Umgang mit der Schrift! – letztlich ausschlaggebend. Nirgendwo in unserm Leben bleibt uns die herrliche Freiheit, aber auch die Anfechtung der Gotteskinder erspart. Wir müssen in beide hinein, selbst wenn wir den Kanon aufschlagen. Ohne den Geist ist und bleibt er nicht Gottes Wort. So überzeugt kein Brief der Eltern, Kinder, Freunde denjenigen von Liebe, der nicht ebenfalls liebt, obgleich ohne diese Briefe seine Liebe erkalten und vertrocknen mag.

Der Autor des Hebräerbriefes ist ein urchristlicher Lehrer. Dieser Stand bezeugt ebenso wie der des Propheten das Evangelium für eine bestimmte geschichtliche Stunde. Dabei bindet sich der Lehrer jedoch stärker an vorgegebene Tradition. So wird die Verkündigung unseres Briefes hauptsächlich aus zwei Strömen gespeist, nämlich dem wahrscheinlich bei der Taufe proklamierten Christus-Bekenntnis und der heiligen Schrift des Alten Testamentes. Über den Ursprung der christologischen Bekenntnisse im Enthusiasmus haben wir schon gesprochen und dabei als ihre Thematik erkannt, daß der Überwinder von Tod und Teufel seine Jünger in seinen Sieg hineinreißt. Der Hebräerbrief wandelt diesen Gedanken, zweifellos in Anlehnung an Überlieferungen seiner Zeit, bedeutsam ab. Jesus bleibt für ihn der ewige Gottessohn, welcher schon die Weltschöpfung mitbewirkte und sie durch sein Wort erhält. Kreuz und Auferstehung haben den, der sich zuvor erniedrigt hatte, in die Himmel zurückgeführt. Dort herrscht er nun bis zum Jüngsten Tage. Doch gewinnt in diesem Zusammenhang das Leiden des irdischen Herrn ein ungewöhnliches Gewicht. 2, 10 zieht die Summe: „Es ziemte dem, um deswillen alle Dinge sind und durch den alle Dinge sind, der da viel Kinder hat zur Herrlichkeit geführt, daß er den Herzog ihrer Seligkeit durch Leiden vollkommen machte.“ Der Schöpfer handelt an seinem Sohn in der gleichen Weise wie an seinem Volk. Im Kreuz offenbart sich seine Pädagogik mit allen seinen Kindern, von der auch Jesus nicht ausgenommen wurde. Insofern ist es das Zeichen Gottes über der Geschichte schlechthin: „Unter Leiden prägt der Meister in die Herzen, in die Geister sein allgültig Bildnis ein." 5, 8 f. sagt es noch präziser: „Wiewohl er Gottes Sohn war, hat er doch an dem, was er litt, Gehorsam gelernt. Und da er vollendet war, ist er geworden allen, die ihm gehorsam sind, eine Ursache zur ewigen Seligkeit." In einem nicht wiedergebbaren Wortspiel wird hier jene Einsicht aufgegriffen, welche der Grieche Aeschylos in zwei Worten zusammenfaßte: leidend lernen! Unser Brief erhielt solche Maxime durch die jüdische Weisheit vermittelt. So stammt aus dieser auch das Stichwort der göttlichen Pädagogik, das erst an den Rändern des Neuen Testamentes auftaucht, später jedoch zu einem Leitmotiv werden wird.

Offensichtlich hat sich das Klima der urchristlichen Botschaft verändert. Solange man täglich mit dem Einbruch der Gottesherrschaft rechnete oder ihn mit den Korinthern bereits feierte, reflektierte man nicht über Menschenlos und Erdennot im allgemeinen. Der Zuspruch genügte: „Siehe, ich mache alles neu!" Man konnte die zeitliche Trübsal nicht gut übersehen. Adams Fall und die Schicksalsschläge auf dem langen Weg des Gottesvolkes waren nicht vergessen. Doch blieb das der Hintergrund jener sich endenden Nacht, die jäh durch den Schrei durchbrochen wurde: „Erhebet eure Häupter darum, daß sich eure Erlösung naht!" Allmählich mußte man sich aber eingestehen, daß der Jüngste Tag auf sich warten ließ. In diesem Augenblick setzte auch für die Christen das alte Fragen nach dem Sinn des Lebens wieder ein. Dankbar machte man sich jetzt alttestamentlich-jüdische Weisheit zu eigen, welche vom göttlichen Erziehungswerk an der Erde und den Menschen kündete. Es ist wohl wahr, daß Leiden in gleicher Weise verstockt und rebellisch macht, wie es zur Besinnung und bewährten Erfahrung führen kann. Wer sich jedoch mit seinem Schicksal überhaupt auszusöhnen vermochte, wird nicht leugnen, daß nichts besser wachsen und reifen läßt als ausgehaltenes Leid. Der Glaube spricht darum vom Erzieher Gott.

Wir gehen einen Schritt weiter. Nicht neu ist auch das Motiv vom Gehorsam Jesu, in welchem Röm 5, 12 ff. und Phil 2, 6 ff. die Herrlichkeit des irdischen Christus erblickten. Wieder verläßt der Hebräerbrief jedoch die damit vorgegebene Bahn. Jesu Gehorsam ist für ihn nicht die Antithese zum Ungehorsam der Welt Adams und die Signatur der Einzigartigkeit Jesu. Er ist das Zeichen jener Niedrigkeit, die den Sohn mit uns verbindet, und eines allgemein geltenden Gesetzes, nämlich: leidend lernen! Auch nach Paulus schafft zwar der Sohn die Söhne, der Gehorsame die Gehorsamen, indem die Jünger angehalten werden, ihrem Herrn im Leiden ähnlich zu werden. Doch spricht der Apostel von der Offenbarung des neuen Gehorsams, der das Gepräge der neuen Welt anzeigt. Seit Christus kommt es wieder zu einer Erde, welche ihren Schöpfer hört. Im Hebräerbrief wechselt folgenreich die Richtung der Aussage: Auch Jesus mußte sich dem über uns herrschenden Gesetz unterwerfen. In seiner Passion bekam er Anteil an unserm Los und wurde uns gleich, damit wir getrost seinen Weg nachschritten. Er wird mit andern Worten unser Vorbild. Freilich überragt er alle andern Vorbilder und heißt darum in 12, 2 der „Anfänger und Vollender unseres Glaubens". Diese Aussage ist nicht unerhört. Indirekt bestimmt sie auch die Geschichten von Jesu Versuchung, von Gethsemane, manche Passionserzählung und besonders das Lied vom Gottesknecht 1. Petrus 2, 21 ff. Dennoch liest das Neue Testament im allgemeinen das Wesen des Glaubens nicht an Jesus ab. Er ist nicht dessen Modell, sondern der Glaubenden Herr. Hier liegt das Recht der Kritik an einer Theologie, welche in der Mitmenschlichkeit das volle Evangelium finden möchte. Gewiß wird vom christlichen Glauben ein „Ich darf" mit einem „Ich soll" paradox verbunden. Doch ist das schon in Judentum und Griechentum möglich, erst recht in der christlich beeinflußten Philosophie etwa Kants und Fichtes. Man hat also theologisch sauber herauszustellen, ob und wie weit das Christliche mit dem ideal Menschlichen identisch zu sein vermag. Erst wenn man das bejaht, kann und darf man es in einer angeblich nachchristlichen Zeit dann auch in einer humanistischen Strömung auflösen.

Die Frage ist zu verneinen. Anders müßte man Jesu Kreuz in der allgemeinen Erfahrung menschlicher Brutalität und irdischen Leidens aufgehen lassen. Anders müßte man in ihm ein bloßes Exempel jener Pädagogik Gottes erblicken, welche in jüdischer Weisheit gepredigt und in der Botschaft der Alten Kirche reichlich unkritisch wiederaufgenommen wurde. Man mag sich freilich im Blick auf den Gekreuzigten über rechte Menschlichkeit besinnen. Doch wäre es unerlaubte Arroganz, wollte man hier verabsolutieren, solche Besinnung allein vom Kreuz her rechtfertigen und den Humanismus für das Christentum beschlagnahmen. Legitim mag es ebenfalls sein, Jesus als Anfänger und Vollender des Glaubens zu bezeichnen. Denn christlicher Glaube ist tatsächlich ganz und gar an Jesus gebunden. Hat solche Redeweise die Absicht, Jesus als den Schöpfer des Glaubens zu ehren, ist dagegen nichts einzuwenden. Doch geht es in der Theologie nicht bloß um Intentionen. Würde und Notwendigkeit hat sie nicht, wenn sie Formulierungen von der sich darin bekundenden Absicht rechtfertigt. Sie hat vielmehr zugleich die Aussagen kritisch an ihren Absichten, ihrer Zweckmäßigkeit und ihrer Gefahr zu messen. So ist jene Freiheit, welche jüdisch, griechisch oder philosophisch verkündigt wird, von der evangelischen zu unterscheiden. Die Norm dafür kann nicht der erzielte oder behauptete Effekt auf den Menschen sein, so wichtig er ist. Ein „Ich darf“ und „Ich soll“ mögen andere anders gewinnen oder beanspruchen. Das taugt deshalb als Norm nicht. Nochmals, keinesfalls sollte man ein Christentum verachten, das zur religiösen Spielart des Humanen wird. Was könnten Christen mehr wünschen, als daß Humanität aus einer vielfach mißbrauchten Parole endlich zu einer erdbestimmenden Wirklichkeit würde?

Gleichwohl bleibt die evangelische Norm jeder Verkündigung die christologische Frage: Kennen wir Jesus? Unser Glaube wird sich nicht damit begnügen, aus ihm das Modell und selbst den Archetyp des eigenen Wesens werden zu lassen. Er öffnet uns nicht bloß den Blick auf die eigene Existenz, so gewiß er das auch tut. Er wird nie bloß unser Erstlingsbruder, so gewiß das Neue Testament ihn schon so nennt. Er lehrt uns jenen Schöpfer kennen, der die neue Welt will und heraufführt, indem er die alte richtet. Er bleibt unser Herr, der das erste Gebot in seiner Verheißung wie in seinem Verbot zur Basis und Grenze unseres Lebens macht. Mit dem feinen Gespür des hassenden Gegners hat Nietzsche richtig erkannt, daß am Kreuz auch der ideale Humanismus zerbrechen muß. Nicht zufällig lehnen nach 1. Kor 1, 23 die Griechen es als Torheit ab, nennt man in der hellenistischen Welt das Christentum den Gegenstand des vom ganzen Menschengeschlecht geforderten Hasses. Nicht ohne Grund hat sich echter Humanismus zu allen Zeiten angeekelt von Jesu Kreuz abgewandt. Mit Recht sah er durch die Predigt, welche das Kreuz verherrlichte, die Würde des Menschen verleugnet, betrachtete er die Proklamation des Gekreuzigten, der Herr und Gott sei, als pervers und blasphemisch. Jesus lehrt uns kraft göttlicher Autorität, das Humane zu schützen und zu respektieren. Die eigene Respektabilität gründete er darauf nicht. Anders würde man ihn einen Lehrer bleiben lassen und aus seiner Geschichte eine menschliche Tragödie machen. Es gibt einen Humanismus als Frucht des Lebens, der Lehre und des Todes Jesu. Ein Vehikel der Christologie kann er nicht sein. Unüberwindlich ist für jeden Humanismus der Skandal des Kreuzes als Heilsereignis. Christliche Kreuzespredigt ist in gewisser Hinsicht durchaus inhuman. Denn sie entkleidet den Menschen seiner angemaßten Würde, demaskiert ihn nicht nur als Bettler, sondern auch als Verbrecher vor Gott. Die an ihr Ärgernis empfinden, verstehen sie besser und ernster, als diejenigen, welche sie ausschließlich humanistisch orientieren und begrenzen. Paulus, Johannes, die Reformatoren und doch wohl auch Jesus selbst haben behauptet, daß mit unserer

Gerechtigkeit und Weisheit auch unsere Frömmigkeit beendet werde, wo Gott auf den Plan tritt. Dann mag man in Mitmenschlichkeit sich allen Geschöpfen verbunden wissen. Den christlichen Humanismus gibt es jedoch so wenig wie den christlichen Staat oder das christliche Abendland. Behauptet man das Gegenteil, wird man illusionär und verklärt man die Geschichte, aus der wir herkommen. Wenn Christen sich für Humanismus, Kultur und eine bessere Politik einsetzen, tun sie das von jener durch das Kreuz markierten Grenze her, auf der es den Dienst nicht ohne das Ärgernis gibt.

Was bedeutet das für unsere Analyse des Hebräerbriefes? Wir sahen, daß er das urchristliche Bekenntnis aufnimmt. Er tut es, um die angefochtene Gemeinde zu trösten und zur Standhaftigkeit zu rufen. So wird ihm das Bekenntnis zum Anlaß, das Beispiel Jesu zu betonen. Wir haben uns nun klarzumachen, wie gefährlich dieser Akzent ist. Wo man vom Kreuze unter dem Stichwort der göttlichen Pädagogik spricht, wird es nicht des Ärgernisses beraubt. Es wird jedoch mit seinem Ärgernis in den Bereich unserer Leidenserfahrung, also frommer Humanität gerückt. Nicht zufällig gibt jüdische Weisheit den Blickpunkt und den Horizont für diese Darstellung, welche durch Leiden den Weg zur Vollendung bestimmt sieht. Anders als bei Paulus gilt hier tatsächlich die Regel: Durch Kreuz zur Krone. Seelsorgerlich höchst wirksam, ist das ein Leitmotiv aller späteren Predigt geworden. Wird jedoch auch Jesus unter diese Regel gestellt, so entschärft der anthropologische Effekt das christologische Ärgernis: Sein Kreuz hat schlechterdings in keiner Pädagogik Platz, in welcher es um die Sinngebung des scheinbar Sinnlosen, um die Abfolge von Entwicklungsphasen, um die Transzendierung des Allzumenschlichen, schließlich um die Verklärung des Humanen durch Einfügung in einen himmlischen Heilsplan geht. In Jesu Kreuz wurde allem irdischen Laufen und Streben ein Ende gesetzt, aus dem nur die Neuschöpfung aus dem Nichts oder die Verzweiflung folgen kann. Das Zerbrechen des Menschen vor seinem Herrn ist seine Wirkung.

Das urchristliche Bekenntnis bot unserm Brief nicht nur die Möglichkeit, Jesu Leiden und so die Tendenz herauszustellen, aus der die Passionsgeschichte als erster Ansatz der Evangelienbildung erwuchs. Röm 8, 34 zeigt, daß auch das Motiv des himmlischen Hohenpriesters, der uns bei Gott vertritt, bereits vorgegeben war. Der Brief entfaltet dieses Stück urchristlicher Liturgie außerordentlich breit in langen Kapiteln. Wieder dominiert dabei das seelsorgerliche Interesse: Das Heil der Gemeinde ist durch den verbürgt, der unablässig beim Vater sich für sie einsetzt. Mit Jesu Passion ist das aufs engste verknüpft. Der himmlische Hohepriester erinnert Gott ständig an das auf Golgatha gebrachte Opfer. Es wird gleichsam in Ewigkeit gegenwärtig gehalten, wie es, irdisch abgeschattet, beim Herrenmahl geschieht, an das die eucharistische Sprache in 13, 10ff. denken läßt. Nirgendwo hat sich neutestamentlich die Anschauung vom Opfertode Jesu als Sühne für unsere Sünden kräftiger niedergeschlagen. Da diese Anschauung den zweiten großen Streitpunkt zwischen der Gemeindefrömmigkeit und der modernen Theologie abgibt, haben wir darauf näher einzugehen.

An den Anfang seien zwei Feststellungen gesetzt, die von vornherein die Auseinandersetzung ein wenig entgiften können. Auch hier zeigt sich, daß die Gedankenrichtung bei Paulus und unserm Brief differiert. Jesu Tod ist für den Apostel die Vollendung jenes Gehorsams, der in der Adamswelt den neuen Gehorsam heraufführt und damit die neue Schöpfung begründet. Die Freiheit von der unüberwindlichen Sündenmacht ist hier betont. Zu diesem Zweck wird dann wie in Röm 3,24 f. gelegentlich auch an die judenchristliche Aussage von Jesu Opfertod als der Befreiung von der Sündenlast erinnert. Dem Judenchristentum, in dessen Gefolgschaft der Hebräerbrief steht, lag alles an der Vergebung alter Schuld. So wird von den Sünden pluralisch gesprochen. Paulus kommt es umgekehrt darauf an, darzutun, daß die Macht der Sünde – singularischer Gebrauch! – uns nicht mehr an einem neuen Leben im Christusdienst hindert. Beides ist nicht unvereinbar. Doch schaut man einmal mehr auf die Vergangenheit zurück, das andere Mal mehr auf die Zukunft voraus. Die Akzente sind verschieden. Das sollte uns bedenken lassen, daß in der Urchristenheit noch nicht alles, wie man es heute zuweilen wünscht, auf eine einzige Meinung und Predigtweise festgelegt war. Der zweite Unterschied ist noch wichtiger. Das Hauptinteresse des Hebräerbriefes ruht auf dem, was der himmlische Hohepriester gegenwärtig für die Seinigen tut. Er setzt sich beim Vater für sie ein, indem er ihn an Golgatha erinnert. Hier wird ganz deutlich, daß der Brief aus dem Motiv des Opfertodes entscheidend das Moment der Stellvertretung herausgreift. Jesus ist der Mittler zwischen Gott und Menschen. Wie er uns den Willen des Vaters bekundet, so legt er uns dem Vater ans Herz. Auch hier fehlt das Motiv des Ärgernisses, das die paulinische Kreuzespredigt zutiefst bestimmt. Im Gegenteil, unser Brief verdeutlicht Jesu Opfertod, indem er ihn zum Ende und zur letzten Sinnhaftigkeit alttestamentlicher Opfer macht. Es gibt eine ganze Kette von Handlungen, welche auf Jesu Tod vorausweisen. Wie sehr er über sie hinausragt, so vollendet er doch ihre Reihe. Einmalig ist er im Sinne der Überbietung, also gerade nicht im Sinne des Ärgernisses, das unerhört unserm Ahnen und Wünschen entgegentritt. Für Paulus haben nicht Menschen mit ihrem kultischen Tun schon immer auf Golgatha vorausverwiesen. Im Gegenteil, zu Golgatha wird alles zuschanden, was bisher als Frömmigkeit galt. Der Gott, der unsern Willen auch bei den Frommen zerbricht, macht alles Menschenwerk und jeden irdischen Kult eitel und närrisch. Er krönt nicht unser Streben mit seiner Gnade, sondern richtet durch seine Gnade gerade auch unsere Frömmigkeit. Der Pädagogik des Heilsplans setzt der Apostel dessen Ungeheuerlichkeit entgegen. Welch ein Gott, dem Menschen nichts anzubieten vermögen, weil er sein Werk mit untauglichem Material nach 2. Kor 3, 5 aus dem Chaos holt! Welch ein Bild vom Menschen, der nicht nur stets Bettler, sondern zugleich Verbrecher in der Rebellion gegen seinen Herrn ist! Wer von Jesu Opfertod wissend und deutlich reden will, muß sich hier auf die eine oder andere Seite schlagen, auf die der Pädagogik, die ihn kultisch einzuordnen versucht, oder auf die des Skandals.

Die Entscheidung an dieser Stelle hat außerordentliche Folgen. Die christliche Kirche ist, jedenfalls in den großen

Konfessionen, nie das Gepräge des Mysterienverbandes losgeworden. Sie hat es angenommen, als sie in die hellenistische Welt eintrat, in welcher der Erlösungsruf nur in der Weise der dort herrschenden Mysterienreligionen ertönen konnte. Der neue christliche Kult wurde das Zentrum des christlichen Lebens. Röm 12, 1 f. hatte zwar zum vernünftigen Gottesdienst im Alltag der Welt aufgefordert und damit in die Nachfolge Jesu gestellt, der aus den frommen Tabus in die Profanität ausbrach. Die Reformatoren haben die Kirche kräftig entsakralisiert und den irdischen Beruf als die Stätte der christlichen Bewährung gekennzeichnet. Doch ist es so geblieben, daß der eigentliche Gottesdienst am Sonntag stattfand und in die Gotteshäuser verlegt wurde, die deshalb zu Burgen des Glaubens werden konnten. Der Alltag blieb bestenfalls der Ausstrahlungsbereich des christlichen Kults, schlimmstenfalls wurde er davon mehr oder weniger getrennt und seinen eigenen Gesetzen überlassen. In der Antithese zur französischen Revolution und in der Fortwirkung der Romantik ist das kultische Denken im deutschen Protestantismus mehr und mehr gewachsen. Das Kirchenjahr zieht unaufhörlich seine scheinbar unverletzlichen Kreise und stellt uns unter das Gesetz, daß Jesu Geschick das Schicksal aller Zeit ist und deshalb von uns wenigstens in Nachahmung wiederholt und meditiert werden muß. Zentrales Mysterium bleibt dabei an Karfreitag und Fronleichnam, in der Messe wie der Herrenmahlsfeier die Repräsentation des Opfertodes Jesu und seine Wirkung, die unbegriffen, aber mächtig die Teilnehmer erfaßt und ins himmlische Wesen einbezieht.

Man sollte die heidnischen Eierschalen dieses ganzen

sakralen Betriebs erkennen und zugeben: Jesus der Kultgott, das heilige Jahr als Rückgrat des Kalenders und Lebens, die priesterliche Funktion, welche aus dem Rest des Gottesvolkes Laien macht; der sakrale Ort, welchem man sich in frommer Scheu naht und den man mit dicken Mauern von der Welt scheidet; jene Feier, welche uns in die Gemeinschaft der Engel und Seligen stellt. So wird Kirche heute fast überall von den Gläubigen und Ungläubigen gesehen. Daß man daran partizipiert oder damit nichts mehr anzufangen weiß, entscheidet über die Zugehörigkeit zu ihr. Man muß den vor sich sehen, der über die Landstraßen Galiläas und Samarias nach Jerusalem zieht, nirgendwo zuhause, sich allen gesellend, um den tiefen Kontrast zwischen dem Anfang und dem Heute zu ermessen. Er hätte wie die Qumrangemeinde ein Heiligtum in der Wüste gründen und von dort seine Missionare aussenden können, wenn er dieses Heute gewollt hätte. Das Kreuz selber hätte dann kaum stattzufinden brauchen. Gegen einen neuen Kult hatten weder Juden noch Römer und Hellenen etwas einzuwenden. Es muß doch etwas an unserm Betrieb falsch sein, wenn wir in einen derartigen Gegensatz zu Jesus selbst geraten. Man kann diesen unsern Betrieb nicht mit dem Hinweis auf Golgatha, Ostern und Pfingsten rechtfertigen, wenn darüber seine Wirklichkeit, er selbst verlorengeht. Die Kirchen wollen es alle nicht hören, daß die Welt durch Kulte nicht mehr gestört wird, ihn selber aber wie eh und je aufregend, ärgerlich, befreiend finden würde, wenn sie ihn nur zu sehen bekäme. Sie kennt alle unsere Heilstatsachen. Kennt sie aber Jesus? Kennen wir ihn? Ist das nicht die wahre Not der Kirche heute, daß

Jesus über dem christlichen Kult unbekannt wurde? Sollten wir nicht die Mauern unseres Ghettos durchstoßen, um selber zu ihm zurückzugelangen und andere mit ihm bekannt zu machen? Würde das nicht ein neues Pfingsten sein, an dem der Geist sich über die Erde ergießt? Wäre das nicht die von uns geforderte, aktuelle Buße der Christenheit, die doch immer Rückkehr meint? Hätte eine Theologie, welche solche Rückkehr vorzubereiten sucht, nicht verdient, daß man sie ernst nähme, statt sie zu verketzern? Weil der Ruf seiner Freiheit vergessen ist, erfahren wir die babylonische Gefangenschaft in der modernen Welt.

Selbst der Hebräerbrief hat nicht den neuen irdischen Kult gewollt. Er erklärt vielmehr ausdrücklich, daß seit Golgatha jeder Kult, jede Sakralstätte, jede priesterliche Funktion erloschen sind, und stimmt darin mit Paulus überein. Der wahre Gottesdienst ereignet sich nach ihm dann, wenn der Sohn den Vater für uns bittet und das Gottesvolk auf seiner irdischen Wanderschaft Treue hält, indem es unter der Stimme seines Herrn und beieinander bleibt. Nun gibt es jenen Protestantismus, der zwar nicht sonderlich am Kultischen interessiert ist, aber verbissen die Botschaft vom Opfertode verteidigt. Würde sie wie im Neuen Testament als eine unter mehreren Deutungen des Kreuzes betrachtet, brauchte man darüber nicht groß zu streiten. Man sucht uns jedoch hier auf eine einzige Formel und Verkündigungsweise festzulegen, und das geht zu weit. Gerade im Namen des Neuen Testamentes und seiner Vielfalt können wir christliche Freiheit nicht auf Vordermann bringen lassen. Dieser Preis wäre für gegenseitige Versöhnung und sogar für erhaltene kirchliche Gemeinschaft zu hoch. Kommt die christliche Freiheit in Gefahr, wird Paktieren unmöglich. Denn sie ist die Gabe Jesu, mit welcher der Glaube selber steht und fällt. So ist nicht zufällig um ihretwillen der Galaterbrief, das rücksichtsloseste Dokument des Neuen Testamentes, geschrieben worden. Als die Kehrseite und Frucht der Rechtfertigung des Gottlosen ist sie der Grundartikel der Kirche, von dem uns kein anderer Artikel, geschweige denn eine heilige Formel, entbindet. Doch brauchte die Gegenseite an dieser Stelle keineswegs unerbittlich zu sein, wie der Hebräerbrief zeigt. Er macht zweierlei ganz deutlich: Die Vokabel „Opfertod" stammt aus kultischer Sprache und bleibt deshalb nur solange notwendig, wie man das Kultische selber für unaufgebbar hält. Die damit anvisierte Sache ist letztlich aber, Jesus als den Mittler und Stellvertreter zwischen Gott und Menschen zu verherrlichen. An diese Sache gedenken wir nicht im mindesten zu rühren. Darf man jedoch über Vokabeln und Formeln ein theologisches Ultimatum stellen: Alles oder nichts? Wie viele Unterschiede zwischen den Konfessionen und selbst im Pietismus werden geduldig ertragen, von unaufhörlich erfolgenden Skandalen zu schweigen. Wäre dann Toleranz hier nicht angebracht? Ist Christus ein Gesetzgeber, der Überzeugungen diktiert, so daß das Bürgerliche Gesetzbuch ihm gegenüber harmlos wird?

Es ist zweitens zu bedenken, daß das Wort Opfer heute nur im Blick auf eine besondere, zumal heldische Leistung gebraucht und verstanden wird. Niemand kann daran interessiert sein, Jesus in den Bereich des Heroischen zu rücken. Das muß vielmehr unter allen Umständen vermieden werden. Andererseits ergibt sich aber die Schwierigkeit, daß wir in unserm Kulturkreis kultische Opfer nicht mehr pflegen und bestenfalls bloß historisch von ihnen wissen, schlimmstenfalls mit solcher Erinnerung magische Vorstellungen verbinden. Hinzu kommt, daß diese Opfer durchweg beabsichtigten, durch eine fromme Leistung Gott gnädig zu stimmen. Das gilt selbst für die alttestamentlichen noch, obgleich sie auf göttliche Einsetzung und gnädige Erlaubnis zurückgeführt werden. Auch ihnen gegenüber erklärt das Neue Testament, daß Gott sich mit uns versöhnt und durch keine menschliche Tat von uns versöhnt werden kann. Solange man noch lebendiges Opferwesen in Judentum und Heidentum vor Augen hatte, konnte man mit dem Hebräerbrief sagen: Das ist durch Jesus überboten, erfüllt und endgültig beendet worden. Heute hat solch ein Vergleich keine durchschlagende Kraft mehr, weil die unmittelbare Anschaulichkeit der Opferpraxis in unserer Umwelt nicht gegeben ist. Nur Eingeweihte können sie aus ihrer Kenntnis des Alten Testamentes ersetzen. Von welcher Seite man also das Problem anfaßt, nie werden die Dinge so klar, wie sie heutigen Menschen werden sollten. Gefördert wird durch das Bestehen auf der Formel nur die fromme Sprache Kanaans und bei Außenstehenden der Eindruck, es handle sich um ein mysteriöses Geschehen, also doch wieder das Verständnis der Kirche als eines Mysterienverbandes. Wir werden wohl oder übel von der uns aus dem Neuen Testament her vertrauten Formel Abschied nehmen müssen, wenn uns an der Klarheit des Evangeliums und der Verständnismöglichkeit des heutigen Menschen gelegen ist. Wir dürfen das, wenn alles wirklich darauf ankommt, in Jesus unsern Mittler und Stellvertreter zu erblicken. Wer es anders meint, soll sehen, wie er damit zurechtkommt. Theologische Verantwortung zwingt uns, hier kirchliche und biblische Überlieferung zu verlassen.

Diese Erwägungen sind nicht nur für die gegenwärtige Auseinandersetzung bedeutungsvoll. Für den, der überhaupt Notwendigkeiten anerkennen kann, ergibt sich zugleich, daß wir das Neue Testament nicht wie eine Sache haben, die man unverändert von Generation zu Generation weitergibt. Sein Charakter ist die des Wortes, das übersetzt und interpretiert werden muß. Wir haben es nur solange, wie wir es uns immer neu zu eigen machen, was nicht ohne den Gebrauch unseres Verstandes abgeht. Mehr noch: gerade die Treue gegenüber seiner Botschaft verlangt, daß wir zu kritischen Hörern werden und uns überlegen, ob wir das damals Gemeinte noch mit den gleichen Worten sagen dürfen. Das ist schließlich mit jener Einsicht zu verbinden, die wir beim Thema der göttlichen Pädagogik und seiner christologischen Zuspitzung im Hebräerbrief gewannen. Man kommt nicht einmal ohne Sachkritik gegenüber neutestamentlichen Aussagen durch. Wer von Gottes Pädagogik so spricht, daß er dabei der Christologie Schaden zufügt, muß sich auch als biblischer Autor korrigieren lassen. Selbst die Schrift muß sich dem Geiste beugen, nicht umgekehrt. Gerade um Gottes Wort wirklich zu vernehmen, können wir nicht den Buchstaben für sakrosankt erklären. Wer die Bibel anders liest, läßt Jesus nicht ihren Herrn und ihr Maß bleiben und macht sie zu einer Reliquie, die man zu verehren hat, auch wenn man nichts versteht und den Glauben durch Aberglauben ersetzt. Von dieser Einsicht aus wird dann historische Kritik zu einem unumgänglichen Arbeitsmittel der Theologie. Sie zeigt uns erst richtig die Verschiedenheiten in der Schrift und damit deren Reichtum. Sie hilft uns jedoch zugleich, das Wichtige und Notwendige vom Fragwürdigen zu trennen. Daß diese Methode nicht ohne Risiko angewendet wird, hat sie mit allen Methoden und mit dem Leben selbst gemeinsam. Wir müßten wünschen, nicht geboren zu sein, wenn wir dem Risiko aus dem Wege gehen wollen.

Schließlich läßt sich an dieser Stelle, wenn auch kurz, zeigen, was es mit der heute so umstrittenen existentialen Schriftauslegung auf sich hat. Der Hebräerbrief spricht von der Wanderschaft des endzeitlichen Gottesvolkes, wie es John Bunyan in seiner Pilgerreise zum Himmel getan hat, nämlich mit vielen mythologischen Bildern und Symbolen. Den heutigen Leser mutet bereits Bunyans Pilgerreise fremdartig an, weil er sich nicht einfach in die Vorstellungswelt des 17. Jahrhunderts versetzen kann. Die existentiale Methode bietet hier Hilfe. Sie geht von den Strukturen des menschlichen Lebens aus, soweit wir sie erkennen können. Dabei wird sie darauf stoßen, daß für unsere Existenz persönlich wie im Laufe der Geschichte charakteristisch ist, unterwegs sein zu müssen. Es gibt keinen Stillstand in der Geschichte. Jedes Geschlecht hat neu aufzubrechen und wird – spätestens im Tode, zumeist jedoch auch schon im Leben! – auf seine besondere Weise scheitern. Wir können uns auf der Erde nicht einrichten. Wir sind hier Gäste und Fremdlinge, wie es in Hebr. 11 heißt. Indem wir nun die Botschaft unseres Briefes auf diese allgemein menschliche Erfahrung beziehen – das eben ist mit existentialer Interpretation gemeint! –, bekommt die Mahnung unseres Textes eine ungewöhnliche Bedeutung gerade in unserer Zeit. Was Menschen nie können, dürfen Christen nicht einmal wollen, nämlich sich auf Erden uneinnehmbare Burgen zu bauen, beim Überkommenen zu bleiben, um der Vergangenheit willen die Zukunft preiszugeben. Jeder von uns ist täglich zu einem Exodus gerufen, wie nach 1. Mose 12 Abraham zuerst aus seines Vaters Hause in das unbekannte Land ziehen mußte. Wer nicht mitziehen will, verliert den Anschluß an das wandernde Gottesvolk, selbst wenn er in Tempeln sitzen bleibt. Was dem Einzelnen gilt, trifft nicht weniger die Kirche im ganzen. Auch sie ist unablässig zum Aufbruch gerufen und muß dahintenlassen, was ihr einmal Gewinn war. Anders wird sie nicht vom Geist, sondern von ihrer eigenen Tradition regiert. Der dauernde Exodus ist die Kehrseite christlicher Freiheit. Frei ist nur, wer das Alte aufzugeben vermag, um Gottes Willen heute und morgen zu begegnen. Dabei geht es wohl stets in die Wüste. Es gibt das verheißene Land nicht ohne Wüstenzug. Wir sehen: Gerade die existentiale Interpretation hilft, die Botschaft des Hebräerbriefes unerhört aktuell werden zu lassen, freilich auch ärgerlich. Denn unser Unglück ist, daß die Kirche wie der alte Adam selten zum Exodus und Wüstenzug bereit ist und beim guten Alten verharren möchte, auch wenn Jesus als Hoherpriester sie zur gefährlichen Freiheit und zur himmlischen Festversammlung auf dem Berge Zion ruft. Die Christenheit ist auf ihrem weiten Wege durch die Zeit stets müde geworden und wurde immer eben so versucht, vom Glauben abzufallen.

Wir scheinen in eine andere Welt zu kommen, wenn wir vom Hebräerbrief zum zweibändigen Werke des Lukas springen. Dennoch verbindet das gleiche Thema die Schriften. Auch Lukas spricht vom weiten Weg der Kirche. Er tut es freilich anders als der Brief. Für diesen ist charakteristisch, daß er vom Unterwegs her redet, als hätte das Gottesvolk sich ermattet für eine Nacht in der Wüste ausgestreckt. Lukas stellt dagegen die Erfüllung des göttlichen Heilsplanes perspektivisch dar. Auch er will damit indirekt das wandernde Gottesvolk trösten und zur Treue mahnen. Seine Einzelgeschichten sind darum viel erbaulicher als die der andern Evangelisten. Doch wurde er aus seiner Absicht heraus das, was man den ersten christlichen Historiker nennen mag, wenngleich wir dabei nicht die Maßstäbe moderner Wissenschaft anlegen dürfen. Immerhin, er will wirklich „erzählen, was gewesen ist", und tut es, wie der Prolog des Evangeliums ausspricht, überlegt und in planmäßiger Ordnung. Er tut es auch, wie die Anrede an Theophilus zeigt, mit der geradezu modernen Absicht der Information. Er ist darum viel weniger als die andern Schriftsteller des Neuen Testamentes Prediger. Man kann ihn mit Recht einen Berichterstatter und muß ihn zuweilen einen Propagandisten der göttlichen Siegesgeschichte nennen. Das Ende der Welt, mit dem er natürlich ebenfalls rechnet, liegt für ihn noch in weiter Ferne. So blickt er weniger vorwärts als zurück. Die Heilsgeschichte in ihrem geschehenen Verlauf ist sein Thema. Es wird von der Schöpfung und dem Jüngsten Gericht eingerahmt und erhält durch den Rückbezug auf das Alte Testament seine geschichtliche Tiefe.

Man müßte an dieser Stelle einmal ausführlich über die Aufnahme des Alten Testaments im Neuen reflektieren. Doch ist das in den Grenzen dieses Büchleins nicht möglich, so daß einige Randbemerkungen solche Lücke ausfüllen mögen. Die Judenchristenheit Palästinas hat die heiligen Schriften ihres Volkes selbstverständlich benutzt. Da bereits die jüdische Diaspora sie ins Griechische übersetzt hatte, konnten auch die Heidenchristen ohne besondere Schwierigkeit mit ihnen bekanntgemacht werden. Der Zweck war dabei zunächst, wie die Passionsgeschichte zeigt, Kreuz und Passion Jesu, dann das Auftreten des Messias und Gottesknechtes im ganzen als gottgewollt und verheißen herauszustellen. Problematisch wurden die Dinge erst in dem Augenblick, als die Frage akut wurde, ob und wie weit die Heidenchristen auf das Gesetz des Mose verpflichtet werden sollten. Für das Selbstverständnis der Kirche war dabei zu entscheiden, ob die Christenheit sich als Proselytengruppe, wie locker und distanziert immer, dem jüdischen Religionsverband eingliedern sollte oder einen tiefgreifenden Bruch mit dem alten Gottesvolk zu vollziehen hatte. Solche Probleme tauchen zunächst von der Praxis her auf, werden eine Weile lang in ihrer grundsätzlichen Bedeutung nicht erkannt und dann in ihren verschiedenen Möglichkeiten ausprobiert. Es hat allerlei Versuche gegeben, die scharfe Alternative zu umgehen. Die paulinische Mission machte das weitere Lavieren unmöglich. Es ist für die gesamte Kirchengeschichte folgenreich geworden, daß der Apostel unter harten Kämpfen die Gesetzesfreiheit des Evangeliums durchsetzte und infolgedessen Christus und Mose, die Gemeinde Jesu und die sich bildende Synagoge unnachgiebig voneinander schied. Notwendig meldete sich jetzt jedoch das neue Problem, wie die Kirche es mit dem Alten Testament halten sollte.

Es täte uns gut zu sehen, daß die Kanonfrage bis ins erste Jahrhundert zurückreicht und nicht eine Erfindung der historischen Kritik ist. Um der Redlichkeit willen müßte ferner gesehen und zugestanden werden, daß die Christenheit bis auf den heutigen Tag mit diesem Problem nie endgültig fertiggeworden ist. Wenn man das Alte Testament in den Kanon übernimmt, sollte auch das Gesetz des Mose für uns verbindlich sein, wie Sektierer nicht ohne Grund stets neu feststellen. Dispensiert man sich jedoch vom Mosegesetz und von vielem andern – das man mehr oder weniger stillschweigend einfach übergeht! –, hat man nicht mehr das Alte Testament, sondern bestenfalls eine Auswahl aus ihm akzeptiert. Was ist die Norm für diese Auswahl, nachdem man sich im allgemeinen gegen das Mosegesetz entschieden hat? Hier laviert die Kirche seit 1900 Jahren weiter, so manche Ansätze zu einer grundsätzlichen Lösung Platz gegriffen haben. Man behauptet, Gottes Wort finde sich auch im Alten Testament, und selten wird jemand das bestreiten. Faktisch kann jedoch keiner das ganze Alte Testament als Gottes Wort reklamieren, der das Gesetz für unverbindlich hält. Sähe man dieser Frage unerschrocken und gewissenhaft ins Gesicht, würde man nicht länger die moderne Theologie des Verrates gegenüber dem Kanon – und infolgedessen dem Gotteswort! – bezichtigen können. Sie bringt nur ins Bewußtsein, wie problematisch das Verhalten der Kirche an dieser Stelle stets gewesen ist. Sie leitet daraus allerdings Folgerungen für das Neue Testament ab, das, wie zuletzt am Hebräerbrief deutlich wurde, ebenfalls nicht auf einer Ebene liegt und unkritisch übernommen werden kann. So menschlich geht es eben auch bei frommen Leuten zu, daß die Feuerwehr der Brandstiftung beschuldigt wird. Man springt über das hinweg, was man nicht bewältigt, und nimmt es andern übel, wenn sie stolpern. Wie viele Eltern sich vor der sexuellen Aufklärung ihrer Kinder drücken, so deckt man auch theologische Probleme einfach zu, und man ist denen böse, welche die Schleier der Ratlosigkeit oder Verlogenheit aufheben. Man möge verstehen, daß wir niemanden in Sachen des Kanons ernst nehmen und für kompetent halten, welcher nicht klar angibt, wie man sich dem Alten Testament samt dem Mosegesetz gegenüber zu verhalten hat. Hier muß sich jeder auf Herz und Nieren testen lassen, der mitredet, ehe wir dann gemeinsam zum Neuen Testament übergehen.

Seit frühester Zeit hat man wenigstens Teillösungen angeboten. Die erste war, wie gesagt, im Alten Testament die Weissagung auf den Christus zu hören, und davon wird die neutestamentliche Interpretation beherrscht. Was sich dazu nicht eignet, ist im allgemeinen stillschweigend übergangen. Später wird man sich, wie bereits die Diasporasynagoge es getan hatte, mit der Allegorese helfen, und auch das ist zwar unerlaubt, aber keineswegs vorbei: Man legt in die Schriftworte einen geheimnisvollen Sinn, den man selten nicht der eigenen Phantasie verdankt. So wird das Hohe Lied aus einem profanen Komplex von Liebesliedern zum Lobpreis der Gemeinschaft zwischen

Christus und der Kirche, wobei freilich viel untheologische Erotik in Kauf genommen werden muß und zuweilen sogar genossen wird. Eine dritte Möglichkeit kündigt sich im Hebräerbrief an: Man benutzt das Alte Testament im wesentlichen als Beispielsammlung für belohnte Tugend und bestraftes Laster. Das alles kann sich natürlich verbinden. Das geschieht am leichtesten, wenn man den Kontrast zwischen Mose und Christus heilsgeschichtlich abschwächt und in eine Stufenfolge bringt. Das Alte Testament enthält dann die Vorgeschichte und Verheißung, das Neue Testament die Endgeschichte und Erfüllung. Auch hier wird das Problem nicht radikal gesehen. Einmal stehen im Alten Testament viele Dinge, die keineswegs Verheißung sind und sich kaum christlich akzeptieren lassen. Zum andern gibt es ein Judentum, welches jede christliche Interpretation des Alten Testaments ablehnt und darin allein seine eigene Geschichte vorgebildet erblickt. Wie sieht christliche Auslegung aus, welche der jüdischen ihr Recht nicht völlig nimmt?

Lukas hat sich jedenfalls im wesentlichen der letzten Linie angeschlossen. So läßt er das Geschlechtsregister Jesu anders als Matthäus bei Adam beginnen. In der sogenannten Antrittspredigt in Nazareth Lk 4, 16 ff. wird die Erfüllung der alttestamentlichen Verheißung zum entscheidenden Thema nicht nur christlicher Verkündigung, sondern auch lukanischer Erzählung gemacht. Die Emmausgeschichte stellt in Lk 24, 26 f.; 32 die Passion und das Ostergeschehen darunter. 24, 44 wiederholt es emphatisch, wie auch die Auseinandersetzung mit dem Judentum in der Apostelgeschichte unter diesem Zeichen geführt wird. Dem entspricht, daß Lukas nicht ohne tiefen Grund anders als in den andern Evangelien das Gleichnis vom Säemann isoliert berichtet. Auf diese Weise wird Jesus in seinem gesamten Werk derjenige, welcher den Samen des göttlichen Wortes ausstreut und die christliche Mission begründet. Wie bereits in Nazareth Lk 4, 25 ff. angekündigt wird, daß die Heidenmission ihr Ziel ist, so wird das in Apg 13, 17 ff.; 46 f. und in schneidender Polemik nochmals am Schluß der Apostelgeschichte aus der Schrift und dem Heilsplan Gottes abgeleitet. Die Formel: „Es muß geschehen", die ursprünglich in prophetischer Rede die Ereignisse der Endzeit voraussagte, wird von Lukas stereotyp dazu verwandt, um auf den göttlichen Willen hinzuweisen, welcher in der alttestamentlichen Verheißung fixiert wurde. Das wichtigste Indiz dieser Beweisführung sei zum Schluß gebracht: In Apg 1, 8 wird geradezu das Programm des lukanischen Berichtes aufgestellt: „Ihr werdet meine Zeugen sein in Jerusalem und ganz Judäa und Samarien und bis an die Enden der Erde!" In solcher Reihenfolge gliedert sich dann die Apostelgeschichte selbst. Dabei will beachtet sein, daß die Formel „Enden der Erde" aus jüdischer Apokalyptik stammt, von Lukas aber heilsgeschichtlich auf das Zentrum des Imperiums bezogen wird, also auf Rom. Indem sein Bericht dort endet, ist die alttestamentliche Heilsankündigung tatsächlich erfüllt.

Wir ziehen die Summe: Das lukanische Werk ist eine Nacherzählung der göttlichen Heilsgeschichte in ihrer entscheidenden Endphase. Weil es sich so verhält, ist zuerst Lukas auf den Gedanken gekommen, das Evangelium und die als Missionsbericht dargebotene Apostelgeschichte zu einem einzigen Werk zu verbinden. Jesus ist für ihn der Anfänger dessen, was durch die Apostel vollendet wird. Das Alte Testament dient aber dazu, diesem Heilsgeschehen göttliche Notwendigkeit und weltgeschichtliche Tiefe zu verleihen. Das bedeutet, daß allem Tun Gottes seit der Schöpfung die Merkmale der Zielstrebigkeit und Folgerichtigkeit, also einer inneren Kontinuität, anhaften. Langsam entwickelt sich im Lauf der Zeiten jenes von Anfang an bedachte und gewollte Reich, das sich in der Kirche manifestiert. Man kann, wenn einem die Augen dafür geöffnet wurden, den Spuren einer weisen und allmächtigen Vorsehung in der Geschichte folgen. Man kann es selbst als Historiker. Freilich sind diese Spuren nach Apg 2, 11 durch die großen Taten Gottes, also durch Wunder, gekennzeichnet, die nicht jedermann sehen will. Die Auseinandersetzung mit den Juden, die Jesus in Unwissenheit gekreuzigt haben, und mit den Griechen auf dem Areopag, welche den unbekannten Gott verehren, zeigt jedoch, daß jedermann sehen könnte, mindestens wenn die Kirche die vorhandenen Geheimnisse lüftet. So sind für Lukas auch die Pharisäer, welche die Auferstehung der Toten bekennen, die Vorläufer der Christen. Sie haben gleichsam schon den Schlüssel in der Hand, der die Türe zum Gottesreich auftut, gebrauchen ihn nur nicht. Man muß sich klarmachen, was es mit diesem großen Entwurf theologisch auf sich hat. Lukas registrierte nicht bloß. Auch wo er als Erzähler oder als Historiker erscheint, ist er in Wirklichkeit Theologe, obgleich seine Ausleger das nicht immer gemerkt haben.

Persönlich würde ich meinen, an seiner Wirkung gemessen, sei er der größte Theologe des Neuen Testaments. Denn er hat die Gemeindefrömmigkeit aller Jahrhunderte wie kaum ein anderer in der Urchristenheit geprägt. Gottes Wille begegnet nicht allein im Wort, sondern ist nachträglich aus der Tradition der Kirche und ihrer Geschichte ablesbar. Glaube meint: sich von beiden her die Augen öffnen zu lassen. Es gibt etwas zu sehen, worauf man ihn gründen kann. Man darf dabei mit Recht von Heilstatsachen sprechen. Es handelt sich freilich um Wunder. Doch sind diese konstatierbar und werden von Juden und Heiden immer wieder mit Staunen und Entsetzen wahrgenommen. Die Welt ist voll der großen Taten Gottes. Wie sie vom heiligen Geist gewirkt werden, der also spezifisch die Macht des Wunders ist, so ist er zugleich die Kraft, welche die Heilsgeschichte bewegt, zusammenhält und dem Glaubenswilligen erkennen läßt. Wie die Juden sind die Heiden nicht ohne Ahnung des göttlichen Wirkens, weil auch sie die Wunder in Natur und Geschichte vor Augen haben. Die christliche Predigt enthüllt ihnen den verborgenen Grund ihrer Religiosität. Sie leitet von der natürlichen Theologie zur Offenbarung. Nur die Verstockten glauben nicht, obgleich sie sehen könnten. Die Kirche wird zur Mutter und Lehrmeisterin der Völker. Sie markiert die Fülle und Mitte der Zeit, auf welche endlich die himmlische Seligkeit folgt. Begonnen hat ihr Werk mit den zwölf Aposteln, die Jesus von Anfang an begleitet haben und also zugleich seine Augenzeugen sind. Paulus ist ihr Delegat für die Heidenwelt gewesen. Als er scheiden mußte, hat er den Ältesten sein Testament und seine Warnungen vor kommenden Irrlehrern hinterlassen. Ohne daß es deutlich ausgesprochen wird, gibt es also so etwas wie eine apostolische Nachfolge, in welcher die kirchlichen Ämter die Einheit der Christenheit bewahren.

Man kann die Bewunderung diesem Entwurf um so weniger versagen, als das alles mit den einfachen Mitteln der Erzählung festgestellt wird, gleichsam in der ersten Bilderbibel für die Armen und Ungebildeten. Man wird auch nicht vergessen, wie viel Kraft, Mut und Zucht die Christenheit immer wieder aus diesem Bericht geschöpft hat. Alles ist so klar und einleuchtend. Alles ist zugleich so überaus geschickt und kunstvoll: Lukas erzählt dauernd unverlierbar sich einprägende typische Szenen, und er verbindet mit den von ihm gebotenen Fakten stets vortrefflich psychologische Einfühlung und farbenreiche Kontraste. Gewiß gibt es unvermeidliche Störungen, Hindernisse, Bedrohungen und sogar Martyrien. Zuweilen kommt es in der irdischen Gemeinde und selbst unter ihren Führern zum Streit. Doch endet auch das schließlich im Guten. Im allgemeinen sind alle stets einmütig und mindestens zum Kompromiß bereit. Dem Teufel fällt es schwer, unter so viel frommen Leuten auf seine Kosten zu kommen. Er muß sich dazu der Außenseiter und Betrüger bedienen. Auch unter den Juden haben die Christen Freunde. Die Römer beweisen eine erstaunliche Toleranz. Selbst die griechische Weisheit, die in diesem Bilde relativ schlecht wegkommt, findet sich wenigstens bereit, an ihrer Hochburg jenem Paulus zuzuhören, der sie mit ihren eigenen Waffen zu schlagen weiß. Über allem waltet, wie ein blauer, nur durch einige Wolken getrübter Himmel, jene Harmonie, die göttlicher Leitung ansteht. Es ist, als würde das konstantinische Zeitalter über zwei Jahrhunderte hinweg vorausgeahnt. Wie in der Weihnachtsgeschichte singen die Engel ihr Gloria über dem, was sich auf Erden ereignet. Umgekehrt verteidigen kluge, entschlossene und für ihren Glauben zum freudigen Sterben bereite Männer auf Erden die Sache des Himmels. Man kann es begreifen, daß dieser Christenheit die Zukunft gehört. Sie zeichnet nicht nur Heilsgeschichte nach. Sie schickt sich auch an, Weltgeschichte zu machen. Denn so sieht im Unterschied zum Hebräerbrief bei Lukas der weite Weg aus: Er ist nicht die Himmelsreise ermatteter Pilger durch die irdische Wüste. Er ist der selbst unter Blut und Tränen nicht aufhörende Siegeszug, auf dem der christliche Glaube die Erde erobert.

Diese Darstellung wirft freilich einige Probleme auf, an denen wir nicht vorbeigehen können. Wir fragen uns, wo all die tiefen Schatten urchristlicher Nöte und Kämpfe geblieben sind. Hat Lukas nicht mehr idealisiert, als einem Historiker und selbst einem Erbauungsschriftsteller erlaubt ist? Wohl verstehen wir die Absicht, daß spätere Generationen in diesem Spiegel einer heiligen Vergangenheit erkennen sollen, wonach sie zu streben haben. Hat Lukas jedoch des Guten nicht zu viel getan? Müssen wir, wenn wir unsere Verhältnisse und die teilweise greulichen Zustände im Lauf der Kirchengeschichte bedenken, nicht zu dem Urteil gelangen, Lukas schildere ein nochmals verlorenes Paradies? Das rächt sich, weil die Christenheit nun mit ihren Anfängen zugleich sich selbst idealisiert. Nicht selten gerät sie auf diese Weise in eine Traum- und Märchenwelt hinein. Finden wir dazu keinen Zugang mehr, verlieren wir die tröstende und mahnende Kraft unserer Geschichte. Anders werden wir zu Utopien verführt. Auch eine heilige Vergangenheit hat ihre Gefahren. Sie wirken um so tiefer, je weniger wir sie bemerken. Formuliert man die hier zu gewinnende Einsicht geistesgeschichtlich, ist zu sagen: Lukas hat zum ersten Male christlich Supranaturalismus und Rationalismus miteinander versöhnt, wobei ihm seine Umwelt freilich Hilfen bot. Sein Werk strotzt im einzelnen von Mirakeln und notiert auf jeder Seite die göttliche Lenkung der Geschichte. Indem der Historiker beides in eine Ordnung bringt, welche das Himmlische und das Irdische in einem anschaulich werdenden Heilsplan verbindet, wird ein Hauch hellenistischer Aufklärung spürbar, den wir nirgendwo sonst im Neuen Testament gewahren. Der religiöse Hellenismus rechnet selbstverständlich mit dem Eingreifen der Götter und Dämonen in das alltägliche Leben. Aufklärerisch wirkt es, wenn solcher Wunderglaube die Welt nicht als ein chaotisches Kampffeld versteht, sondern selbst die bösen Geister bloß Unruhe stiften läßt, über welcher die Vorsehung um so herrlicher triumphieren kann.

So lassen sich übernatürliche und historische Begebenheiten ausgleichen, einer transzendenten Harmonie, immanenten Kontinuität und geschichtlichen Entwicklung unterwerfen. Wie sollte diese Mischung des scheinbar Unvereinbaren nicht noch immer bezaubern? Genau das erlaubt, moderne kirchliche Schizophrenie zu rechtfertigen. Von allen Seiten durch die Ergebnisse der Wissenschaft und Technik umbrandet, macht man sich im Alltag sämtliche Errungenschaften der Zivilisation nutzbar. Dafür spart man im religiösen Bereich Raum für das Supranaturale aus. Ein beängstigendes Symbol dieses Zustandes sind die jedermann offenstehenden, noch immer in den Himmel ragenden Gotteshäuser, die gleichsam als Museen des lieben Gottes im allgemeinen nur von einer verschwindend kleinen Bevölkerungsgruppe besucht werden. Ein früher sinnvoller Anspruch, Zentrum des öffentlichen Lebens zu sein, wird festgehalten und von der Umwelt mehr toleriert als ernst genommen. Er repräsentiert jenen Status des Feiertages, der, selbst als solcher fast überall zweckentfremdet ausgefüllt, bestenfalls stundenweise respektiert wird. Wenn der Christenheit nicht jeder Sinn für die Wirklichkeit abhanden gekommen ist, müßte sie es doch wenigstens in Scham und Verzweiflung sehen und zugeben: Die ehemalige Harmonie von Welt und Himmel hat sich im Laufe der Zeiten zunächst zu einer erbaulichen Hypothese und heute in eine fromme Lüge verwandelt. Wie viele für sich selbst noch den Supranaturalismus am Sonntag mit der rationalen Alltäglichkeit zu vereinen suchen, um uns herum ist diese Union zerbröckelt und gespenstisch geworden. Vergebliche Liebesmühe möchte das Haus der Väter restaurieren. Doch ist uns auch hier der Auszug aus dem Alten und Überlebten geboten. Das metaphysische Gefüge einer prästabilierten Ordnung, die wenigstens bruchstückweise sich vom Himmel her irdisch spiegelt, ist endgültig zerbrochen.

Lukas konnte selbst in seiner Zeit daran nur deshalb festhalten, weil er das Ärgernis des Kreuzes Jesu nicht tief genug empfand. Natürlich erzählt er die Passionsgeschichte. Doch handelt sie wie das Martyrium des Stephanus bei ihm von einem friedvollen Sterben und Überwinden. Die Apostelgeschichte erklärt unverhohlen, nur die Unwissenheit und das Mißverständnis der Juden habe es dazu kommen lassen. Gott hat zu Ostern diese weltgeschichtliche Panne wieder in Ordnung gebracht, wie er alles zu seiner Zeit in Ordnung bringt. Die lukanische Verkündigung ist nicht Kreuzespredigt. Sie ist nicht einmal exklusiv das Evangelium von Jesus. Anders würde sie die Apostelgeschichte sich nicht fugenlos eingliedern. Sie ist Missionsgeschichte, in welcher Jesus und die Apostel einander folgen und die Kirche konstituieren. Weil Lukas verschiedene urchristliche Traditionen sammelte, widerstrebt sein Detail nicht selten der Tendenz des Ganzen. Doch zeigt die Apostelgeschichte, daß Jesus hier als der Beginn der Heilsgeschichte in ihrer letzten Phase betrachtet, ihr so zugleich aber eingeordnet wird. Auf der Ebene des historischen Berichterstatters wiederholt sich also, was theologisch schon im Epheserbrief bemerkbar wird: Die Kirche hat ihren Herrn vereinnahmt. Er bleibt ihr Herr, ist ihr aber derart integriert, daß er nicht mehr ihr ständiger Richter wird. Als Erhöhter thront er zur Rechten des Vaters und wartet auf die Vollendung der Seinen. Auf Erden wird er jedoch durch die Kirche kraft des ihr verliehenen Geistes und seiner Gaben repräsentiert. Er hat ihre Gründung und Weltmission ermöglicht, irdisch als der große Lehrer und Wundertäter, der sterbend und auferstehend zu ihrem Haupte und dem künftigen Weltenrichter wurde. Weil das Ärgernis des Kreuzes durch die Gloriole des Auferstandenen überdeckt wird, rückt nicht nur die Ekklesiologie in den Vordergrund. Es kann auch zu dem für Lukas so kennzeichnenden Übergang von einer natürlichen Theologie zur Herrlichkeitschristologie kommen. Die heilsgeschichtliche Entwicklung verbindet alle Stufen eines weiten Weges.

Nun wundert es nicht mehr, daß Lukas mit dem spezifisch paulinischen Erbe nichts anzufangen wußte. Als Völkermissionar bleibt der Apostel eine welthistorische Figur. Den Zwölf gegenüber erscheint er als Vollstrecker des von ihnen empfangenen Auftrags. Seine Rechtfertigungslehre ist verflacht. Petrus formuliert sie in Apg 15, 11 als die Botschaft von der vergebenden Gnade. Das hat im Traditionsgut des Lukas, wie etwa Lk 15 zeigt, noch hinreißende Kraft. Umgekehrt macht der Autor der Apostelgeschichte beispielsweise an Kornelius klar, daß nach seiner Anschauung nicht der Gottlose, sondern der Fromme von Gott gerechtfertigt wird. Selbstverständlich muß dabei stets frühere Schuld vergeben werden. Doch vermag die Offenbarung wie an die religiöse Ahnung, so auch an die guten Werke der Heiden anzuknüpfen. Nicht zufällig wird auf dem Gipfelpunkt der Areopagrede zustimmend das heidnische Dichterwort zitiert: „Wir sind seines Geschlechts". Die Welt ist als Schöpfung auf den Heilsplan angelegt. Das beweisen auch menschliche Frömmigkeit und Sittlichkeit. Sie bahnen dem Glauben den Weg. Der Glaube ist aber nichts anderes als die Annahme der neuen und vollkommenen Religion des Christentums.

Der angebliche Paulusgefährte bekundet auch gegenüber dem Gesetzesproblem, wie fern er historisch und sachlich dem Apostel steht. Mit den späteren Schriften des Neuen Testamentes kennt Lukas nicht mehr die Härte des einst geführten Kampfes. Dieser ist längst entschieden, folglich antiquiert. Man versteht nicht einmal mehr seine Notwendigkeit, weil sich die Heidenkirche dem Zugriff des Judentums entzogen hat. Nicht vorübergehen kann freilich auch Lukas an der Frage der Religiosität, die früher aufs engste mit der paulinischen Gesetzesproblematik verbunden wurde. Für ihn wie seine Folgezeit ist Frömmigkeit jedoch der höchste Adel des Menschen, nämlich das Bewußtsein, von Gott abzustammen. Wie die christliche Predigt daran anzuknüpfen hat, ob sie nun vor Juden oder Heiden erfolgt, so gilt es auch, die Religiosität zu erwecken, zu fördern, zu bewahren. Wie kann das geschehen? Lukas macht sich hier das jüdisch-judenchristliche Erbe nutzbar, indem er es heidenchristlich reduziert. Das Gesetz des Mose schrumpft auf das trefflichste Dokument des Sittengesetzes zusammen. Das gilt aber auch für Christen und Kirche weiterhin, mehr noch: Es wird durch Jesus und die kirchliche Botschaft unüberbietbar für alle Welt festgelegt. Das Evangelium, das an die Religiosität des Menschen anknüpft, erhält nicht mehr das Mosegesetz im ganzen. Es bewahrt jedoch seinen Kern und weitet diesen zu einer universalen Gesetzlichkeit aus. Es verbindet sich mit der in der Heidenwelt so notwendigen Botschaft von einer neuen Moral. Auf diese Weise wird die Christenheit irdisch die bestmögliche Gesellschaft der menschlichen Gottseligkeit und Ehrbarkeit. In ihr bemüht man sich, immer strebend und immer gefordert, um die religiöse und moralische Vervollkommnung, die vom göttlichen Richter dereinst belohnt und in ihrem unvermeidbaren Defizit durch Gnade ausgeglichen wird.

Wer wollte leugnen, daß Lukas auch hier vorwegnimmt, was die christliche Geschichte hernach entfaltet hat? Wer will ihm den Dank verweigern? Ihn schuldet man immer denen, welche modellhaft Perspektiven und Horizonte der Zukunft aufreißen, auch wenn man ihnen nicht folgt. Wer will endlich verkennen, daß hier wie an einem Umschlagplatz ein weiter Weg sein Ende fand, damit ein neuer und weiterer beginnen könnte? Angefangen hat es mit dem urchristlichen Enthusiasmus, welcher sich in das himmlische Wesen entrückt wähnte. Hat Paulus diesem leidenschaftlich widerstanden, so ist der Apostel doch nur in den Krisen der Kirche durchgedrungen. Er hat zwar die Geltung des mosaischen Gesetzes in der Heidenchristenheit verhindert. Er hat jedoch nicht den Selbstbehauptungsdrang des frommen Menschen beseitigt, den er in seinem Kampf gegen das mosaische Gesetz treffen wollte. Die Enthusiasten nahmen zunächst den Platz der Nomisten ein. Die Kirche hat schließlich, wie F. Chr. Baur, der große Ahnherr deutscher kritischer Forschung am Neuen Testament genial gesehen hat, zwischen allen streitenden Parteien vermittelt. Sie akzeptierte Paulus als den Völkermissionar. Sie akzeptierte die Herrlichkeitstheologie der Enthusiasten. Sie akzeptierte vom Judenchristentum das Erbe des alttestamentlich begründeten und auf das Sittengesetz reduzierten Nomismus. Indem sie diese verschiedenen Elemente miteinander verschmolz, gewährte sie endlich dem domestizierten Enthusiasmus ein bleibendes Heimatrecht in ihrem Ausstrahlungsbereich. Der religiöse und sittliche Idealismus als die konstatierbare Signatur des christlichen Glaubens ist nichts anderes als die kirchlich regulierte, gerade so aber weltweit wirksame Macht der urchristlichen Schwärmerei.

Nach 1900 Jahren hat sich allerdings auch diese Macht langsam verbraucht. Die säkulare Welt ist dadurch mitgeschaffen, fühlt sich jedoch darin nicht mehr eingebettet und ihr gegenüber mündig. Paulus hat in 1. Kor 16, 9 sagen können: „Mir ist eine große Tür aufgetan". Kol 4, 3 nimmt das mit der Aufforderung auf: „Betet, daß Gott uns eine Tür des Wortes auftue!" Die Türen der Kirche stehen weiterhin offen. Immer mehr aber verschließen sich ihr die Türen der Welt, durch die sie 1600 Jahre lang als Herrin ein- und ausgegangen ist. Seit Konstantin hat die Zeit auf seiten der Christenheit gearbeitet. Wir sind die erste Generation, welche unter dem Druck der Bevölkerungsexplosion, der neu aufflammenden nationalen und synkretistischen Religionen, des kämpfenden Atheismus und der inneren Entleerung zur Privatfrömmigkeit die Zeit gegen sich hat. Wenn es in 2. Tim 2, 9 heißt: „Gottes Wort ist nicht gebunden!", so kann man das über das lukanische Werk setzen, das allem Volk die große Freude ankündigen wollte. Doch ist Gottes Wort nur solange nicht gebunden, wie es auch von der Kirche täglich neu gefunden wird und die Kirche täglich neu richtet. Wird es zur Selbstmanifestation der Kirche, erstarrt es in ihrer Tradition und ihrem Bekenntnis, dann hat der fromme Mensch es sich untertänig gemacht, an sich gebunden, für sich beschlagnahmt und den Ruf der Freiheit in den einer religiösen Partei verwandelt. Bei Lukas fing das bereits an, als er das Evangelium mit dem Christentum identifizierte. Heute stehen wir am Ende dieses Weges. Geholfen kann uns allen nur so werden, daß ein neues Pfingsten Gottes Wort wieder aus seinen kirchlichen, konfessionellen, konventionell christlichen Fesseln herausholt. Nur das zuerst gegen die bestehende Christenheit gesagte Wort wird auch der Welt erneut hörbar werden. Sofern wir darauf warten, daran arbeiten, den weiten Weg nochmals von vorn beginnen wollen, mögen wir jedoch die Stimme des Sehers hören: „Die Zeit ist kurz!“

7. DIE DA HUNGERN UND DÜRSTEN NACH DER GERECHTIGKEIT

Die Offenbarung des Johannes ist zur selben Zeit wie das lukanische Werk entstanden. Abgründe trennen ihre Botschaft von der des letzten. So verschieden war bereits die Urchristenheit. Sieg des Christus verkündigt auch die Offenbarung. Doch hat sie selten die Gunst der Kirche erworben, ist dafür aber Schwärmern und Sekten um so lieber gewesen. Im Gegensatz zu den Pastoralen und den katholischen Briefen ertönt aus ihr die Stimme christlicher Freiheit in überwältigender Wucht, wenngleich in höchst befremdlicher Weise. Zwei Dinge sind dafür charakteristisch: Nur hier wird der Haß gegen Rom, das verschlüsselt als Babylon bezeichnet wird, im Neuen Testament so laut, wie wir ihn etwa von den Zeloten her kennen, jedoch bei vielen unterworfenen Völkerschaften des Imperiums voraussetzen dürfen. Dieser Haß kontrastiert jener weit überwiegenden neutestamentlichen Tendenz, die Repräsentanten der Cäsaren in günstigem Licht erscheinen zu lassen. Das tun beispielsweise die Passionsgeschichte oder die Apostelgeschichte, aber auch Röm 13 und die Empfehlung zur Fürbitte für alle Obrigkeit in 1. Petr 2, 13 ff.; 1. Tim 2, 1 f. Der Haß ist nicht unbegreiflich. Denn die Offenbarung wird zur Zeit der Christenverfolgung unter Domitian am Ende des ersten Jahrhunderts geschrieben, und in solchen Zeiten verläßt zuweilen auch die Christen die Sanftmut. Immerhin ist es ganz ungewöhnlich im Rahmen des Neuen Testaments, daß Rom als Tier aus dem Abgrund und Erscheinungsform des Antichristen erscheint und christliche Freiheit sich unverkennbar mit einer politisch revolutionären Haltung verbindet.

Das zweite überraschende Element in der Botschaft der Offenbarung ist die Buß- und Gerichtspredigt über der ganzen Kirche, wie sie besonders in den Sendschreiben an die sieben Gemeinden sich äußert, welche die Gesamtkirche vertreten. In solcher Härte ist das nur in alttestamentlicher Prophetie und im Wehe Jesu über den Stätten seiner ursprünglichen Wirksamkeit geschehen. Die Ankündigung des Gerichtes geht so weit, daß die Gräber der Heiligen und das zusammengeschrumpfte Volk in der Wüste den Ausgang der Kirchengeschichte darstellen. Die Erwartung, daß die Christenheit alle Welt durchdringen werde, ist also in ihr Gegenteil umgeschlagen. Im allgemeinen nimmt man davon keine Notiz, als verhieße das Neue Testament auf allen Seiten die Welteroberung als Ziel der Heilsgeschichte. Auch das dokumentiert, wie willkürlich man mit der Bibel umspringt, wenn sie unserm Geschmack nicht entspricht und unsern Hoffnungen ins Gesicht schlägt. Wir hätten allen Grund, uns heute vor Augen zu halten, daß die Dinge so einfach nicht liegen. Wohl wird der Sieg des Christus überall im Neuen Testament bekannt. Doch erfolgt dieser Sieg zum mindesten nach der Offenbarung nur, nachdem zuvor der Antichrist seinen totalen Sieg über die Welt gewonnen hat und die Christenheit dezimiert über den Gräbern ihrer Märtyrer in die äußerste Bedrängnis geraten ist.

Gewiß läßt sich nicht übersehen, daß die Verkündigung in beiden Fällen mythologisch überfrachtet ist. Es kann auch niemand, der überhaupt historisch zu denken vermag, leugnen, daß die Prophetie des Sehers sich nicht so verwirklicht hat, wie er es meinte. Rom wird in den ersten drei Jahrhunderten vielen Tausenden, die unter ihm zu leiden hatten, als Tier aus dem Abgrund und Verkörperung des Antichristen erschienen sein und ist es doch nicht letztlich gewesen. Christliche Denker und Dichter werden es später preisen, weil es politisch dem Christus den Weg gebahnt hat, und in seinen Grenzen wird erwachsen, was christliches Abendland genannt wird. Ebenso kann man nicht bezweifeln, daß Johannes das Ende mit seinen Schrecken nahe glaubte, so oft man sich später darüber hinweggesetzt hat, um aus der Offenbarung eine christliche Weltgeschichte ausrechnen zu können. Er hat sich also beide Male getäuscht, und man kann begreifen, wenn viele Generationen sein Werk als eitel Hirngespinst betrachtet haben, wobei Orthodoxe und Liberale sogar einig wurden.

Hier wäre denn auch der rechte Platz, um Bultmanns Programm der Entmythologisierung des Neuen Testamentes unvoreingenommen zu erörtern. Wer es von vornherein und grundsätzlich bestreitet, möge uns gefälligst sagen, wie er seinerseits mit der Offenbarung des Johannes fertig wird. So billig werden wir es ihm nicht machen, daß er großzügig von Bildern sprechen darf. Wer bei der Jungfrauengeburt, der Himmel- und Höllenfahrt auf dem biblischen Wortlaut besteht, kann bei der Schöpfungsgeschichte und hier sich nicht mit bildlicher Redeweise aus der Patsche ziehen. Zum mindesten Konsequenz müssen wir von ihm verlangen. Weiß man sich an den Wortlaut glaubend so gebunden, daß man schon den Ausdruck Mythologie als lästerlich empfindet, soll man hier nicht am Wortlaut rütteln. Die Visionen des Sehers von den sich öffnenden Himmeln und all dem, was sich aus ihnen auf die Erde ergießt, sind genau so viel und wenig Bilder wie das Damaskusereignis oder der Bericht von Jesu Taufe. Es ist gar keine Frage, daß der Seher von sich ereignender Wirklichkeit sprechen wollte. Es ist grotesk, daß wir, die für die Entmythologisierung eintreten, ihn vor denen schützen müssen, welche sonst Mythologie im Neuen Testament aufs grimmigste ablehnen. Offensichtlich finden sie, daß Johannes des Guten zu viel getan hat. Doch nehmen wir ihnen nicht ab, daß das Problem von der Dosierung abhängt. Meinen sie, ein Recht zu haben, uns inquisitorisch darauf zu verhören, was wir von der Bibel gelten lassen oder verwerfen, müssen sie uns erlauben, den Spieß auch einmal umzudrehen. Es ist eben nicht so, daß nur sie als Verteidiger des Glaubens auftreten könnten und Gegenfragen verboten wären. Wem die Mythologie in der Johannesoffenbarung unangenehm wird, sollte etwas mehr Verständnis dafür haben, daß es uns anderswo ähnlich geht. Er sollte wenigstens nicht mehr auf dem „Es steht geschrieben" pochen.

Es scheint mir freilich, als würde vom Werke des Sehers ebenso deutlich, daß die Existentialinterpretation ein unaufgebbares, aber keineswegs ausschließliches Mittel der Auslegung ist. Sie leidet daran, daß man mit ihr zwar die Geschichtlichkeit des Menschen, aber nicht ernsthaft Weltgeschichte zu Gesicht bekommt. Es geht nicht an, daß man

Weltgeschichte von vornherein auf die Geschichte der Existenz reduziert. Die Offenbarung macht ohne jeden Zweifel sichtbar, daß es dem Neuen Testament nicht bloß um die menschliche Existenz, sondern tatsächlich zugleich um Weltgeschichte ging. Es fragt deshalb überall: Wem gehört die Welt? Anders hätte es keinen Zusammenhang mit dem Alten Testament, und anders wird auch sinnlos, was es über die Existenz sagt. Denn es gibt Existenz nicht abgesehen von der Weltgeschichte, wie unser Jahrhundert jedem vor Augen führt. Ein idealistisches Bürgertum mochte noch die geistige Persönlichkeit in die Weltmitte stellen und von ihr her Geschichte interpretieren. Der Trug solcher Anschauung ist vom Marxismus erkannt und hätte längst vorher von der Bibel her durchschaut werden können. Der Mensch ist nicht bloß Träger und Subjekt der Geschichte. Wie er entscheidend der Natur zugehört, so ist er ebenfalls Objekt und Schauplatz sich ereignender Geschichte. Er ist nicht bloß vom Du, das ihm begegnet, sondern genauso von all den anonymen Mächten bestimmt, welche wir in den Oberbegriff Welt einbeziehen müssen. So apolitisch vermögen wir nicht mehr zu sein, daß wir Weltgeschichte für eine abstrakte oder gar mythologische Chiffre der Geschichtlichkeit des Menschen zu halten imstande wären. Von da aus ergibt sich, daß die neutestamentliche Mythologie entscheidend ins Spiel kommt, weil das Evangelium es mit Weltgeschichte, nicht nur dem Glauben oder Unglauben einzelner Menschen zu tun hat. Was alle angeht und als Heil Entdämonisierung der Erde heißt, läßt sich zwar auch vom Einzelnen her gewahren. Es muß wohl in seinem Kern vom Einzelnen her erfaßt werden, ist jedoch angemessen oder sogar ausschließlich nicht von da und allein von den oft beschworenen personalen Relationen her zu umschreiben. Welt ist mehr als das Geflecht personaler Relationen, wie die Erfahrung des 20. Jahrhunderts jedem klarmacht. Man ist nicht nur auf seine Nächsten, sondern auch in die Verstrickung gemeinsamen Schicksals geworfen. Biblische Mythologie spricht das auf ihre Weise aus und behauptet, daß Heil und Unheil weltweite Horizonte haben oder fromme Einbildungen sind. Entmythologisierung hat gerade diesen Aspekt zu beachten. Sie kann darum nicht mit existentialer Interpretation identifiziert werden, so wenig sie darauf verzichten kann.

Verhält es sich jedoch so, werden wir auch nicht länger das Evangelium säuberlich von der Politik trennen, als wäre eins den Christen, das andere andern Leuten oder Christen nur zur linken Hand angetraut. Es ist richtig, daß der Konflikt zwischen Christus und den Cäsaren erst spät im Neuen Testament auftaucht. Sehr fraglich ist, ob Jesus bereits vom zelotischen Problem sonderlich berührt worden ist. Potentiell liegt dieser Konflikt aber von dem Augenblick in der Luft, als Jesus Zeloten bekehrt und Ostern den zum Himmel erhöhten künftigen Weltenherrn verkündigen läßt. Der Kampf zwischen Rom und der Kirche beruhte vielleicht auf vielen beiderseitigen Mißverständnissen. Er war gleichwohl von dem Zeitpunkt an unvermeidbar, als das junge Christentum Jesus nicht bloß als Kultheros, sondern als wahren Herrn der Erde erkannte und predigte. Denn dieser Platz war durch den römischen Cäsaren mindestens im Mittelmeerraum schon besetzt. War die Botschaft der Kirche ernst gemeint, mußte es zur Auseinandersetzung der Rechtsansprüche kommen, selbst wenn die Christenheit nicht im entferntesten daran dachte, Machtmittel für ihren Angriff oder ihre Verteidigung einzusetzen. Sie mußte dem Cäsaren Ehren verweigern, welche symbolisch seine Ansprüche dokumentierten, und mußte umgekehrt ihrem Herrn Ehren zuschreiben, die der Cäsar nicht dulden konnte. Diese Auseinandersetzung hat eine theologische Tiefe, welche durch die politische Oberfläche hindurch erkannt werden will.

Wem gehört die Erde? Dieses Problem ist auch uns erneut gestellt worden. Haben nicht die Nazis ihren Kampf gegen uns unter der Parole geführt: Den Himmel den Spatzen und Christen, die Erde uns? Wie viele von uns haben tatsächlich trotz solcher höhnischen Formulierung diese Parole akzeptiert! Sie taten es, weil sie ernsthaft Jesu Reich als nicht von dieser Welt behaupteten oder weil sie aus einer fragwürdigen Lehre von den beiden Reichen folgerten, man müsse selbst einer zweifelhaften Obrigkeit um der Ordnung willen eine Eigenverantwortung im Politischen einräumen. Das bewirkte jene Haltung, welche nur staatliche Übergriffe in den kirchlichen Bereich abwehrte, sonst jedoch Konzessionen und Kompromisse bis an die Grenze des Möglichen und das Schweigen geprügelter Hunde erlaubte. Haben wir nicht 10 Jahre lang in den eigenen Reihen darum ringen müssen, ob man mit Barmen zu bekennen habe, daß kein irdischer Raum ohne die Verheißung und den Anspruch Christi gelassen werden dürfe? Ist dieses Ringen nicht bitterer gewesen als unser Leiden auf dem politischen Felde und nie zu einem endgültigen Austrag gelangt? Hat sich dieses Problem nicht für uns nach dem 20. Juli 1944 aufs grausamste zugespitzt? Wir hatten einmal in der Kirchengeschichte gelernt, daß Tyrannenmord mit christlicher Unterstützung die Ausgeburt krankhafter Fanatiker sei. Von wenigen abgesehen, die vor 1944 unter Schmerzen umlernten, hätten wir nie zu träumen gewagt, daß eine andere Auskunft möglich sei. Die meisten Christen in Deutschland denken auch heute nicht anders, obgleich sie sich mit geschehenen Ereignissen schlecht und recht abgefunden haben und sie nach Möglichkeit aus ihrem Denken und Gewissen verdrängen. Haben wir selbst, die solchen bequemen Weg gerade angesichts des Geschehenen nicht gehen konnten, nicht noch lange nach dem Kriege das Vorgefallene, aufs tiefste beunruhigt, mit uns herumgetragen, ohne es innerlich bewältigen und theologisch lösen zu können? Mußte nicht die gesamte Welt unserer Vergangenheit in Trümmer fallen, ehe wir in einem relativ kleinen Kreis endlich uns entschlossen, zum versuchten Tyrannenmord und der davon nicht zu lösenden Möglichkeit eines blutigen Bürgerkrieges unter bestimmten Umständen jazusagen? Das ist ein weites Feld, das sich hier nicht durchmessen und in all seinen Gefahren, Nöten, verbliebenen Fragen gebührend klären läßt. Worauf es ankommt, ist die von uns persönlich gefällte, aber sachlich verpflichtende Entscheidung. Sie läßt sich nicht mit den revolutionären Schreien der Johannesoffenbarung identifizieren, rückt diese Schreie jedoch in eine Verständlichkeit, die uns früher abging. Sie erhalten eine theologische Relevanz, welche nur selten erkannt wird, uns aber bedrängen sollte.

Es ist grotesk, daß Kirchen und Christen sich scheu oder mit dem ruhigsten Gewissen diesen Fragen entziehen, dafür aber mit tierischem Ernst seit 25 Jahren überall in Deutschland das eingeschränkte oder uneingeschränkte Amt der Vikarin verhandeln. Sie können dabei der Bedrängnis des Gewissens gegenüber der Schrift Ausdruck verleihen und anderswo sogar ökumenische Gemeinschaft verweigern, wenn 1. Kor 14, 34 f. nicht gebührend beachtet wird. Hier werden wirklich Mücken geseiht und Kamele verschluckt und Probleme geschaffen, welche die Christenheit noch immer als in mittelalterlichem Patriarchalismus befangen erweisen. Dabei brennt uns die Frage nach dem Verhältnis von Christ und Revolution überall nicht bloß auf den Fingern, seitdem die Herrschaft des weißen Mannes in der Welt vor ihrem Ende steht. So viel Schrift, wie man sonst zur Deckung seiner Skrupel mißbraucht, ist hier reichlich zu finden. Zu verantworten ist von der Kirche auch das, was sie nicht getan hat. Es ist kein Entschuldigungsgrund, daß man in kindlicher Schlauheit rechtzeitig die Augen zukneift oder wehmütig die Verstrickungen der bösen Welt beklagt. Die Zeit der Atombombe ist tatsächlich barbarisch. Der Jünger Jesu, der in ihr bloß auf die eigene weiße Weste achtet und seine Hände zu beschmutzen scheut, spiegelt das Zerrbild von Bürgerlichkeit wider. Sie zieht sich bei Alarm die Zipfelmütze über den Kopf und vergißt, daß ihr Herr im irdischen Niemandsland zwischen Zeloten starb, ohne selber Zelot zu sein. Die 8000 Kreuze, welche die Römer nach dem Sklavenaufstand an der Via Appia errichteten, sind gewiß nicht mit dem Kreuze Jesu zu vergleichen, wenn man nach ihrer Ursache fragt. Kann der

Christ jedoch an ihnen vorübergehen, ohne daran zu denken, daß auch sein Herr so am Marterpfahl gehangen hat?

Gibt es nicht eine Gemeinschaft der Erniedrigten und Beleidigten über alle Schuld hinaus, welcher die Christen sich nicht entziehen dürfen? Sind sie unschuldig, wenn sie, willentlich und wissentlich oder nicht, sei es auch nur kraft ihres Schweigens, ihres mißverstandenen Respektes vor den Autoritäten, ihrer frommen Kurzsichtigkeit und Engherzigkeit, zumeist den Tyrannen nachgaben, die Ausbeuter unterstützten, den Privilegierten zugehörten? Das besagt noch nicht, daß sie den Aufruhr predigen, das Schwert mutwillig oder zur eigenen Verteidigung ergreifen, die Revolution zum Mittel und Ziel des Evangeliums machen sollten. So häufig haben sie das nun wirklich nicht getan, daß man gleich derartige Schreckbilder an die Wand werfen und sich der Greuelpropaganda ergeben darf. Man tut das immer wieder, wenn das Problem Christ und weltpolitische Verantwortung auftaucht. Wohl ist aber heute notwendigerweise davon auszugehen, daß die Kirchen seit über 1500 Jahren normalerweise Stützen des Bestehenden und der Herrschenden gewesen sind. Sie waren insofern am Unrecht, an der Unterdrückung, an Raub und Mord der Mächtigen beteiligt und erhielten nicht selten sogar ihre Prozente davon. Es hatte doch seinen Grund, daß die abendländischen Revolutionen sich durchweg wie gegen die Obrigkeiten, so auch gegen die etablierten Kirchen wandten. Es ist nicht zufällig, daß dieser Vorgang sich in der Gegenwart auf dem Felde des ehemaligen Kolonialismus weltweit wiederholt. Wollen wir ernsthaft behaupten, wir hätten es nicht verdient, nach dem Sprichwort „mitgefangen, mitgehangen" behandelt zu werden? Das kann man nur tun, wenn man zwar die Geschichtlichkeit der Existenz, aber nicht die Brutalität der Weltgeschichte und kirchliche Verstrickung in sie bedenkt. Die Revolutionäre zu meiden, um dem Status quo Hilfe zu leisten, ist zum mindesten so unsauber, wie wenn man sich der Revolution in die Arme wirft. Solches Dilemma muß endlich von uns erkannt, ernstgenommen, erörtert und wenigstens vorläufig und versuchsweise gelöst werden.

Wir dürfen dabei nicht einmal stehenbleiben. Ein entscheidendes Sonderproblem des angerührten Komplexes liegt darin, daß die Kirchen nicht nur die Regierenden und die Vorherrschaft des weißen Mannes unverantwortlich unterstützten. Sie haben sich jeweils auch den verschiedenen Nationen so verbündet, daß man sie zuletzt bloß noch als deren Organe betrachtete und sie selbst sich so verstehen konnten. Die Irrlehre der Deutschen Christen hat mit 1945 keineswegs ein Ende gefunden. Sie ist nur in den Untergrund gegangen, so wie es in Amerika eine nicht unerhebliche Verbindung zwischen Segregation und südlichen Kirchen gibt. So bildet auch der Nationalismus der europäischen Kirchen überall das Gegengewicht zur ökumenischen Bewegung und eines ihrer größten Hindernisse. Es wäre verdienstvoll, wenn die sogenannte Bekenntnisbewegung „Kein anderes Evangelium" hier genauso den Gralswächter spielte wie gegenüber der modernen Theologie. Sie hätte sich dann freilich von allerlei Bundesgenossen zu befreien. Wer selber in nationaler Tradition aufgewachsen ist und darin lange Zeit keinerlei Gefahr für die Christlichkeit erblicken konnte, die offizielle oder wilde Ehe zwischen beiden vielmehr als selbstverständlich hinnahm, wird sich auch heute noch nicht leicht aus solchen Banden lösen. Daß die Kirche ihrem Volke diene, es sogar gern und entschlossen zu tun habe, ist und bleibt durchaus unbestritten. Ihr Dienst wird stets durch ihren irdischen Ort vorgezeichnet. Doch ist diese Bindung an das eigene Volk kein Merkmal der Christenheit oder einer einzelnen Kirche, sondern einzig die Konsequenz aus ihrer Dienstverpflichtung gegenüber den Menschen in ihrer Reichweite.

Wenn wir etwas aus dem Kirchenkampf gelernt haben sollten, dann dies, daß Irrlehre ein bestimmtes Volk zum unmittelbaren Gegenstand christlichen Dienstes macht. Es kann das immer nur mittelbar, nämlich als politischer Verband der von der Christenheit und einer einzelnen Kirche gesuchten Menschen sein. Wir sind realistisch genug, um das Gewicht eines solchen Verbandes nicht zu mißachten, und konservativ genug, um die Menschen nicht grundlos in ihrer Treue und Abhängigkeit ihm gegenüber zu beirren. Es darf jedoch kein christliches Axiom sein, dem Volke ein letztes Verfügungsrecht über Christen zuzugestehen. Seit Abraham haben Menschen sich um des Glaubens willen von ihrem Volke trennen müssen, und die Christenheit ist so entstanden, daß Juden und Heiden mit ihren heimischen Religionen oft genug die Heimat selber aufzugeben hatten. Das Thema des Hebräerbriefes ist nicht zufällig das des wandernden Gottesvolkes, das hier keine bleibende Stätte hat. Unvorstellbar wäre fast allen von uns vor 40 Jahren der Gedanke gewesen, daß wir uns um des Glaubens willen von Staat und Nation abwenden oder sogar gegen sie stellen könnten. Denen, welche die seelische Erschütterung des Kirchenkampfes noch tiefer als die leibliche Not empfunden haben, ist eine solche Entscheidung nun greifbar geworden, und in der Atomzeit könnte sie sogar zur Pflicht der christlichen Kirche im ganzen werden. Auch hier gilt es, von tausendjähriger Tradition sich nicht länger binden zu lassen und zum Exodus bereit zu sein.

Natürlich wird gegen diese Ausführungen eingewandt werden, daß sie extrem seien und Unruhe schafften, wo uns das nicht erlaubt sei. Christliche Freiheit kann sich jedoch nicht länger um der Ruhe willen zur Ordnung rufen lassen. Wir haben diese Entwicklung nicht gewollt und gesucht. Wir können sie aber auch nicht mehr rückgängig machen, nachdem man uns in sie hineingezwungen hat. Wir können heute nicht mehr daran vorbeigehen, daß alles Leben in weltweite Politik verstrickt ist und die Christenheit davon mitbetroffen wird. Mag man nationale Gefühle noch kirchlich pflegen, wo man dessen fähig ist. Dem Nationalismus sollten wir Christen in Deutschland keinen Weihrauch und nicht die geringste Nahrung mehr opfern. Wer hier nicht extrem geworden ist, hat die letzten 40 Jahre verschlafen. Ihm täte es gut, wieder und wieder die Johannesoffenbarung zu lesen, die so wunderbar wie der Römerbrief und deren Botschaft in aller Mythologie zeitgemäß ist wie irgendeine. Patmos ist nicht der idyllische Ruheort für die Emeritierten, die auf ein arbeitsreiches Leben in Gottseligkeit und Ehrbarkeit zurückschauen und sich, ermüdet und dem Trubel bereits halb entnommen, von allerlei Träumen umgaukeln lassen. Patmos ist der Ort für verbannte Aufrührer, denen die aktive Tätigkeit genommen wurde und denen jede müßig verbrachte Stunde in der Seele brennt. Denn die Weltgeschichte bewegt sich drüben auf dem Festland, und die Kirchen merken es nicht, sind erschöpft oder suchen zu paktieren. Sie preisen den Christus als Himmelsherrn und hören nicht, daß er zu ihnen sagt: Die Erde ist mein und was darinnen ist. Sie kennen das erste Gebot und meinen, es genüge, sich von der Welt unbefleckt zu erhalten. Doch muß man dem Antichristen die Stirn und die Zähne zeigen, wo man es leben will. Sie trösten sich mit der Auferstehung und wissen nicht, daß diese heute und hier mit der Herrschaft Jesu mitten unter seinen Feinden und mit der herrlichen Freiheit der Gotteskinder beginnt, welche das Malzeichen des Tieres unter dem römischen Frieden als die Ausgestoßenen verachten. Sie leiden, als wären sie nicht eben dazu berufen. Sie sollten darin mit allen Erniedrigten und Beleidigten solidarisch werden, deren stumme Schreie den Tyrannen gegenüber artikulieren. Sie warten auf den, der die Hochmütigen und Ungerechten zertritt, Belsazer die Flammenschrift mitten im Festjubel an die Wände des Palastes schreibt und seine apokalyptischen Reiter längst ausgesandt hat. Visionen plagen den, der nur noch schreien kann, um die Schlafenden zu wecken, die Trägen aufzurütteln, die Erschöpften zu stärken, die Sicheren dem Gericht zu konfrontieren. Mythologie dient dazu, Heil und Unheil in ihren weltweiten Horizonten herauszustellen. Apokalyptik ist die Sprache, welche anzeigt, daß jetzt die entscheidende Stunde schlägt, von welcher jede Zukunft auf Erden und im Himmel abhängt. Die Christenheit hat das Irdische wahrzunehmen, um ihrer Berufung zum Himmlischen würdig zu werden. Sie muß sterben, um zu leben.

Denn das göttliche Gericht beginnt im eigenen Hause, und keine Gnade entzieht dem Richter. Der Gekreuzigte ist nach c. 5 das Geheimnis der Weltgeschichte, der Mittelpunkt im himmlischen Thronsaal, der Gegenstand und Empfänger aller Akklamationen seitens der Mächte. Seiner Herrschaft zuzugehören, zeichnet die Jünger irdisch mit seinem Kreuz und versiegelt sie nur als derart Stigmatisierte vor dem künftigen Zorn. Doch wird man unter diesem Merkmal gerade nicht den Schrecken der Gegenwart entnommen, sondern tiefer und früher als andere in sie hineingestürzt. Jesu Kreuz bestimmt seinen Träger irdisch zum Martyrium, vor dem nur das Malzeichen des Tieres bewahren kann. Wenn vorher die Haltung der Johannesoffenbarung als revolutionär beschrieben wurde, wird man die Eigenart dieser Revolutionäre nicht übersehen dürfen. Sie kämpfen nicht, um Macht zu errichten, sondern weil sie ihrem Herrn gleich werden müssen. Sie wollen nicht die Welt erobern, sondern den Anspruch ihres Herrn auf die Erde verteidigen und tun das sterbend. Nicht der Umsturz des Bestehenden ist ihr Ziel, sondern das Zeugnis, daß der unterwegs ist, der alles neu macht. Sie sind nichts anderes als Platzhalter des Schöpfers in einer abgefallenen Welt und bekommen es deshalb mit denen zu tun, welche sich im eigenen Namen gegen ihren Herrn etabliert haben und Macht nicht als Mandat des Schöpfers verstehen, darum mißbrauchen. Insofern sind die Christen, die sich zum Widerstande rufen lassen, nicht bloß Zeugen der Gottesherrschaft und Zeichen ihrer Verwirklichung. Sie sind zugleich die Stellvertreter mißbrauchter Schöpfung, die Sprecher aller Unterdrückten, das Volk der Wüste, das jedermann vor Augen hält, Ägypten sei endgültig zu verlassen und Heil gebe es allein im Exodus.

Das Thema der Offenbarung ist das des Römerbriefes, wonach Gottes Gerechtigkeit und der Menschen Heil zusammenfallen. Gott muß sein Recht an uns verwirklichen, wenn uns geholfen werden soll. Denn es gibt für das Geschöpf keinen echten Lebensraum außer beim Schöpfer. Weil Christus den Schöpfer und das Geschöpf wiederzusammenführt, ist er unser Herr, meint sein Regiment Gnade für die, welche es annehmen, Gericht für die, welche sich ihm widersetzen. Er führt Gott und Mensch als der Gekreuzigte zusammen, weil er anders nicht unsern Hochmut und unsere Verzweiflung überwinden kann und Gott überall sonst – selbst wenn sein Werk ständig Totenauferweckung wäre! – uns fern bleibt. Nicht das Thema unterscheidet also die Johannesoffenbarung vom Römerbrief. Daß Paulus mehr auf die Anthropologie bedacht ist, die Offenbarung sich stärker in Mythologie ergeht, bedeutet eine Variation. Sie verändert nicht das Thema, obgleich sie theologische Relevanz besitzt. Dem Seher geht es darum, unsern Alltag unter weltgeschichtlicher Perspektive zu verstehen. Solches Anliegen läßt auch den Apostel immer wieder mythologisch sprechen. Mit seiner Anthropologie betont er umgekehrt stärker die Realität des Heils im christlichen Alltag. Wenn die Offenbarung zuweilen jüdische Tradition viel zu unreflektiert und reichlich übernimmt, so gehört das zur Menschlichkeit der Schrift. Historische Kritik erstaunt darüber nicht, so gewiß sie hier nicht einfach zu schlucken braucht, was andern Zeiten akzeptabel erschien. Der wirkliche Unterschied zwischen Römerbrief und Johannesoffenbarung liegt darin, daß Paulus, mit dem hellenistischen Enthusiasmus sich berührend, mehr die erfolgte Verwirklichung des Heils herausstellt. Der Seher bleibt darin stärker Judenchrist, daß er den Widerstand der Welt und die Verfolgung der Tyrannen zu deutlich vor Augen hat, um den Anbruch des Heils und der Christusherrschaft, die auch er ohne Zögern und Abstriche bekennt, nicht vor allem als Vorwegnahme künftiger Vollendung zu betrachten. Nun sind die Reiche dieser Welt Gottes und seines Christus geworden, ist für ihn der Jubel des letzten Tages. Dagegen haben Glaube und Geduld der Heiligen vorläufig aus der Verborgenheit ihres Herrn und im noch sichtbaren Triumph des Antichristen zu leben. Macht man sich das klar, sieht man, daß die Offenbarung im Horizont der ersten und vierten Seligpreisung verbleibt, im Stand der Wartenden und darum der nach Gottes Gerechtigkeit mit den ersten Bitten des Vaterunsers Ausschauenden und Schreienden.

Wir haben Grund, uns in solchen Stand zurückrufen zu lassen, nachdem die offizielle Kirche 1500 Jahre lang der verwirklichten Eschatologie den Vorzug gegeben hat oder sie gar zu repräsentieren versuchte. Allein Verblendete sehen nicht, daß in den letzten 50 Jahren mehr in Trümmer ging, als tausend Jahre aufgebaut haben. Man braucht nicht Prophet zu sein und Gespenster zu sehen, wenn man der Überzeugung ist, daß wir im dritten Reich bloß einen Vorschmack dessen erfahren haben, was auf uns wartet.

Nicht nur die orthodoxe, sondern jede offizielle Kirche verteidigt die Makellosigkeit der Gesamtchristenheit, so viele Flecken und Runzeln sie im Detail entdeckt und zugesteht. Nicht nur die orthodoxe Kirche, sondern jede fromme Gemeinschaft überhört darum unentwegt die Botschaft der Sendschreiben, welche die Gesamtkirche anklagt und richtet, obgleich diese Botschaft uns allen in den Ohren gellen sollte. Es werden noch viele Leuchter an heiliger Stätte umgeworfen werden, ohne daß die heutigen Gralswächter sich davon träumen lassen. Sie spielen Krieg, wo sich das recht billig machen läßt, und werden sich wundern, wenn das große Sterben einmal Wirklichkeit wird. Daß man den apokalyptischen Jargon beherrscht, besagt noch nichts für Theologie und Praxis. Das Schreien allein tut es auch nicht. Andere zu verprügeln, ist eine zweifelhafte Form der Buße. Ein Sommeraufenthalt in Patmos ersetzt nicht jene Erfahrung und verdunkelt jene Einsicht, welche den Seher umtreiben.

Die satte Zufriedenheit mit sich selbst beherrscht kirchliche Frömmigkeit und verdeckt jene Armut, Blöße und Schande, welche nun schon die Illustrierten anprangern. Die Christenheit hat sich trotz allem Betrieb derart ins Kämmerlein zurückgezogen und darin so verschanzt, daß sie im allgemeinen nicht mehr zu hören vermag, wem die Stunde heute schlägt. Ihr gruselt es noch immer, wenn im Nahen Osten die Waffen klirren. Sie wärmt sich derweilen aber die Füße am heimischen Herd. Daß wir doch endlich aus dem Provinzialismus herauskämen, in dessen Stickluft niemand mehr recht atmen, schon gar nicht Freiheit atmen kann! Wer soll denn weltpolitisch denken wenn nicht die, welche Gottes Herrschaft auf Erden predigen? Der Weihrauch der Mysterienreligion versperrt uns jedoch selbst im Protestantismus Sicht und Front und Bewegungsraum im Denken und Handeln. Wie weit reicht die Solidarität mit allen Unterdrückten und von Tyrannei Ermordeten bei uns? Wie tief rühren uns die Schreie nach der Rache des Richters, die in der Bibel doch einen rechtmäßigen Platz haben? Wie stark hungert und dürstet uns nach der Gerechtigkeit, die nicht nur Tote auferweckt, sondern eine neue Erde proklamiert und uns zu ihren Wegbereitern ausersehen hat? Wir haben unendlich viel aus der Offenbarung des Johannes zu lernen, welche Orthodoxen und Liberalen nie richtig ins überlieferte System gepaßt hat. Denn der Platz, auf den sie uns stellt, ist überschrieben: Die da hungern und dürsten nach Gerechtigkeit. Das ist aber nichts anderes als die Kehrseite christlicher Freiheit in irdischer Realität und echter, täglich einzuübender Heiligung.

8. FREIHEIT UNTER DEM WORT

Noch einmal schlagen wir die Blätter des Neuen Testaments um, die so vielfältig sind, daß wir damit nie zu Ende kommen. Noch einmal vernehmen wir den Ruf der Freiheit aus der gleichen Zeit, in welcher die Johannesoffenbarung und mit einigem Spielraum auch die Pastoralen und katholischen Briefe geschrieben sind. Wir erhalten dabei einen andern Blickwinkel, der uns jedoch zum Anfang zurücklenkt. Das johanneische Problem ist so kompliziert, daß wir uns darauf nicht einlassen. Man darf die Bibel gelegentlich eben auch so lesen, daß man bei einer Stelle verweilt und von da aus ins Land sieht, als gäbe es keine andere Aussicht. Hier wird uns in einer unerhörten Konzentration zugerufen: Die Wahrheit wird euch freimachen. Es lohnt sich, dies eine Wort zu bedenken, um von ihm her nochmals das Zentrum des Lebens Jesu und christlicher Verkündigung aufzuspüren. Darauf kommt es also an, und so einfach ist es, Grund, Inhalt und Ziel des Glaubens zu summieren. Johannes nimmt damit die Botschaft des Markusevangeliums auf: Jesus bringt die Freiheit der Christenmenschen. Davon zeugen auch bei ihm die Wunder, die nicht zufällig in der Auferweckung des Lazarus enden und den Enthusiasten recht geben: Selbst die Freiheit vom Tode ist einbegriffen. Die Freiheit vom Tempel und Gesetz, um welche Stephanus sterben mußte, ist so selbstverständlich geworden, daß darüber kaum noch gesprochen zu werden braucht. Die Jünger werden in 15, 15 ausdrücklich als Freunde angeredet, die nicht mehr Knechte sind. Sie stehen in der vollkommenen Freude, und nach dem Schluß der Abschiedsreden in 16, 29 f. sind sie sogar der Not des Fragens entnommen: Alle Dinge werden für sie klar.

Nicht weniger unproblematisch ist der Grund dieser Freiheit. Die Wahrheit, die sie schafft, ist Jesus selbst. Sagt er doch: „Ich bin der Weg, die Wahrheit und das Leben." So wird seine ganze Verheißung für die Seinigen dahin zusammengefaßt, daß er den Geist der Wahrheit senden und sie dadurch führen lassen wird. Beide Aussagen vereinigen sich darin, daß der Geist die Jünger an alles von Jesus Gesagte, also an ihn selbst erinnert und bei ihm hält. Schließlich wird an Jesus persönlich exemplifiziert, daß die Wahrheit freimacht. Seine Passion ist nichts als die Begegnung des Freien mit den Unfreien und der Sieg über die Welt, wie es sich bereits im vorhergehenden Evangelium immer wieder zeigte. Für das Verständnis gibt es hier also nicht die mindesten Schwierigkeiten. Die Kirche liebt es freilich, Jesu Rede und Verhalten als mysteriös, dunkel, unbegreiflich zu schildern, um damit aus dem Glauben das Werk des frommen Fürwahrhaltens machen zu können. Gleichwohl gibt es Schwierigkeiten im Umgang mit ihm. Sie liegen aber nicht in der Theorie, sondern in der Praxis. Schwierig ist es, bei ihm zu bleiben, weshalb davon unaufhörlich gesprochen werden muß und der wahre Glaube als Bleiben bei Jesus charakterisiert wird. Deshalb nennt er sich den Weg: Man kommt nie mit ihm zum Ende, er sorgt dafür, daß wir nie aufhören, unterwegs zu sein. Jüngerschaft ist nichts, was ein für alle Male gelernt werden kann, sondern ein dauerndes Lernen in der Schule Jesu. Alle Dinge werden klar, wenn man selber frei wird, in der Liebe und Freundschaft des Meisters und Gottes steht, solange man ihm folgt und bei ihm bleibt. Das jedoch ist die eine grundlegende Bedingung dafür: Man muß an ihn und durch ihn gebunden sein. Von ihm wird der Jünger nie frei, ohne zugleich alle Freiheit zu verlieren.

Das klingt erbaulich, ist jedoch unerhört polemisch, wie die vielen Streitgespräche Jesu mit den Juden als den Repräsentanten traditioneller Frömmigkeit beweisen. Wir haben Anlaß zu vermuten, daß Johannes in diesen Reden der Kirche seiner Zeit einen Spiegel vorhielt, den auch wir noch benutzen sollen. Das eigentliche Problem des Johannesevangeliums besteht darin, daß seine Botschaft eine äußerste Reduktion vornimmt. Alle andern Schriften des Neuen Testaments handeln natürlich auch und sogar hauptsächlich von dem Jesus, welcher der Christus ist. Doch entfalten sie das derart, daß dabei Himmel, Erde und Hölle zu Gesicht kommen, wie die Johannesoffenbarung am deutlichsten herausstellt. Das Evangelium kennt im Unterschied zu ihnen nur ein Thema und variiert das auf jeder seiner Seiten: Ihn zu kennen, ist Leben. So ist das die einzige Frage, die es seinen Lesern stellt: Kennen wir Jesus? Alles andere versinkt in Dämmer und Dunkel, wird unwichtig und verdrängt. Menschen und Welt gewinnen Bedeutung allein, sofern sie es mit ihm zu tun bekommen, wie auch Gott nur durch ihn uns kund wird.

Wir haben es nötig, uns in der heutigen kirchlichen Auseinandersetzung daran zu erinnern. Immer wieder wird der Eindruck erweckt, als komme es darauf an, wieviel einer glaube und nicht glaube. Jeder rechte Ketzerbekämpfer hat einen ganzen Katalog von Fragen und vorgeschriebenen Antworten bereit, an Hand dessen er über des andern Rechtgläubigkeit urteilen kann. Solche Methode ist nicht erst in der Gegenwart erfunden. Sie ist so alt, wie die Kirche selbst es ist, und war stets das unerläßliche Handwerkszeug der Inquisitoren. So hält man die Frommen am Gängelbande, mag man gleich die Werkgerechtigkeit vertreiben wollen. Man merkt nicht, daß die Werkgerechtigkeit hier auf die Spitze getrieben wird. Im Tun und Nichttun verrät sich läßliche Sünde. Wehe aber dem, der nicht zu allem Ja und Amen sagt, was in der Bibel steht, von der Kirche geglaubt wird, in Dogmatiken zusammengefaßt ist. Der Sitz der Sünde wird in den Kopf verlagert, und sie äußert sich in selbständigem Denken. Daß das eine ganz akademische Betrachtungsweise ist, stört niemanden mehr. Der Protestantismus, der unter professoraler Mitwirkung ins Leben trat, ist wenigstens in Deutschland überall, selbst in der Gemeindefrömmigkeit, professoral geworden. Am richtigen Denken wird ermessen, was einer taugt und nicht taugt, macht man sogar aus, was Gott über ihn meint. Alle Laster sind verzeihlich, von den grob moralischen angefangen bis hin zur Trägheit des Herzens, zur selbsterwählten Beschränktheit des Verstandes, der Faulheit der Hände und Füße. Unverzeihlich sind die Abweichungen von der rechten Lehre. Vor der Spaltung von Kirchen und Konfessionen schreckt man nicht zurück, wenn es um solche Dinge wie Entmythologisierung und existentiale Interpretation geht. Nach guter alter Manier entfesselt man den Volkszorn über die, welche die Bibel anders lesen als man selbst. Es wird nicht übertrieben. Die, welche die Prügel austeilen, können gut patriarchalisch versichern, das geschähe in bester Absicht und diene dem allgemeinen Heil. Wann hätten Prügelmeister das nicht angenommen und gesagt? Die, welche die Prügel empfangen, urteilen darüber freilich anders und haben Grund dazu. Sie meinen vielleicht, einige Ruhe verdient zu haben, nachdem sie in der Zeit der tausend Jahre schon Prügelknaben gewesen sind. Wäre es nicht langsam angebracht, sich daran zu erinnern, daß der johanneische Christus den Apostelfürsten, der ihn verraten hat, nur dies fragt: „Hast du mich lieb?" Es kommt im Christenleben wohl immer wieder vor, daß man den Meister verrät. Man kann das auf die verschiedenste Weise tun, etwa so, daß man die Bruderliebe verleugnet, der sein letztes Gebot galt. Das Kriterium, an dem der johanneische Christus seine Freunde und Verräter mißt, bleibt dies: Hast du mich lieb? Was wird aus der Bibel, wo man das vergißt, ob man gleich alles andere hält? Wie kann man den traurigen Mut, die unglaubliche Herzenshärte, die platte Dummheit aufbringen, Entmythologisierung, historische Kritik, existentiale Interpretation derart zu einem Popanz aufzubauschen, daß darüber Jesu Frage in den Schatten gerät?

Das besagt nicht, daß der theologische Streit unberechtigt und sinnlos wäre. Er hat seine Würde, sein Gewicht, das Recht seiner Leidenschaft dadurch, daß in ihm erörtert wird, ob wir Jesus wirklich und richtig kennen. Man kann nur wünschen, daß die Gemeinden und sogenannten Laien sich an dieser Auseinandersetzung intensiv beteiligen, damit jeder seines Glaubens gewiß werde. Man sollte bloß nicht aus den Augen verlieren, was der johanneische Christus zum Kriterium der Jüngerschaft macht, und sollte nicht seinen Herrn übertrumpfen. Es mag alles in Unordnung sein, nichts ist endgültig verdorben, solange Menschen ihm noch folgen wollen, durch ihn festgehalten werden, von ihm lernen. Vielleicht würde, von der Welt zu schweigen, sogar mancher in der christlichen Gemeinde aufatmen und Lust zur Nachfolge bekommen, wenn ihm nicht immer der Katechismus unter die Nase gehalten würde. Man darf selbst an Pastoren und Lehrern sehen, daß der ganze Glaube ein selten Ding, sogar ein Mirakel ist, während fromme Einbildung zentnerweise für einen Groschen feilgehalten wird. Wie viele durch den Gewissensterror einer fanatischen Minorität der Gottesherrschaft ferngehalten und von ihr ausgeschlossen worden sind, meldet keine Statistik. Dafür wird jeder registriert, der durch ein kritisches Wort in seinem Glauben angefochten zu sein wähnt, obgleich sein Glaube so gepanzert ist wie ein Nashorn durch seine Haut. Die Leute bleiben aus den Kirchen doch nicht bloß deshalb weg, weil es zu viel kritische Theologen gibt. Nicht einmal Satan hat dabei stets seine Hand im Spiel. Sehr oft kann man einfach nicht mehr hören, was man tausendfach bereits vernommen hat. Die Langweiligkeit christlicher Verkündigung gefährdet zweifellos mehr die Kirche als alle historische Kritik, in Bündeln zusammengefaßt. Solange die Christenheit den Glauben quantitativ mißt, wird sich das schwerlich ändern.

Am Johannesevangelium könnte man sich auch klarmachen, daß der Glaube nicht auf den sogenannten Heilstatsachen ruht. Jesus selber ist die einzige Heilstatsache, die zählt, und alle andern sind Lichter, welche diese eine erhellen. Heute brennen überall so viele Kerzen, daß man die Sonne darüber nicht mehr nötig hat. Christlicher Glaube ist nicht nur fest in Dogmatik verpackt, sondern auch noch von den Hüllen einer obligaten Weltanschauung umgeben, die großenteils mittelalterlich oder älter ist. Wer hat noch Zeit und Kraft, das Paket aufzuschnüren, um zum eigentlichen Inhalt zu gelangen? Jesus läßt sich aber nicht in Bausch und Bogen auf dem Markt erwerben, schon gar nicht auf dem Jahrmarkt der frommen Eitelkeiten. Man muß ihn selber finden und wird von ihm nur dann gefunden, wenn man zu ihm selber kam. Die Theologie ist also eine Sache, der Glaube eine andere. Beide gehören gewiß zusammen, beide sind aber nicht identisch. Es gibt viele Christen mit einer miserablen Theologie und viele Theologen, die deshalb noch keine Christen sind. Wer hier nicht mehr unterscheiden kann, macht aus der Theologie einen Götzen. Im Johannesevangelium argumentieren die Juden unentwegt gegen Christus mit den dogmatischen Sätzen aus ihrem Vätererbe. Die Christusfrage kann also über den dogmatischen Problemen außer Gefecht gesetzt werden, und die ganze Kirchengeschichte ist voll von Beweisen dafür.

Nicht oft genug können Theologen und Kirchenleitungen im besonderen, aber auch Gemeinden in ihren Versammlungen sich an Dostojewskis Großinquisitor erinnern. Man kann dann nicht mehr das Dilemma aller Kirchen über dem Eifer für das Reich Gottes und den Banalitäten des Betriebs vergessen. Er deckt die Nöte auf, welche die offizielle Christenheit stets mit dem Mann von Nazareth gehabt hat, dem die Freiheit des Glaubens das Allerwichtigste war: „Anderthalb Jahrtausende haben wir uns mit dieser Freiheit gequält; jetzt ist es überwunden." Die Kirche hat sich vom Versucher die drei Mächte zeigen lassen, welche das Gewissen der Empörer zu ihrem eigenen Glück auf ewig unterjochen. Sie verwaltet diese Mächte nun gegen ihren eigenen Herrn, nämlich das Wunder, das Geheimnis, die Autorität. Freilich entlarvt Aljoscha Karamasoff die Wahrheit in der Existenz des Großinquisitors: „Er glaubt nicht an Gott; das ist sein ganzes Geheimnis."

Großartiger und schneidender kann jene Seite der Kirchengeschichte nicht aufgedeckt werden, welche eben auch stets vorhanden war und überall nachgelesen werden kann. Wer zu hören versteht, vernimmt sie bereits aus dem Johannesevangelium, wenn er es nicht bloß historisch als Auseinandersetzung mit den Juden durchblättert: Es gibt den Streit der Kirche gegen Jesus, den sie irdisch zu vertreten behauptet und faktisch immer wieder ersetzt. Sie muß in allen Fugen erzittern, wenn ihr sein Bild entgegengehalten wird. Keine Verkündigung seiner Auferweckung und seiner Würde als Kosmokrator offenbart seine Hoheit so, wie es die Diskrepanz zwischen ihm und den Seinigen tut. Sie können ihr Leben und ihren frommen Betrieb nur retten, indem sie ihn stets neu ins Heiligengrab legen und den Stein ihrer Dogmatik darüber rollen. Sie müssen ihn wie Herodes und Pilatus verurteilen, weil er nicht bloß ihr Herr, sondern auch ihr Richter ist. Es ist nicht der Mangel an Glaube und der Überfluß an Kritik, welcher der Christenheit aller Zeiten am meisten zu schaffen macht. Es ist Jesus selbst, der so sorglos und gefährlich Freiheit denen schenkt, welche damit nicht umzugehen wissen. Die Kirche hat stets panische Angst vor dem Aufruhr, den er schafft, wo er auf den Plan tritt. Sie nimmt deshalb zum Schutz der ihr anvertrauten Seelen seine Freiheit in ihre Regie, um sie, homöopathisch dosiert, auszuteilen, wo es ihr nötig und wünschenswert erscheint. Für sie darf diese Freiheit sich in Hoffnungen und Gefühlen, sie darf sich nicht außer in Ausnahmezeiten in Aktion und Passion verwirklichen, weil das ihr Gefüge sprengen würde. Auch sie urteilt noch mit Kaiphas, daß besser einer für das Volk sterbe – und wie rühmt sie hernach solchen Opfertod! –, als daß das ganze Volk verderbe. Die Gabe Jesu ist ihr tabu und seine Forderung illusionär.

Das ist das Drama der offiziellen Christenheit quer durch alle Konfessionen und Denominationen. Vielleicht muß man auch sagen: ihre Komödie. Denn die Wahrheit ist, daß er nicht nur Heiden und Juden, sondern jedem von uns unerträglich ist und seine Gegenwart den Tod auch des alten Adams im frommen Menschen wirkt. Wie soll es Kontinuität der Kirche geben, wenn man ihm freie Hand gewährt? Alle Häretiker zusammen richten nicht so viel irdische Unruhe an wie er, wenn er aus einer Ikone lebendig wird und uns dem Feuer ausliefert, welches er anzuzünden kam. Die kirchliche Tradition und Dogmatik ist nicht nur, aber auch der Versuch, ihn zu domestizieren, und die Kirchen leben heute alle davon, daß dieser Versuch gelungen ist. Wie lange geht das freilich noch? In allem Wirrwarr der Theologie meldet sich unverwechselbar seine Stimme: Siehe, ich stehe vor der Tür, und ihm bereiten die Bahn auch solche, von denen man das nicht erwartet hätte. Die Unmündigen – nach kirchlicher Meinung! – und die Gebildeten unter ihren Verächtern brechen durch ihr dogmatisches Gehäuse, um ihm zu begegnen. Sie wollen nicht länger sie, sie wollen ihn selber hören. Ist es entscheidend, daß sie dabei nur das entdecken, was sie zu verstehen vermögen? Sollte die Kirche sich nicht freuen wie der Freund des Bräutigams, daß sie dabei aufwarten darf? Sollte sie nicht jedem noch so unkonventionellen Versuch ihre Hilfe leihen, über jedem Quentchen neu erfahrener Wahrheit dankbar sein und akklamieren: „Die Tauben macht er hörend und die Sprachlosen redend"? Des Herrn Magd will doch Gehilfin der Freude, nicht Herrin des Glaubens sein. Heißt es nicht auf dem Höhepunkt der Verklärung: „und sahen niemanden mehr denn allein Jesum"?

Das vierte Evangelium ist offensichtlich in der Meinung geschrieben, daß jede Generation das Evangelium neu zu erfahren habe und deshalb auch neu schreiben dürfe. Doch genügt das nicht, um das außerordentliche Unterfangen des Evangelisten richtig herauszustellen. Er hat mit seinem Werk seine Vorläufer kritisch überboten und konnte das nur wagen, wenn er sich dabei unter dem Zwang des Geistes wußte, der „weht, wo er will". Heißt das nicht, daß keine Generation Jesus wahrhaft begegnet ist, die ihn nicht in ihrem Heute, also aktuell und modern, erfuhr und das auch zu fixieren unternahm? Ob das amtlich anerkannt oder wenigstens als erbaulich und nützlich zu lesen empfohlen werden wird, ist eine Frage für sich. Doch hat mindestens der Pietismus sich nie gescheut, die Geschichte Jesu von Nazareth aus der eigenen Gegenwart heraus nachzuerzählen. Die Intention ist mit allen dabei eingegangenen Risiken völlig legitim. Nur starrer Orthodoxie wird ein solcher Versuch von vornherein verdächtig sein, weil er nie die kirchliche Tradition genugsam respektieren kann.

Es klingt gewiß als Herausforderung, wenn ich nun sage: Was dem Pietismus billig war, sollte man der historischen Kritik und modernen Theologie nicht verweigern. Doch ist diese Herausforderung ein unabdingbarer Rechtsanspruch. Die historische Kritik und die moderne Theologie erzählen auf ihre Weise das Evangelium, das sie vernommen und erfahren haben. Die Gemeinde mag dadurch häufig aufs tiefste schockiert werden. Wann hätte aber ein Evangelium nicht schockiert? Es mag dieses Zeugnis auch in vieler Hinsicht vorläufig und zweifelhaft erscheinen. Nun, schon Johannes hat gewußt: „die Welt würde die Bücher nicht fassen, die zu schreiben wären", wenn man alles Jesusgeschehen berichten wollte. Wann aber hätte je ein Evangelium Jesus ganz und wirklich geschildert? Er bleibt doch immer größer als seine Zeugen und Berichterstatter. Dieses Büchlein ist als Frucht der historischen Kritik und der modernen Theologie geschrieben. War der Ruf der Freiheit nicht notwendig, und wo ertönt er heute deutlicher in der Christenheit? Wäre es vielleicht nicht doch angebracht, einmal auf das zu hören, was wir zu sagen haben und in der Kirche selten hören, statt von uns immer nur zu verlangen, das wiederzukäuen, was andere vor uns bereits gesagt haben? Denn das Wort von Jesus ist, sofern der Geist es wirkt, Jesu Wort, und seine Wunder reißen nicht ab. Jede Generation wird darum neu Augen- und Ohrenzeuge dessen, was von den Tagen des Täufers an geschehen ist in Jerusalem, Galiläa, Samarien und bis an die Enden der Welt.

Nicht die Apostel schaffen das Evangelium, sondern es setzt die Apostel aus sich heraus. Die kirchliche Tradition und die Aussagen der Dogmatik wollen uns helfen, Jesus recht zu sehen. Sie leiden aber stets darunter, daß sie den zeigen, den unsere Väter und vergangene Jahrhunderte gesehen haben. Er tritt immer wieder unter veränderten Umständen mit der Frage an uns heran: Hast du mich lieb? Die Wahrheit ist eben nicht, was man aus ihm macht, sondern er selbst. Jedes Bekenntnis zu ihr wird in der Antwort des Petrus vorgebildet: „Herr, du weißt alle Dinge. Du weißt, daß ich dich liebhabe.“ Hat die Kirche eine andere Aufgabe als die, Platz für solche Frage und Antwort zu schaffen? Er ist der Weg. Man wird mit ihm nicht fertig, und mancher ist heute mit ihm unterwegs, der ihn im sonntäglichen Gottesdienst nicht mehr findet. Haben wir, die ihm den Weg bereiten sollten, das Recht, den Zugang zu ihm so einzuengen, daß niemand ohne unsere Kontrolle und unsere Zustimmung zu ihm kommen kann? Dann ist man bei den Häretikern besser aufgehoben, die ihn selber sehen und bei dem bleiben wollen, was er ihnen von sich gezeigt hat. Ist Jesus das Kriterium für die Kirche oder sie für ihn? Theologisch wird man wohl die Grenzen zu überlegen haben, wo er nicht mehr recht gesehen werden kann, wie Paulus es den Schwärmern gegenüber tat. Doch sind die theologischen Grenzen nicht die seinigen, wenn anders er Wunder tut. Vor allem wird auch die Theologie bei ihm lernen, Freiheit zu geben, statt sich denen zu widersetzen, die ihn hören wollen und auf ihre Weise gehört haben. Unter seinem Worte wird man frei und erwächst wie im Neuen Testament über vielfältige theologische Differenzen hinweg die Bruderschaft der Freien. Sie endet nur dort, wo er selber unsichtbar wird, er selber nicht mehr über dem kirchlichen Apparat zu Worte kommt. Ob wir das Gleichnis vom Sämann auch so hören, daß uns darüber bewußt wird, wie oft seine Saat durch die Christenheit erstickt wird?

Damit stehen wir wieder beim Anfang. Es begann mit seiner Freiheit und kann immer nur dort enden, wenn er herrschen soll. Daß er auferstanden ist, bedeutet zuerst und vor allem wirklich, daß er mit seinem Worte uns gegenwärtig wird, wie das Johannesevangelium in seiner Lehre vom Geist verkündigt. Es wird heute als Ketzerei betrachtet, wenn Bultmann, diese Botschaft des Evangeliums aufnehmend, formuliert, Jesus sei in das Wort hinein auferstanden. Über die Meinung dieser Formulierung mag man streiten. Kann man ihr Recht leugnen, ohne Gefahr zu laufen, daß über einem weltanschaulichen Satz – es gibt ein Leben nach dem Tode! – seine Gegenwart und seine Herrschaft in einem dogmatischen Kompendium untergehen? Gibt es die Auferstehung der Toten heute und für uns anders als allein durch sein Wort, das königlich von uns Besitz ergreift? Gilt nicht mehr, was Joh 5, 24 ausspricht: „Wer mein Wort hört und glaubt dem, der mich gesandt hat, der hat das ewige Leben und kommt nicht in das Gericht, sondern er ist vom Tode zum Leben hindurchgedrungen“? Was nützt eine Lehre von der Auferstehung, die nicht damit beginnt und endet, die Auferstehung in ihm zu suchen, bei ihm zu finden und deshalb, allein deshalb über das eigene Grab hinauszuschauen? Hängt nicht alles Leben und Sterben daran, daß er zu uns kam und wir seine Stimme vernahmen? Was soll ein ewiges Leben, dessen Inhalt nicht allein dieses ist, ihn zu erkennen und den Vater, der ihn gesandt hat? Wie können wir wirklich frei werden, wenn wir nicht unsern Herrn finden und das für Seligkeit halten? Dogmatische Überzeugungen ersetzen das nie.

Es wird freilich so bleiben, wie sein Gleichnis es traurig geschildert hat: Die Kinder sitzen auf dem Markt und streiten, was sie spielen sollen. Die einen sind für Hochzeit, die anderen für Beerdigung, und über ihrem Streit geht die Stimme der Weisheit verloren, die ihre Kinder zu sich ruft. Ist das nicht auch das Bild und die Wirklichkeit der Kirche in ihrer Theologie und Praxis?

NACHWORT

Die Macht der Auferstehung Christi verwirklicht sich im irdischen Heute und Hier als christliche Freiheit. Sie tut es einzig darin. Der Wirklichkeit der Auferstehung Christi widerstrebt auf Erden, was sich der christlichen Freiheit in den Weg stellt, immer nur das. Diese Sätze mögen provokativ klingen und sind es zweifellos auch, wie und weil die Auferstehung Christi eine Provokation der Erde ist. Gleichwohl beanspruchen diese Sätze, als notwendige und sachlich korrekte theologische Aussagen zu gelten. Wer sie von vornherein überspitzt, einseitig, fragwürdig zu nennen geneigt ist, muß sich die Gegenfrage gefallen lassen, ob er wirklich um die Auferstehung Christi wisse oder vielleicht nicht doch bloß um die christliche und unchristliche Weltanschauung von der Überwindung des Grabes besorgt sei. Ich stimme meinen Gegnern völlig darin zu, daß die Auferstehungsverkündigung das Zentrum des gegenwärtigen kirchlichen Streites ist. Jedoch ist dieser Streit deshalb so verworren, weil bisher durchaus unklar blieb, ob wir die Auferstehung Christi von unserer eigenen Hoffnung auf die Überwindung des Grabes oder unsere Hoffnung von der Auferstehung Christi her verstehen. Man sage nicht, beides käme auf dasselbe hinaus. Gerade das ist nicht der Fall. Die Akzente und die Reihenfolge bestimmen auch hier die Theologie im ganzen. Unsere Hoffnung über das Grab hinaus kann, muß aber nicht von Christi Auferstehung her begründet werden. Umgekehrt meint Auferstehung Christi zuerst und sogar allein seine Herrschaft über Lebende und Tote. Man müßte mehr von Jesu Herrschaft sprechen, wenn die Auferstehungsverkündigung in der Christenheit glaubwürdiger werden soll. Leider hat man jedoch den Eindruck, daß den Jüngern noch immer wichtiger ist, was mit ihnen passiert, als was ihren Herrn betrifft. Das ist schlechte Theologie, selbst wenn es typische Frömmigkeit sein sollte. Dieses Büchlein ist nicht nur Anleitung zu einer rechten christlichen Praxis, obgleich mancher so urteilen wird. Es ist ein leidenschaftlicher Appell zu einer rechten, nämlich christozentrischen Theologie. Hier und nur hier fallen auch die wahren Entscheidungen für die Praxis des christlichen Lebens, unserer Gemeinden, Kirchen und der Ökumene.

Auferstehung Christi meint Herrschaft Jesu. Solche Herrschaft verwirklicht sich irdisch nur im Raum der christlichen Freiheit. An Herren hat die Erde keinen Mangel. Sie alle fordern Gehorsam. Deshalb kann die religiöse Bindung als solche noch nicht das Merkmal des Christen und der Christenheit sein. Das würde sie als Repräsentanten einer Spielart allgemeiner Frömmigkeit erscheinen lassen. Darin unterscheidet sich Christus von den andern Herren, daß er Freiheit wirkt. Er ruft nicht nur zu ihr. Das wäre das Gesetz, von dem es unzählige Ausprägungen gibt. Jesus gibt Freiheit. Das ist seine Unverwechselbarkeit als Herr und verbindet den Irdischen unlöslich mit dem Erhöhten. Er war frei darin, daß er zu dienen kam, und bleibt Herr, indem er uns dient. Diese unerhörte Botschaft ist das ärgerliche und seligmachende Evangelium. Darum kann das gesamte Leben und Sterben der Christen allein in der Signatur dieses Evangeliums vom dienenden Herrn stehen und allein so ebenfalls das Gepräge der Unverwechselbarkeit echter Jüngerschaft erhalten. Weil Jesu Gabe die christliche Freiheit ist und wir aus dieser seiner Gabe und Gnade leben, will christliche Freiheit von uns irdisch bewährt werden, ehe sie himmlisch vollendet wird. Sie ist das Stigma der vor Christi Richterstuhl Berufenen und das fremde Werk, das wir ihm zurückzubringen haben. Sie ist sein Werk an uns und durch uns. Sie ist – und sie allein! – vorweggenommene Auferstehung von den Toten. Die der Auferweckung bedürftige Welt wartet auf diese Offenbarung der herrlichen Freiheit der Kinder Gottes. Wir haben ihr nichts Neues zu sagen und verweigern ihr das Evangelium, wenn wir ihr nicht den Blick auf diese Freiheit eröffnen, nicht als auf eine Utopie, sondern als auf Jesu Ruf und Gabe. So geht sein Dienst durch uns weiter und werden wir davor geschützt, unsere eigene Sache, unsere private Frömmigkeit, ein irdisches Geschäft zu unserer Aufgabe, zum Maß des Christlichen und des Evangeliums zu machen. So bleibt er Herr, allein so, daß sein Dienst durch uns weitergeht und Menschen in die Freiheit stellt.

Die Blätter des Neuen Testamentes haben uns gezeigt, daß Jesu Herrschaft sich irdisch vielfältig bricht und von uns immer nur fragmentarisch aus der jeweiligen Situation heraus begriffen und verwirklicht wird. Der Herr ist mehr als sein Jünger und bliebe anders nicht unser Herr. Was wir begreifen und verwirklichen, ist selbst unter der Kraft des heiligen Geistes Stückwerk, von Schwachheit,

Dummheit und allen Merkmalen des Irdischen verdunkelt. So bleiben wir nur in der Gabe, wenn wir immer neu zu ihr aufbrechen, als die Wartenden und Empfangenden der ersten Seligpreisung. Es ist genug, daß wir uns mit der Welt nach seiner Freiheit ausstrecken und uns durch sie segnen lassen. Das aber bleibt keinem lebenslang und noch im Sterben erspart. Hier kann man sich nicht vertreten lassen. Hier wird man nicht einmal durch den Herrn vertreten. Er ist auferstanden, damit wir die Macht seiner Auferstehung erführen und daraus lebten. Der Ruf der Freiheit ist ergangen. Er geht jeden von uns persönlich an, auf unserm Platz, in unserer Menschlichkeit, in dieser unserer Welt. Die Gemeinde der Freien ist die Antwort darauf und deshalb Anbruch einer neuen Schöpfung.